An den Ufern des Amur

Die vergessene Welt zwischen China und Russland

中俄邊境大河
黑龍江

被世界忽略的
地緣政治與文化糾葛

吳若痕 Sören Urbansky——著　黃鎮斌——譯

鄂霍次克海
庫頁島
南薩哈林斯克
黑龍江
共青城
俄羅斯
結雅河
海蘭泡
黑河
瑷琿
伯力
比羅比詹
烏蘇里江
錫霍特山脈
北海道
江川
小興安嶺
松花江
佳木斯
密山
大慶
興凱湖
林口
哈爾濱
平房
牡丹江
烏蘇里斯克
海參崴
琿春
延吉
防川
長春
圖們江
日本海
長白山
鴨綠江
瀋陽
北韓
丹東
日本
平壤
大連
首爾
旅順口
黃海
南韓

N
W
E
S
外興安嶺
勒拿河
俄羅斯
布拉茨克
安加拉河
貝加爾湖
奧爾洪島
胡日爾
伊爾庫茨克
庫爾圖克
烏蘭烏德
上伊伏爾加
納烏什基
赤塔
阿塔馬
諾夫卡
尼布楚
石勒喀河
額爾古納河
鄂嫩河
葉羅費伊巴甫洛維奇
莫戈恰
北極
漠河
莫爾道嘎
恩和
黑山頭
外貝加爾斯克
滿州里
海拉
甘珠爾
諾門罕
喬巴山
阿木古郎
烏蘭巴托
蒙古
戈壁
中國
長城
北京

獻給我的父母親

目錄

海蘭泡
林口
哈爾濱
長春

引言

北緯五十二度

下達向蘇聯邊境的行軍命令。這位哨兵是個滿臉純真的年輕蒙古人，名字叫做亞斯藍，身上穿著一件過於寬大的人民解放軍制服。他最大的敵人並不叫做伊凡，也不是站在鐵絲網那邊瞭望塔上的人。亞斯藍最大的敵人是在這個位於邊陲地方、荒涼崗哨裡的寂寞感。

我在俄國夜航的飛機上無法入睡，只能眼睜睜地看著斜上方的螢幕，上面正播放著由亞斯藍主演的中國情節劇。俄羅斯國際航空公司的飛機從莫斯科飛到伊爾庫茨克（Irkutsk）需要五個半小時，就好像是從美國的西岸飛到東岸那樣，不同的在於這趟飛行只不過飛越半個俄羅斯而已。我一直都沒有閉上眼睛。我乞討般地問空服員：「有紅酒嗎？」「吶！經濟艙裡沒有酒精飲料。」至少她是微笑地回答。我們現在應該是在烏拉山上空的某個地方。我推開了機上窗戶的擋板往地面看時，外面一片漆黑，無法辨識我們的地理位置。

斜上方的螢幕裡，亞斯藍正透過望遠鏡偵查鐵絲網棚屋那邊的塔台，並且詳細報告蘇聯的哨兵正在做些什麼事。我沒有戴耳機。這就好像是在看一部字幕不清楚的默片。當亞斯藍在國界線上掃視著尋找蘇聯的奸細時，他在樹叢裡發現一個信封，收件人是謝爾蓋。他是另一邊蘇聯塔台上的哨兵，但是原野上的風卻把它吹向中國。亞斯藍的上司把信拆開，看到一個裸胸俄羅斯女人的照片。然後他就給他的下屬解說異族的本質：「你自己看看，蘇聯修正主義者是這樣地墮落腐敗，士兵道德淪喪，他們要怎麼樣用裸體女人的照片來贏得戰爭呢？」

但是亞斯藍並不是用軍官這種「非敵即友」的模式來思考。他在積雪上畫出一個訊息給謝爾蓋，然後把這封情書從鐵絲網底下塞過去。在中國的蒙古人和在俄國的蘇聯大兵之間漸漸地滋生了祕密的友誼。在原野炎熱的夏日裡，謝爾蓋和信封裡的美嬌娘在高高的瞭望塔上完成了他們的婚禮。

我到底有沒有調整手錶的時間呢？伊爾庫茨克比德國早六個小時，冬天的時候甚至早了七個小時。螢幕上也正在轉換時間，大約向前快轉了四十年：一位俄國女軍官來到中國的邊界城市滿洲里（Manzhouli）。在一個金烏下沉的時刻，在晚霞照映著宛如海市蜃樓般在大原野上拔地而起高樓大廈的背影中，她潛入了謝爾蓋的過去，在那裡尋找中蘇冰冷對峙期間將她的父母撮合在一起的亞斯藍。這部中國電影很勇敢地把兩個共產主義世界強權關係中，二十世紀裡最黑暗的一章以淡粉色、活色生香地記錄下來。兩個巨人的羅曼史：《北緯五十二度》。我的脖子僵硬。

北緯五十二度。這部二〇一二年拍攝的電影，在中國人的耳朵裡聽起來好像是在談論北極，就算是德國北端的什列斯威霍爾斯坦邦（Schleswig-Holstein）也比這裡更北。而俄國人只會皺起眉頭，對他們而言，這裡簡直就像是亞熱帶。中國和俄羅斯，彼此陌生的鄰居，這種關係至少維持三百年之久。沙皇帝國絕對是與中國在十七世紀末期簽訂條約的第一個歐洲強權。俄羅斯派遣傳教士到中國，開始喝茶，很快地有了最優秀的漢學家。然後一個野心勃勃的總督掠奪了中國的土地，其面積和德國及法國加起來的總面積一樣大，這片土地到今天仍然屬於俄羅斯。在俄國內戰之後，滿洲的哈爾濱市成為俄國最大的僑居城市，也變成中國境內外國人口占比最高的城市。在中國最高層的革命家建立了人民共和國之後，史達林就成為毛澤東最親密的戰友。他的政黨中國共產黨在一九二一年藉由蘇維埃俄國協助成立。這是個命運的共同體。然而當亞斯藍撮合了那對俄國情侶時，「蘇聯老大哥」早已變成了死對頭。在蘇聯實施經濟改革以及天安門大屠殺事件之後，北京的黨管幹部們提出了重磅問題：為什麼蘇聯的統治政權會崩潰？還有，更重要的是：可以從俄國的失敗中學習到什麼？

我們把亞斯藍極不尋常的友誼擺一邊，上述提到的都是政治的核心問題。現在我正搭乘飛機在西伯利亞的夜晚沿著北緯五十二度線飛向中俄的邊陲地帶。這裡是距離莫斯科和北京數千公里之外的內陸。生活在北緯五十二度的人們又是怎樣的情況呢？他們的命運可以被擠壓到傳統國家的範疇裡嗎？包括亞斯藍以及謝爾蓋，還有當年經常來往於兩個巨人之間無人地帶的人們，這裡早就已經變成每個人的生活空間了。

自從高中畢業，踏上從柏林到北京的第一次跨國遠程旅行開始，我就無法忘懷這塊遺世的土地。我一直都可以找到許多理由和無可救藥的欲望在西部的蒙古大草原、北方的西伯利亞針葉林帶、東部的太平洋以及中國萬里長城南方的田野之間來回穿梭。我在這裡所敘述的旅行都是按照季節從貝加爾湖開始沿著黑龍江往下游前進，沿途上溯所有支流的上游一直到日本海的海岸。更正確地說，這是分成好幾段的旅程。二〇一九年復活節開始的這一次，從伊爾庫茨克直接到海參崴則是最後的一段。

混血的哥薩克人伊凡，俄國的女車長薇菈，我的中國同學雲鵬（他後來到非洲去了），還有一些不想在本書裡看到他們的真實姓名的人，都是我在哈爾濱學習語言時，以及我在海拉爾、赤塔或是在布拉戈維申斯克（又稱海蘭泡）的資料檔案室與圖書館裡做研究時所遇到的人。我雖然每天都要在詞彙卡和文件夾之間爬梳，要不斷地努力填鴨學習中文字和等候各種文獻，但我仍然有足夠的時間可以關注外面同樣令人興奮的世界。在這裡，人們的命運都是那個以帝國主義、冷戰和民族主義為標誌的偉大歷史中的一小塊拼圖，而這部分的世界似乎還在不斷地形塑中。

第1章 於西伯利亞的巴黎漫步

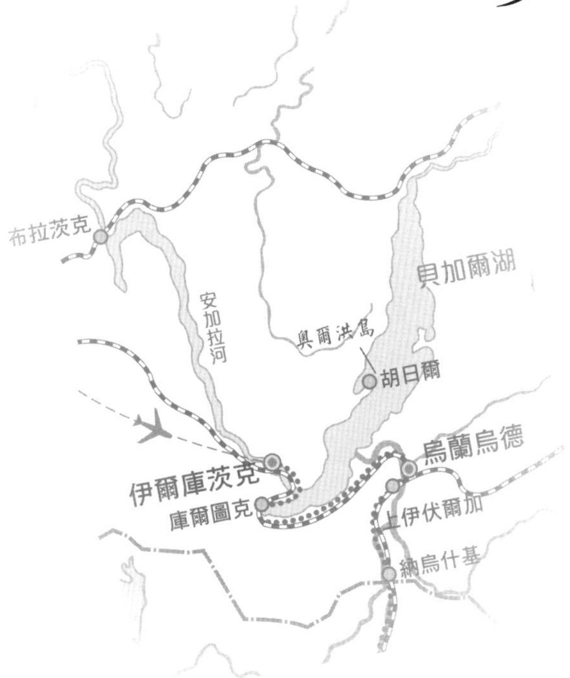

伊爾庫茨克 Irkutsk

「醒醒！看這裡！」早上快要八點時有人把我從沉睡中大聲叫醒。在我意識到指著我額頭上的手槍其實是一支體溫計之前，一個堅強的女人給坐在我後面三排十四E座位上的乘客測量體溫。我剛才一定是打瞌睡了。沒有乘客感染到 H5N1。整架飛機沒有禽流感，我們可以下飛機了。但是俄羅斯人從什麼時候開始也要在國內航班測量體溫的呢？

伊爾庫茨克機場前廣場上的鴿子在這個涼爽的星期天早上睡過頭了。從某個地方響起了復活節的鐘聲，聽起來很沉悶而且也很遙遠。在這裡我開始了沿著帝國斷裂帶的旅程，我的探險之旅，是的，到底是經過哪裡呢？東北亞？一個很奇怪的概念。聽起來很像是刻意合成的名稱。它到底包括什麼，而又不包括什麼呢？俄羅斯作為地球上最大的國家是東北亞的一部分，就像中國是世界上人口最多的國家也同樣是東北亞的一部分。日本肯定也是。但是朝鮮半島又是怎麼樣呢？還有蒙古，也算是東北亞的一部分嗎？到底是誰來決定的呢？對我來說東北亞突然要比它各部分的總和要大得許多。我揉了一下我發紅的眼睛，向前走了一點，然後一輛老舊的電車搖搖晃晃地以步行的速度把我載到伊爾庫茨克的市中心。女售票員漫不經心地從票卷上撕下一張票。

中午，我在大學的辦公室見到了維克托。他個子高大，但是站在他的辦公桌紙堆旁邊就顯得矮小了。就連椅子上也堆滿了書。玻璃窗在整排下垂的書架前倒映著乳白色的春天太陽。「那，你過去幾年間在做些什麼呢？」維克托沒有在等我回答，而是遞給了我一本他最新出版的書。這種贈書的方式在俄羅斯的科學家之間是很普遍的，因為印刷數量很少而且出版物在全國範圍內的發售是不可靠的。不知何故，學術印刷品在俄羅斯仍然一直是灰色文獻。以前是出於政治原因，今天更多是出於經濟原因。

「你上一次來伊爾庫茨克是什麼時候？」維克托想要知道，「我來告訴你，什麼東西和事情一直沒有變。」他像以前一樣大笑起來。二〇一九年復活節星期日這天，在我上次造訪之後十年，這座城市的新建設真的少得令人感到非常的驚訝。當然，大聲吵雜的流行音樂，後蘇聯時期第一個十年間的靡靡之音已經在街頭消失了。每個不論大小的商店門口，揚聲器裡不再放送俄羅斯民謠，蘇聯的民歌香頌也不見了，也不再有後蘇聯時期的嘻哈音樂。取而代之的是整修一新的海濱步道，幾處剛粉刷過的外牆熠熠生輝。檢察署搬進安加拉河畔的一棟嶄新華麗但是毫無品味的建築裡。大家都毫不隱藏地在炫富。

二〇〇九年的暑假，當大學生都離開學校，半數的城市人口告別了他們的別墅的期間，維克托和我漫步走過教堂，穿過這個美麗古老城市的許多小公園。即使沒有乘客，無軌電車也仍然會嗡嗡作響地運行，噴泉的水花在高溫底下濺起。維克托不時指著一些建築物，或在難以數計的雕塑之中指出一些給我看。這樣的建築和雕像是俄羅斯境內最多的——當然是列寧的雕像，也有十二月黨人和其妻子們的塑像（我稍後還會再討論），還有一個獸醫和遊客的雕像。

在十年之後，氣溫比以前涼了三十度，我們通過了一個樓層已沉入地下的木造建築群，它們對於自己的腐爛頹朽好像已經認命了。傾斜的窗戶斜視著我。藍色的店鋪擦到人行道上，許多房子已經深深陷入西伯利亞的沼澤裡了。麵包店飄來了新鮮麵包的香味。

「你看，不論是海濱步道還是檢察署，這裡沒有多大的改變。伊爾庫茨克不是克拉斯諾亞爾斯克[1]，更不是海參崴。」

1 Krasnoyarsk，西伯利亞第二大城。

「這不就是這座城市的魅力嗎?」我反駁他說。

「你帶著歐洲人的異樣眼光,」維克托回答道,「但我自己過去都是這樣看待東方,看待中國的。由上低頭往下看。如果我們更能夠維護你來這裡的目的和初衷會是多好啊!」

假期也助長了低迷的情緒。最後的一點積雪已經融化了,但在樹上卻還沒有開始發芽。只有在某些房屋的牆壁上已經掛滿了黑橙色相間的喬治絲帶,俄羅斯戰爭紀念的象徵。從現在到戰勝希特勒德國的周年紀念日還有將近兩個星期的時間。

我們在街道上幾乎見不到行人。只有在安加拉河畔人行步道上的主顯節大教堂前面聚集了一群上教堂做禮拜的人,他們在等待著教堂開啟大門。貼在門上的教堂行為規則用俄語、英語和中文寫著:不得使用手機和相機,不可以穿輕薄的短裙子。無論如何,告示牌上還是有提到中國。

從鐘樓上響起連續但不規律的鐘聲劃破了寂靜。通往這座西伯利亞巴洛克和俄羅斯古典主義混合式建築的鐘樓是一個狹窄的樓梯。建造於十八世紀初期的樓梯階已經踩得凹陷了。教區神父每天都踏著樓梯走上去。但是世俗的信徒只有在復活節星期天才被允許進入鐘樓裡,上來之後他們就可以敲鐘。

四月的強勁寒風迎面向我吹過來。從大鐘處往外看,可以清楚地看到安加拉河滿載著貝加爾湖的碎冰,咯咯作響快速地流過這個城市,像是在去咯拉海的路上,然後迫不及待地要奔向北極海而去。到今天為止,在安加拉河的另外一岸還只有寥寥可數的一些建築物而已。

伊爾庫茨克主顯節大教堂的鐘塔

這個景象幾乎和三個半世紀以前一樣。那個時候只有哥薩克人在這裡，從他們的瞭望塔上，透過遼闊的荒野可以俯瞰觀察著一片灰色的景觀。下面，在教堂的腳下，有一個穿著傳統服裝的民間團體正在迎著四月的微風唱起了西伯利亞民歌。他們的身後有一把永恆不滅的火炬，這是紀念第二次世界大戰中，在東起滿洲哈爾濱，西至施勞弗高地（Seelower Höhen）的戰場上，在紅軍裡服務的西伯利亞陣亡將士的。不過這火炬現在卻顯得奄奄一息好像即將熄滅的樣子。新鮮的康乃馨在一塊有年輕戰士站崗的大理石上閃閃發光。

大理石緊鄰著一座高聳的救世主教堂，這是伊爾庫茨克最古老的教堂建築，也是東西伯利亞保存最古老的石材建築，它的金色尖塔直指銀色的穹蒼。旁邊是一座天主教堂，它的新哥德式塔樓讓人想起曾經在這裡舉足輕重的波蘭僑民。在一八三一年和一八六三年的兩次反抗起義之後，俄國沙皇尼古拉一世和亞歷山大二世把數以千計的波蘭人流放到東部西伯利亞來。像許多其他禮拜場所一樣，這座教堂也在蘇聯時期關閉了。但是自從一九七八年以來，它就變成音樂廳了，在裡面配備了德國波茨坦的亞歷山大·舒克公司（Alexander Schuke）所製造的管風琴。歐洲似乎無處不在，伸手可及。

這裡是伊爾庫特河和安加拉河的匯流處，也就是古代西伯利亞城市的發源地。因食鹽而致富的斯特羅加諾夫（Stroganow）企業家王朝在一五八二年委託哥薩克首領暨探險家葉爾馬克（Yermak Timofeyevich）越過烏拉山脈，俄羅斯對亞洲北部廣袤地域的征服得以隨之而來，在不到六個十年的時間裡，俄羅斯帝國就已經擴展到太平洋了。這使得俄羅斯在成為波羅的海或黑海強權大國之前就已經是太平洋的海上強權了。哥薩克人有時候快速地挺進，有時候摸索地向東推進。沙皇的軍隊用堡壘陣地和貿易站確保他們在西伯利亞的擴張路線：一五八七年托波斯克（Tobolsk），一六〇四年托木斯克（Tomsk），一六三二年雅庫茨克（Yakutsk），最後在擊敗蒙古布里亞特人之後，一六五一年征服了伊爾庫茨克。在此四年之前哥薩克人就已經到達太平洋了，並且在鄂霍次克建造了第一個沿海堡壘。僅僅兩個世紀後，俄羅斯帝國統治了整個地球六分之一的陸地。在廣袤的歐亞大陸上，俄羅斯的使命感覺醒了，類似於美國，同樣懷著追求黃金和毛皮的貪婪，渴望著自由，認為不斷地向西方擴張是他們的神聖使命，也是他們的昭昭天命。但是葉爾馬克的後代不斷擴張的終點並不是加利福尼亞。可能這也就是俄羅斯邊境被遺忘的原因，甚至連許多俄羅斯人都對這個邊陲感到很陌生。

安加拉河是唯一從貝加爾湖流出的河流，它以葉尼塞河及其流域連接伊爾庫茨克。伊爾庫茨克是「西伯利亞遼闊大地」與許多河流的交匯處，並且也是通往最北端雅庫茨克以及達烏里亞大草原其他陸路的接壤之處。這是一個今天被稱是外貝加爾山脈（Transbaikal）的地區。自從第十七世紀末期起，大批的俄國商旅隊伍通過伊爾庫茨克絡繹不絕地進入中國，滿載著動物毛皮（所謂的西伯利亞的軟金），而在回程時從中土帶回大批的茶葉及精緻的布匹織物。

維克托和我繼續向前走，把衣領往上翻起來，走向基洛夫（Kirow）廣場。即使是復活節星期天，有一些人仍然在工作：男人在給路邊的小花壇翻土，女人在給經過漫長的冬天而鏽跡斑斑的柵欄漆上深黑的顏色。這裡，在市中心的遊行和閱兵廣場上，伊爾庫茨克突然變成了一片蘇聯式景象：巨大的議會大廈聳立在前面。「直到一九三八年為止，一直矗立在那裡的是一座喀山主教座堂，它是俄羅斯拜占庭風格的一顆明珠，伊爾庫茨克教區的所在地。今天是這地區的行政管理機構。」維克托嘆了一口氣。在同一時期也新建了一個國家銀行的分行。銀行對面是（同樣也在教堂的地基上）戰後建造的福茨熙布苟爾煤礦公司（Vostsibugol）的行政大樓。維克托耐心地繼續著他的導覽介紹。「請注意看柱子和塔樓的嚴格對稱性。這是蘇聯不朽古典主義的典範。」安加拉飯店補上了了社會主義的完美組合，一塊一九六〇年代後期簡單樸素的普通水泥板就是這個拼圖上最後的一小部分。

在蘇聯建築面貌的背後，在一條從基洛夫廣場分岔出來的側街上，我們才確實地被西伯利亞貿易王朝的財富所驚嚇到，我們發現了：舊伊爾庫茨克其實是一座木造建築的城市。在十九世紀初期，城裡還只有幾十座石材建築，那些都是富商們的別墅和教堂建築。在冬天可以更有效地阻絕寒冷空氣的並不是磚頭瓦片，而是到處都可以取得的落葉松和雲杉木等這樣的建築材料。如果維護良好，木造建築可以使用幾個世紀之久。但不幸的是一八七九年的一場大火燒毀了全城三分之二的木造房子。直到今天，高高聳立在市中心的消防瞭望塔仍然像是給市民做著防火警告。

現在出現在我們前面的是一棟最沒有創意和風格的磚瓦和砂岩建築物：一位商人和金礦老闆伊薩伊・法恩伯格（Isaj Fajnberg）的房子，目前是省立圖書館的地址。一個精心砌成的大衛之星仍然在屋子轉角的鐘塔底下閃耀著六角形光芒。這棟法恩伯格最初居住的木造房子也和許多其他的房子一樣成了大火的犧牲品。和其他商人一樣，法恩伯格也擔任藝術和體育活動的贊助人，參與了許多公共項目，其中也包括劇院的興建。隔壁是仿俄羅斯巴洛克風格建造的亞歷山大・伏托羅夫（Alexander Vtorov）之家。在蘇聯時期，這裡是年青人聚集歡樂的場所。「宏偉的建築！在整個前蘇聯裡可能沒有一座開拓者宮殿比這個更為宏偉。」維克托興奮地說。伏托羅夫靠著經營紡織品生意而躍昇為西伯利亞最富有的商人。再往前走一點，在卡爾馬克思大街上（在十月革命以前曾經更是名符其實地叫做大街），排立著更多的別墅以及華麗的房屋。直到內戰以前，這些房子都是商店、餐館、保險公司、報紙編輯部和銀行的分行。「在世紀之交，我們伊爾庫茨克人自認為屬於歐洲，所以這座城市被認為是西伯利亞的巴黎並不是沒有道理的。」維克托說。被塵土覆蓋的銅綠淹蓋了昔日曾經的輝煌。繁華喧囂，一去而不復返。伊爾庫茨克貿易王朝的黃金時代在十八世紀初跟隨著西比里亞科夫（Sibiyakov）和特拉佩茲尼科夫（Trapeznikov）家族們就已經開始了。在一七六二年取消國家對皮草的出口壟斷之後，又額外地更加蓬勃起來。在十九世紀開始之時，有四分之三出口到中國的皮草都是由伊爾庫茨克商人所經手的。

皮草貿易的大幅提升要歸功於伊爾庫茨克得天獨厚的地理位置。這項優勢使得伊爾庫茨克成為西伯利亞最大的貿易集散地，並且因此站上了歐亞之間的樞紐地位，甚至是通往美洲的必經之地。俄美商號的分公司在此進行北太平洋和中國之間的皮草貿易。從一八四三年開始，勒拿河上的淘金熱給這座城市額外帶來了資本流入。「在西伯利亞沒有一個城市的商店裡有這麼多精緻的奢侈品，精緻品味的店鋪和如此優雅的敞篷馬車。我在其他任何地方都沒有看到，我該怎麼說呢，這麼不同凡響又輕快活潑的社會，對文學、科學和精美藝術體現出類拔萃的品味。」維克托引用了民族誌學家和出版家帕維爾・羅文斯基（Pavel Rovinsky）在一八七五年所寫下的字句。

我們轉入了季米里亞澤夫街。但即使這些在火焰中倖免的老薑餅屋群，其屋簷、門上以及門廊的精美雕刻到今天也面臨了毀損的威脅。「如果只是憑藉著古蹟保護仍然無法真正保護房子。木造建築物需要不斷的照顧和養護。以前因為缺乏資金而辦不到，」維克托責罵道，「但是今天我們缺乏的卻是對維護古蹟的認知意識和理解。」

在一些橫街上雖然有一些木造房子，但是並沒有整體性的計畫。第一三〇區是一片很俗氣的木屋群，在其中有一個步行區蜿蜒穿過。左右兩邊都是時髦的文青商店以及裝飾了古樸燈具，充滿朦朧氣氛的咖啡館。比忽視或商業化更糟糕的是用火柴棒來推動城市都更：「犯罪型投資者一次又一次地放火燒屋。新的建築物就是比較便宜，」維克托說，「如果市政府沒有簽發建築許可證，那麼火災之後該物業就會變成停車場。」

維克托帶我去俄羅斯最古老的，現在仍然繼續使用的猶太教堂，它位於卡爾李卜克內西特大街。在一八八〇年代初期，在市政府允許猶太人組織宗教社團之後建造的。依照官方的規定，當時猶太人只被允許住在帝國西部所謂的移民特定行政區裡。但是像法恩伯格這樣的商人，尤其是身為罪犯和流放的猶太人也都來到了東西伯利亞。世紀之交前後，這個城市中的每十個公民就有一位是阿什肯納茲猶太人。在十九世紀末期還有許多韃靼人從窩瓦河地區遷徙來此，因為他們希望可以在這裡過上更好的生活；李卜克內西特大街上的清真寺也同樣要感謝他們，因為他們的到來才有建寺的可能。

「以前伊爾庫茨克不僅是東西伯利亞的商業和行政中心，這裡住著來自莫斯科、諾夫哥羅德和喀山的商人，也住著猶太人、波蘭人和德國人，還有一些零零星星的法國人。這裡以前也是這個地區的文化中心。在十八世紀末期，這個城市就已經有一座博物館，一家印刷廠以及眾多的教育機構：一間神學院以及一所開設滿洲語、蒙古語、中文以及日文課程的高中。」維克托的眼睛閃閃發光，心中無限激動。「成立於一七八二年的第一個公共圖書館在俄羅斯的省分裡是獨一無二的，所有的城市居民都可以免費入館自由參觀閱覽。」戲劇院的起源也同樣可以追溯到十八世紀後期。「伊爾庫茨克是繼俄羅斯大城圖拉（Tula）和哈爾科夫（Kharkiv）之外有劇院舞台的第三個俄羅斯城市。」於一八五一年成立的俄羅斯地理學會西伯利亞部門成為這個地區無數的科學探險考察和科學研究基礎的起點。

但是如果有人想要知道為什麼伊爾庫茨克是西伯利亞的知識中心，那麼他就應該參觀一下離馬戲團不遠的一個外牆粉刷著藍白色、相當樸素的莊園。這一座被馬廄、穀倉和僕人宿舍圍繞的兩層樓建築物裡面是十二月黨人博物館。那些被稱為「十二月黨人」的軍官們拒絕在一八二五年十二月（俄文 dekabr ＝十二月）拒絕宣誓效忠新加冕的沙皇。尼古拉一世將他們中的許多人流放到西伯利亞來。他們正好被證明是東西伯利亞文化發展的天賜福星。他們之中大多數都是受過高等教育的貴族，在流放期間尋求和當地社會的聯繫，推動了這個區域的城市規劃、農業開發生產和推廣教育的工作。他們對民族誌、地理學和西伯利亞自然環境研究做出核心貢獻。他們所提出的「西伯利亞問題」是西伯利亞地域主義的溫床；這是一個發生在十九世紀後期的政治運動，他們反對俄羅斯在西伯利亞的殖民主義。這個運動的代言人尼古萊・雅德林采夫（Nikolai Yadrintsev）在他的巨著《西伯利亞作為一個殖民地》裡面強調傳說中的西伯利亞人的民族性。他把這種民族性拿來和他們的俄羅斯和東斯拉夫祖先相比較，尤其是比較文化的差異，例如對自由的熱愛和自主倡議的精神。這些自治的願望在俄羅斯內戰中如火如荼地到處蔓延爆發，而在伊爾庫茨克的戰鬥中尤為強烈，並在蘇聯解體後又重新燃起。

最著名的十二月黨人之一是謝爾蓋・特魯別茨科伊親王（Sergei Trubetskoy），維克托和我現在正好穿過他的房子。特魯別茨科伊的妻子葉卡捷琳娜跟隨她的丈夫流放，首先來到尼布楚，後來再到伊爾庫茨克。憑藉著她對夫婿同命相依的心態以及有意識地致力於放棄她們的奢侈生活，葉卡捷琳娜・特魯別茨卡婭（EkaterinaTrubetskaya）和瑪麗亞・沃爾孔斯卡婭（Mariya Volkonskaya）[2]一樣，都被許多同時代人認為是理想的俄羅斯女性。瑪麗亞參與了當地醫院裡的工作，並且把自己的家變成了一個非正式的城市文化生活中心。舞會、音樂晚會，辯論之夜，在亞洲荒野裡的一個歐洲島嶼。我們今天只能在特魯別茨科伊和沃爾孔斯基家的博物館裡才能找到這種「巴黎人」生活的痕跡。

這種花花公子和女僕美好生活的終結，沙龍和奢華派對的結束是激進澈底的：隨著內戰，尤其是在國防軍入駐蘇聯之後，當國家匆忙地把所有的工廠從前線地區撤走疏散到西伯利亞之時，伊爾庫茨克就變成為一個社會主義的工業城市，到處都是工人和工程師，一個遊行示威和教育普及的城市。戰爭結束後的新一代人在伊爾庫茨克以及沿著安加拉河的下游建造了巨型的水力發電站。在布拉茨克（Bratsk）地方，當時世界上最大的水壩的後面有千百個村莊和數千公頃肥美寶貴的耕地都被淹沒在水底。在經過了十三年的建設，當所有的渦輪機都連接到電網之後，就有足夠的電力可以供應從布拉茨克和伊爾庫茨克的鋁廠以及其他許多

2 十二月黨人謝爾蓋・沃爾孔斯基（Sergey Volkonsky）之妻，與丈夫一同流放西伯利亞。青少年時期結識俄國文豪普希金，《葉甫蓋尼・奧涅金》（*Eugene Onegin*）即是獻給沃爾孔斯卡婭。

能源密集型的工業使用了。很快的，伊爾庫茨克每兩個在職者中就有一個是在重工業部門工作。在蘇維埃政權的七個十年間，伊爾庫茨克的人口就翻了三倍增長到六十萬人，從那以後一直維持至今。

當維克托在博物館前引述這些統計數據時，我想到了啟蒙運動的偉大詩人和科學家米哈伊爾．羅蒙諾索夫（Mikhail Lomonosov）的預言。他說俄羅斯的國力以及國家的財富會跟著西伯利亞一起成長。但是哪一方面會變得更富裕呢？伊爾庫茨克今天的生活主要都是在衛星城市裡進行著，周圍丘陵上的公寓住宅區和市中心的富麗建築物形成了鮮明的對比。殘酷的工業化抽離了無數個其他蘇聯城市裡的俄羅斯靈魂，不過在這裡，具有歷史性的市中心基本上沒有受到影響，我們按照字母順序來看看社會主義的街道名稱：加加林（Gagarin）、基洛夫（Kirow）、列寧（Lenin）、李卜克內西（Liebknecht）……游擊隊（Partisan）、先驅者（Pioneer）、無產階級者（Proletarier）……

維克托自己的家族史讀起來就像這個激進發展的一面鏡子。他的父系祖輩自從十八世紀以來就是生活在伊爾庫茨克地區的農民。他的母親出生在白俄羅斯，在列寧格勒的圍城攻擊戰中倖存下來，並且在戰後搬到伊爾庫茨克。返回她白俄羅斯家鄉的路一直被阻斷：「已經全無痕跡了。我甚至不知道我祖父母的名字。我媽從來就沒有提起過。」一九四九年出生的維克托在伊爾庫茨克西北的一個小村莊成長大。他在伊爾庫茨克國立大學讀歷史，一九七六年在莫斯科取得博士學位，然後返回母校擔任教授。蘇維埃的夢幻生涯。

維克托固執地說：「來吧，我們還要快快去上海。」此時我們正從歷史古蹟防火瞭望塔後面轉進伊爾庫茨克中央市場。「你對中國的各種陳年往事都很有興趣不是嗎？」他的眼睛透過厚厚的眼鏡片閃爍著。他以經過人類學訓練的歷史學人觀點來尋找在後蘇聯現實裡的沙皇時代文藝復興。我現在看到了上海，這是一個很容易就可以一目了然的市集。有幾個婦女在假期中仍然在叫賣溫室裡培植出來的小茴香，雖然離夏天還很久，但是在不遠一點的地方，有人已經從罐裝車的桶子裡傾倒新鮮的格瓦斯飲料[3]了。有一個來自南部沿海省分福建的中國人不在販賣珍貴的黑貂皮，而是人造皮草大衣和塑膠拖鞋。「你需要一支電話嗎？」隔壁攤位上的一個男人一面用不完整的俄國話問道，一面在擺放玻璃櫃中的手機護套。我們越過混亂的後蘇聯時代市場經濟的荒蕪遺跡。在時代大轉變的歲月中在西伯利亞，是的，甚至在莫斯科，亞洲市集在各個地方都像雨後春筍般出現。商家都有著「中國」、「上海」或「滿洲」等這樣朗朗上口的名字，就像是在沙皇時代那樣。

一九九二年在防火瞭望塔外的一家破產的製鞋工廠工地上出現了一個最大的市集。「在

3 Kwas，風行於俄羅斯、東歐，含二氧化碳的低酒精飲料。

二十年前，上海是一個真正的巴比倫，」維克托說，「幾千個中國人、韓國人、越南人、俄羅斯人、塔吉克人以及吉爾吉斯人在這裡交易。產品的品質通常很糟糕，但是價格很合適公道。」由於其中心位置，在中國大批量產的便宜貨品和樸實無華的客戶消費習慣交互下，公頃大小的商店空間就成了該地區整個供應系統的中心。「在周末，中間商甚至從遙遠的烏蘭烏德（Ulan-Ude）和赤塔來到這裡批貨。」

那個時候維克托也經常來這個市場。「每天都有人打架而衛生更是一個陌生的概念。露著肥大肚皮的安全人員經常以文件不齊全為藉口向商人索取保護費。」他指著一座廢棄的木屋，屋子上被深深鋸開的櫥窗讓人想起那個年代。「周圍的房屋都是非法的倉庫、食堂、咖啡館、公廁、美髮沙龍、妓院和撞球場。甚至還有一個用來鬥犬的地下競技場。」

維克托懷疑地看著一個好像是跟在我們後面的人。他仍然保留著蘇聯時代斜眼瞥人的目光。我不得不想起俄國「第一頻道」新聞節目中的畫面。那是大約二十一世紀開始後的前五年間，民兵在市集附近挖開土地，蓋了一間非法宿舍的事件，這項行動引起了媒體的關注。在這個報導中更糟糕的是主播的評論：「中國人像蟑螂一樣群聚生活在這裡。在地下室！在地底下！」當二〇〇六年市政府清理這個市場時，商家們填平了中央市場區，俗稱「大上海」的十幾個凹陷的空地。

雖然那些雜亂的生意場所現在基本上已經完全從城市景觀中消失了，但是對維克托而言，那些市場卻永遠改變了西伯利亞人的生活：「透過市集，中國突然之間回到俄羅斯城市的現實裡，在一夕之間成為這個城市居民日常生活的一部分。不論你是否到那裡去購物，但那卻標誌著人們的社會地位。在以前有什麼人曾經見過中國人？但是今天中國又早已經再度成為我們生活中不可或缺的一部分了。」

但在這段時間裡，中國遊客已經取代了商人。西伯利亞航空公司每天都飛往北京。「伊爾庫茨克只是被中國人認為是前往貝加爾湖途中的轉運站而已，」維克托把範圍限縮在這個領域裡，「他們降落在機場，如果有必要，也只留一個晚上。大多數中國人都會繼續直接飛到歐洲去：莫斯科三天，聖彼得堡三天。就只有這樣。」中國就是如此，儘管它在歷史上對伊爾庫茨克很重要，但除了超市裡的幾個擴音器廣播和教堂前的指示標誌之外，中國明顯在這裡缺席了。

與全盛時期不同的是，伊爾庫茨克似乎是它地理位置的受害者，被掩蓋在自己的陰影裡，一個被遺忘的巴黎。在它的西部，克拉斯諾亞爾斯克正在蓬勃發展，戰略上它的地理位置更接近歐洲。在遠東，它與中國只有一箭之遙。海蘭泡、比羅比詹（Birobidzhan）和伯力（又名哈巴羅夫斯克）像一串珍珠一樣地排列著掛在邊境河流黑龍江（又稱阿穆爾河）上，夾在南方的中國與北方的浩瀚難以量測的西伯利亞針葉林之間。在那裡每個人都得靠自己，從最近一個說得出名字的村落來到這裡也需要搭一整個晚上的火車。伊爾庫茨克夾在中間的某個地方，有自己本身以及周邊安加拉河沿線工業城市就足以自成一格。舞台上的主唱很久以來就已經被替換掉了。東西伯利亞中心的伊爾庫茨克，雖然比新加坡更靠東邊，但是好像已經和亞洲不再有著表兄弟姊妹的情誼，卻仍然和歐洲還有十足的妯娌情分。

第 2 章 貝加爾湖畔貪求無厭的中國人

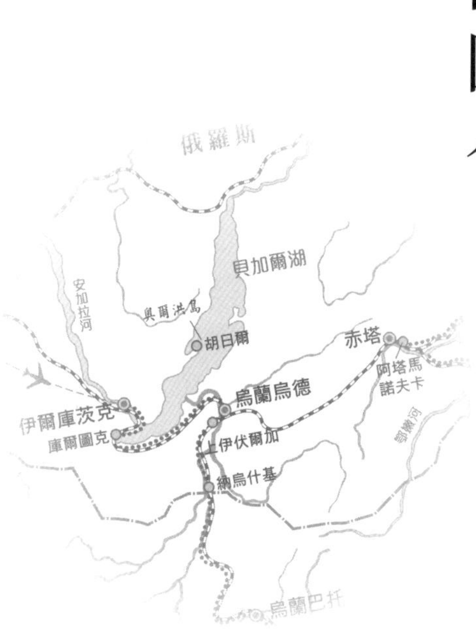

胡日爾 Khuzhir—庫爾圖克 Kultuk

第二天早上，復活節的平靜已成為過去。一長串看不到尾端的小巴士車隊正在我走著的路上從我身邊經過駛向市中心，讓我屏住了呼吸。在中央市場，以前的上海，有共乘計程車駛往貝加爾湖。這種招呼客人的蘇式小巴被稱為馬舒卡（Marshrutka），是從德文的行軍路線（Marschroute）一字轉借出來的！這種小巴士需要花四個半小時才能到達將近三百公里距離外的薩赫尤爾塔村（Sachjurta）。在貝加爾湖沒有結冰時，在薩赫尤爾塔有渡輪駛往奧爾洪島（Olchon）。奧爾洪島的面積遠遠大過於其他的島嶼，是貝加爾湖中最大的島。在路上我們所看到的風光是荒涼多山，土地貧瘠不毛，帶著淡淡的四月分憂傷。樺樹像是點燃後熄滅的火柴一樣縱橫交錯地立在山坡上。晚春的新雪一定在去年初夏時壓壞了它們的葉子。這條道路近幾年來幾乎已經全線鋪上了柏油。在經過碎石路段時，駕駛員還是毫無顧忌地以衝浪板在浪濤中前進的速度疾馳而過。

貝加爾湖在我的地圖上看起來很小。但那只是因為這個西伯利亞的湖泊完全被俄國所環繞的緣故。現在，在薩赫尤爾塔這個地方視線完全開闊，貝加爾湖的景色清晰可見，我必須認同那些地球物理學家的說法，他們認為這裡將會誕生一個新的海洋，因為它的湖岸不斷地在逐漸分離中。

在十年以前，夏天時節只有一艘木造的通勤渡輪來往於薩赫尤爾塔和奧爾洪之間，船上僅能容納兩輛車。不過到了現在，在湖水沒有結冰的季節裡有三艘比較大型的渡輪橫渡這條狹窄的水道，往來於大陸和島嶼之間。「在假期的季節裡，當遊客蜂擁到湖邊時，汽車的長車陣一路排到山上。」一個在碼頭上站在我前面的婦人這樣說道。今天碼頭沒有渡輪。在一月分當湖水一開始結冰後，就有一條結了冰的道路通向這個湖島。「在冬天，中國人把他們的滾輪行李箱推過冰面。就像在機場一樣。」島民一邊告訴我，一邊把她印著斑馬紋風衣的領子翻了起來。在蘇聯時代，奧爾洪只受到來自伊爾庫茨克和布里亞特地區的當地人歡迎，而且也只有在暑假期間。現在遊客來自世界各地，即使在冰天雪地中旅客也絡繹不絕。因為三月

冰封的貝加爾湖

分湖上已經形成了兩個大裂縫，我們的旅程就在渡輪碼頭上結束。今天除了伊爾庫茨克共乘計程車只剩下幾輛車還停留在碼頭牆邊，其中的一輛是掛著中國的車牌。

雖然沒有很多遊客，但我還是花了一段時間之後才在一艘來往於薩赫尤爾塔和奧爾洪之間的氣墊船上等到了唯一的一個座位。就和每年的過渡期（聖誕節前以及復活節前後）一樣，該島是與外界隔絕的。只有十幾個乘客能在轟隆作響的迷彩塗裝怪物上得到位子。渡輪服務要在五月假期之後才會開始。

謝爾蓋已經在對岸等候了。他用蘇聯箱型休旅車搖搖晃晃地把兩個比利時人和我默默載到胡日爾的尼基塔本查羅夫（Nikita Bencharov）莊園，他眼睛一直緊盯著沙土路上的深車轍，看起來應該就是這個島上的主要道路。我緊緊地抓住後座，感覺到暈眩而且全身都不舒服。小巴士的座位下面有一個桶子。在我的鼻子裡還殘留著我在東德時期童年的氣味，就是那些在阿爾特馬克（Altmark）鄉間道路上咆哮奔馳的軍用車隊所散發出來的，甜甜的煤油氣味。這個唯一一直有住人的貝加爾湖島嶼從一端到另一端畢竟也有七十公里的距離。在布里亞特語中，奧爾洪是「乾燥」的意思。他們是對的。乾枯的草原植被確實覆蓋了整個平緩的丘陵。只有在地平線上的遠處是寒帶針葉林。這座小島絕非荒涼不毛之地。

一個小時之後，我們抵達了本查羅夫莊園，這個島嶼上有史以來的第一家旅館，一個雜亂地拼湊在景觀裡的木屋和蒙古包的組合。現在，復活節過後不久，帳篷迪斯可還在海灘上，紀念品攤位孤零零地遺落在遠方。根據接待處的告示，這裡夏天有烹飪課。傍晚時分員工在餐廳裡吃飯。廚師、清潔女工、房屋管理員，他們都從村裡來的，看起來都很滿意在尼基塔家找到的工作。除了兩位索邦大學的女教授和我之外就沒有客人了。

在傍晚的藍藍天色中，我漫步在胡日爾沒有路燈的路上。據說村裡住著一千五千人，將近整個島上三分之二的居民。胡日爾讓我想起西部電影裡荒廢的場景。如果沙土主幹道有畫車道的話，它大約有五個車道的寬度。路邊有一些小型木造建築。其中幾家現在還在營業的餐廳前面，那些貝加爾白鮭正被燻燒著在冒煙。這種魚是奧爾洪島的主食。兩個身著退休人士迷彩服的夫婦悄悄地向我走來。戴著漁夫帽的先生以最地道的薩克森方言對著兩個後蘇聯時期浪費公帑的廢墟和堆滿著腐蝕的建築拖車的池塘興奮地大叫：「這就是在下水道裡的列寧大道嗎？」一頭憔悴的母牛無動於衷地穿越了沙土路，還留下一攤熱氣騰騰的牛糞。

我很快地跑到湖岸上去，驚嘆地看著兩塊薩滿石。它們在離本查羅夫旅店不遠的地方，像巨大的獠牙一樣高聳在緩緩融化的湖面上。幾隻海鷗從一塊浮冰蹦跳到另外一塊浮冰。五顏六色的布包裹著稀疏幾棵松樹的瘦弱樹幹，好像它們會被凍僵的樣子。岩石、樹木、河流，一切似乎都被鬼魂附身。如果要和鬼魂世界交流就要由巫師做法。女性不得進入聖石區，除非她們事後請求布里亞特人的主神布爾汗寬恕。根本上布爾汗在這裡有非常大的意義，島上的當地大山也是以它來命名的。

第二天早上我又遇到了薩克森人，想要在島上不遇到某些人好像是不可能的事。我們報名參加了同一個環島行程。我在昨天載我們來這裡的那輛鼠灰色充滿著煤油氣味的俄製UAZ 452小巴士裡，擠在這兩對夫妻之間走訪了這座島嶼的北部。對這四位來自德國薩克森格里馬（Grimma）的退休人士而言，奧爾洪是一個受許多人稱頌且嚮往的單純又落後的地方。另一方面，對於在這個島上仍然占多數的布里亞特人而言，這是個巫師之島，是個神聖之地，一個充滿著挑戰的家鄉。

再度坐在駕駛座上的謝爾蓋是在島上出生的。他今天話多了一點。直到幾年前這位堅韌耐勞的西伯利亞人還是個捕魚的漁夫，只有在夏天才開車帶著遊客在島上環遊。現在好像半個中國的人都發現了貝加爾湖是一個旅遊勝地之後，開車載客就變成他的主要收入來源了。

「我已經學了一點中文，」謝爾蓋說。中文「你好嗎？」不發音的「h」從他的嘴裡講出來就像是俄語的「胡日爾」。

我問他家鄉在哪裡。「胡日爾從三〇年代後期靠著魚類加工廠起家。工廠維持著我們的生計，是我們唯一的也是所有的一切。在每個家庭裡都有人給魚去鱗，掏內臟，將魚剖成魚片。在夏天的時候，所有的人都出來幫忙。到處都是魚腥味，沙發上、我的衣服上和我吃的所有的東西裡，甚至牙膏裡都有魚的味道。」謝爾蓋承認，隨後又說他很想念這個味道。

在過去有一段時間，其實也不是很久以前，胡日爾急就章拼湊出來的一層樓的工人住宅區裡曾經住著兩倍數目的人口。當時他們甚至沒有電。這些工廠把著名的貝加爾白鮭魚出口到社會主義友邦國家。這種魚是在很深的湖水裡捕撈的。在工廠私有化以及魚獲量大幅減少之後，這裡的繁榮景象就一落千丈。接下來就是禁捕令。魚從頭臭到底：「新的廠主住在大陸上。理論上我們仍在工廠裡工作，但是漁獲早就已經是來自太平洋了。我們只是把它們裝在罐頭裡。每個人捕魚只是為了自己。」工廠破產了，不久之後加工大廳就被燒毀。現在這裡的居民在夏天裡直接將有限的漁獲出售給來這裡的遊客，在冬天他們越過結冰的湖面，非法把漁獲帶到大陸去。

我們的車子繼續向北方晃動前進來到了查蘭齊（Charanzy）。在左手邊小海上的冰發出閃閃耀眼的光芒。小海在荒蕪的小島和多山的西海岸之間延伸。在這個小村莊裡目前只住著十二個家庭。夏天當近岸邊的海水從冷轉為清涼的時候，有一個德國的退休老太太每年都會來這裡避暑，謝爾蓋這樣告訴我。許多老的木造房子都空無一人。年輕人都搬到了大陸上的城市裡去了。

但即使在這裡，我也觀察到緩緩悄悄的發展。整個島上到處都是新的度假屋和旅館。為什麼呢？「在西伯利亞，我們這樣說好了，遊客就是我們的新石油。自千禧年之交以來，遊客數量一直不斷在增加，」謝爾蓋猶豫著回答說，「這正好就是近年來出現的一股新動力。」在蘇聯解體之後，有主要是來自德國和日本的退休老人來到這個島上到處走動。日本人中有許多是以前的戰俘。不過他們也正在慢慢凋零。

那中國人呢？「自從克里米亞又歸屬於我們之後，他們就來了。」謝爾蓋用他低沉的音調回答。黑海半島的兼併和頓巴斯的衝突使得盧布匯率暴跌到谷底。從那時起，對許多中國人來說，前往俄羅斯旅行就不再是沉重的負擔了。所以他們就來了，有退休人士旅行團也有沙發客。不過中國人和日本人、德國人以及俄羅斯人之間還是有些不一樣的地方，他們在夏天來，冬天也來。「兩三年前，島上所有的旅館在冬天的時候都關門歇業。現在很多都是全年無休。」在中國春節前後，奧爾洪島上的遊客十個之中有九個來自中國。

「有些人表現得好像他們擁有這湖泊一樣。」謝爾蓋抱怨道。他對來自中華人民共和國湧入的遊客抱持著懷疑態度。許多有民族主義傾向的中國人可能會同意他的看法，而這件事讓謝爾蓋想到克里米亞。因為大中華帝國的進貢區域曾經延伸到貝加爾湖畔，在中國古代這裡被稱為「北海」。

但很少有中國人帶著歷史的論據來到湖邊。他們帶著錢來。他們的錢可以拯救許多島民在經濟方面的生存問題，卻也危害到生計。「幾乎沒有一戈比[4]留在島上。」謝爾蓋抱怨道。事實上有很多的問題。在大陸那邊的利斯特維揚卡（Listvyanka）以前是個純樸寧靜的村落，現在卻已經有半打非法的中國旅館了。到目前為止，奧爾洪只有一間非法旅館。這種發展模式一直都是一樣的：沒有許可證，理論上是由俄羅斯人經營，但真正的所有權人卻是中國人。

謝爾蓋已經不再對這些違章建築忿忿不平，在心理上已經妥協了。還有那些中國人，購買了土地再讓它們閒置，以便在日後可以用高價轉賣給有錢的同胞，對這些事情他也不再憤怒了。現在困擾著他的是這種一條龍的封閉式經濟循環，但是當地人卻都被這種模式排除在外：「他們在中國餐廳吃喝湯麵，還讓來自中國的交換學生帶領著周遊整個島嶼。有時候也會有個被拿來當作遮羞布的有照導遊同行，但是他在整個行程上都是用立陶宛語或任何其他奇怪的外國語言解說，就是不說一個中文字。他們甚至帶著自己的司機來！」這又讓我想到在胡日爾的中國紀念品店。產品陳列架上的布里亞特神像、薩滿巫師吊飾以及琳瑯滿目、各式各樣在中國生產的撈什子廉價物品，但在這裡卻以天價售出。甚至波羅的海的琥珀項鍊也在那兒出售。最後卻是用支付寶付款，以逃避俄羅斯稅務機關的課稅。

「貝加爾湖和比利時一樣大。一艘小艇需要一個多星期的時間，才能在其兩千多公里的海岸線上環行一周。但在某種程度上，這個湖也很小。因為只有幾條可以通到海岸的公路。遊客蜂擁至斯柳江卡（Slyudyanka）、利斯特維揚卡、胡日爾，去的地方屈指可數。」謝爾蓋指向湖的另一岸。國家公園無法保護這個湖受到太多人潮的傷害：大自然正在遭受到破壞，尤其是在奧爾洪，那裡既沒有垃圾處理場也沒有污水下水道。「可是今天誰想惹中國呢？」

我們繼續沿著小海沿岸前行。透過被霧氣遮住的朦朧車窗，我們看到一個由白色、赭色和灰色的混色霧氣團在閃爍著。偶爾會閃出一抹色彩：覆蓋著苔蘚的礫石，用彩帶包裹著的木刻圖騰。沙丘向島的內部延伸，好像是想把針葉樹推回去更遠的地方。牛群整年都留在牧場。即使是在一月和二月，溫度計上的水銀柱也幾乎不會降到零下二十度以下，這個氣溫對西伯利亞而言相當溫和。

我們來到了佩查納亞村（Peschanaya）。在右邊，被沙子摧殘過的殘留舊兵營骨架正在警惕著我們。在三〇年代後期，刑事罪犯在這裡填裝魚罐頭。漁獲被送往前線。當然，在科雷馬（Kolyma）的生活則更為艱苦。在這裡沒有「政治犯」。沙丘上糖粉般的沙子覆蓋了昔日痛苦的歲月。這條狹窄的囚犯之路如今在夏天熙熙攘攘，遊人如織。

越往北走，道路就越變越差。謝爾蓋說，在夏天道路就像是流沙，沒有四輪驅動的車子會寸步難行。我們經過了名為「三兄弟」的懸崖上的岩石。相傳，他們是此地山神的三個頑固的兒子。在路邊的窪地上蜷縮著一個牧羊人家庭的房子，旁邊是一個原始簡陋的氣象站。然後我們到達了小島北端的合波角（Khoboy）。

一條平緩爬升的小路通向峭壁，通往放射著色彩和光影的地方。我必須提醒自己要記住，我看到的是湖而不是海，因為地平線延伸到非常遠的地方去。雖有白雪皚皚的山巒，但

4 蘇聯發行的貨幣，一百戈比等於一盧布。

湖的兩岸幾乎無法辨認——貝加爾湖最寬的地方相距將近八十公里之遙。有一個裂縫好像是一條很嚴格畫出的線條一樣貫穿湖上堅硬的冰層。我瞇著眼睛，因為太陽照在結凍的湖面上反射出強烈耀眼的光芒。浮冰在岸邊起伏的浪中歌唱。鉛藍色的水向著南方——冬天不斷地退回北方。

我正在和來自格里瑪的四名退休人士以及來自廈門的兩名學生分享「北海」,「富裕之湖」的奇特水景。這個地球水源比任何湖泊和許多海洋都要來得深，儲存著世界上五分之一的飲用水，這裡最古老的湖泊動物群是生物的奇蹟，其中包括世界上唯一的淡水海豹。今天這裡就屬於幾個薩克森人、中國人和我。

幾天後，我繼續搭著西伯利亞鐵路的火車向東前往中國的時候，這些畫面仍然停留在我的腦海裡。當火車經過湖的南岸時，我正在瀏覽一本一九〇〇年巴黎世界博覽會的目錄：「馴鹿雪橇從我們身邊疾馳而去，俄羅斯官員在追趕草原上的小馬回到蒙古包，開闊的大海突然在我們的眼前蔓延開來，冰雪覆蓋的山脈在我們背後逐漸消失在視線裡。」目錄用全心的驚喜描述貝加爾湖之後西伯利亞荒野的全面景象。俄羅斯巨大的國家展覽館距離艾菲爾鐵塔僅幾分鐘路程，展館前面已排成一條長長的參觀者人龍。館內展示著國際臥鋪車輛公司（Compagnie Internationale des Wagons-Lits）的豪華汽車，後面是一張轉動式的歐洲和亞洲巨幅大全景風景圖。為了要傳達真實的旅行感受，沒有輪子的車輛由特殊的機器製造搖晃震動的效果。世博會的遊客們在不到一個小時的時間裡，在螢幕上映出沿途不同風景影像的陪襯下，體驗了一次在大西伯利亞鐵路上前往中國的旅程。

正當驚訝的觀眾在特羅卡德羅（Trocadéro）的展覽廳欣賞模擬出來的西伯利亞鐵路之旅時，歐亞大陸的建設工作也正在如火如荼地進行著。交通專家、地形學家、工程師和政治家不知疲倦地一起工作圖以實現這個橫貫大陸的路上交通路線，就是我現在搭著火車正在向東方前進的鐵路。今天，一個多世紀之後，西伯利亞連同火車窗外地平線之外的廣袤土地都已經是俄羅斯不可分割的一部分，在經濟上，文化、政治和社會方面都是如此。如果西伯利亞是一個獨立的國家，它仍然是地球上面積最大的國家。從烏拉爾到太平洋之間的地區，超過俄羅斯面積四分之三的陸地，時至今日依舊人口稀少。直到今天這裡仍是獨特的民族文化大融合的家鄉。此外，還有冰凍苔原和無盡的白樺林，這裡有令人難以置信的大自然多樣性。西伯利亞，這個沉睡的巨人，在很大程度上仍然未被取用的儲藏室，有黃金、煤炭、鎳、鐵礦石、石油、天然氣、木材和水。西伯利亞像是一個過去和未來的地方——那麼它當下又是怎麼樣呢？

我在庫爾圖克下車。遊客們知道這個較大的村莊，也可能是一座小城鎮，位於湖的南岸，是舊貝加爾湖鐵路的驛站。在一九〇四年時被建造成為大西伯利亞鐵路的一部分，取代了昂貴、難走的渡輪臨時路線，連結了到歐洲和太平洋之間兩條鐵路線。今天這條舊的貝加爾湖鐵路正在沒落當中，目前不過是一條在沉睡中被遺忘的支線而已。短程火車每天在雜草叢生的鐵軌上喘著氣來回行駛，途中只在必要的停靠站停車，為隱居在鄰近村莊的居民載送一些生活上必需的雜貨。在有些日子裡會有一列旅遊列車停靠在這條歷史悠久的鐵路線上風景如畫的景點上。這段路線是一顆技術工藝上的明珠，路上有由義大利工程師建造的岩石隧道和跨河大橋。

我並不是為了鐵路的浪漫而來到庫爾圖克，而是因為伊利亞。我們坐在克德爾（俄語的雪松）餐廳裡用手吃著羊肉餡大餃子。狹窄黑暗的餐廳散發著杜松子酒和啤酒並且混合著烹飪油煙的味道。窗戶的外面還有一層沒有散去的霧氣，一天最後一道灰暗日光照進小酒館裡面。伊利亞是一名住在伊爾庫茨克的政治學者。他在庫爾圖克探聽收集有關艾克哇西普公司（AkwaSib）醜聞的真相。二〇一七年艾克哇西普公司投資十五億盧布在庫爾圖克建造了一個裝瓶大廳。塑料管就通過我們的眼前進入到四百公尺深的湖裡。問題是：這家公司百分之九十九的股份在中國人手中。剩下的百分之一由一位俄羅斯婦女擁有，而她又把她的管理權轉讓給她的女兒。

這個家庭以前曾經登上新聞頭條：這個擁有百分之九十九的中國人在一九九〇年代在西伯利亞的森林裡非法採伐木材並將其出口到中國。這個俄羅斯婦人被判無罪釋放，中國人被監禁五年。那是無政府狀態的時代，對西伯利亞針葉林來說最重要的是：濫砍盜伐殆盡。國有林業已經破產了。中國人收購了多家森林企業，被非法砍伐的木材最終都流向了經濟繁榮的中華人民共和國的建築工地。

取水問題不亞於瘋狂的濫伐，我插上一句話。「工廠並不會對環境帶來危險。這並不是貝加爾湖畔上的第一家裝瓶廠。」伊利亞緩和了口氣，不過並沒有放棄大口吃著他的飽滿肉餡的大餃子。計畫好的每日供水量是大約五十萬公升湖水，指定給中國市場。裝瓶廠符合生態標準。但是對於艾克哇西普公司而言，它與木材業是一樣的。「只要是中國人來，就適用其他規則。」

幾個月前許多庫爾圖克的居民都渴望建造這項設施。畢竟，一百五十個村民應該可以在此找到工作，更不用說稅收可以紓緩地方金庫拮据的資金。但在二〇一九年初，整個氣氛發生了變化，在庫爾圖克、伊爾庫茨克地區並且很快遍及整個俄羅斯。突然之間，裝瓶廠的負面新聞開始出現在社交媒體的網絡上。俄羅斯的明星們，如時裝設計師兼歌手瑟吉．茲維列夫（Sergey Zverev）以數位方式發表立場：在庫爾圖克度過童年的茲維列夫在紅場上抗議，IG上數萬名粉絲都按了讚。積極人士迅速收集了簽名並開始行動，擊鼓集會遊行反對邪惡的中國人。三月底在伊爾庫茨克約有三千人示威遊行反對這家工廠：他們的橫幅布條上寫著「我們贊成觀光」和「為了乾淨的貝加爾湖」。仇外的心理隱藏在生態的外衣底下，在網路所謂的匿名聊天室裡，他們表現得更加赤裸裸。憂心忡忡的居民擔憂他們的「聖湖」。時任俄羅斯總理的德米特里．梅德維傑夫（Dmitry Medvedev）和莫斯科聯邦政府注意到這個事件，伊爾庫茨克州的州長也讓檢察署著手調查。檢察機關也確定了一些違反規定的行為，包括被建築工程污染的湖岸。取水的部分則不是問題。

俄國寡頭奧列格．德里帕斯卡（Oleg Deripaska）在他的ＩＧ裡言簡意賅寫說他在一月底就已經來到貝加爾湖「釣魚」，而不是去達沃斯。這篇貼文引起了媒體關注。德里帕斯卡是布拉茨克和伊爾庫茨克的一家水力發電廠和鋁工廠的所有人，也是這地區最大的企業家之一。有人在背後議論這個寡頭對礦泉水業務有野心。

伊利亞說這些焦慮都是幻想出來的，並且再給我倒上了啤酒。穿著白色褶邊襯衫的女服務生在這層衣服底下什麼都沒穿，她沒有問過我們就把兩個新瓶子放在油布覆蓋的桌子上。他的許多學生都曾經簽名請願反對裝瓶廠，因為他們擔心中國人會很快把湖水喝乾。「我無言以對，我問他們：當你們在曼谷、北京還是莫斯科時，在機場裡買哪一種水？貝加爾湖水嗎？不是的，那裡的商店貨架上擺放的都是艾維安或沛綠雅的瓶裝礦泉水。你們可曾聽說過法國人簽署請願書，因為他們害怕埃維昂萊班的源頭會枯竭嗎？近兩百年來他們就在那裡裝礦泉水。今天法國人把水賣到一百多個國家。」伊利亞很無奈地說，整天不停滑手機的年輕人很容易被操縱。

伊利亞在伊爾庫茨克國立大學任教。他強調自己不是中國專家，但因為鄰近，所以中國就像是一條貫穿他生命的紅線那樣吸引他。半禿的頭讓他看起來比較年輕。他在阿穆爾河（即黑龍江）地區結雅水庫旁的一個小村莊長大，那裡距離西伯利亞鐵路線一百多公里。那時他在家鄉經歷了艱困的九〇年代：「在一天之間，當局關閉了區域性的短程航空交通。那時幾乎沒有私家汽車，公共汽車沒有時刻表不定期行駛。在我們鄉下地方，人們以種地和經營林業為生。在瀕臨破產的集體農莊裡的年輕白樺樹長出了新芽，少數還在栽植的耕地都由來到此地的中國人租用。在那個年代並不是什麼事情都是光明正大的。」

半個多世紀以來蘇聯幾乎沒有中國人了。內戰期間在西伯利亞和遠東城市裡還住著數十萬中國人。但是隨著國家強加控制經濟生活的所有領域，以及在大清洗時期驅逐出境的措施，以致於在二次大戰初期在整個蘇聯領土裡，中國人的總人數下降到數百人。「祖母告訴過我有關於她小時候中國的水果商販穿梭在村莊裡的情形。蘇聯解體後，如果在村裡的商店有麵包或燕麥片時我們會很高興。」伊利亞在二〇〇一年高中畢業後就搬到伊爾庫茨克去讀大學。那一年的二十五名畢業生當中只剩下五個同學留在村子裡。有誰能夠忍受待在一個沒有綜合診所、沒有警察、沒有學校的地方呢？

伊利亞認為艾克哇西普公司的醜聞不過是西伯利亞現況中俄羅斯和中國之間的一個有啟發性註腳。一個理想的例子，就像今天在俄羅斯的外國投資案一樣，到底是行得通還是行不通？「對中國的恐懼深深植根於歷史之中，」伊利亞繼續說道，凝視著夜幕低垂的窗外，「當中國投資損害到俄國企業家和政治家的業務時，這些企業家和政治家就會煽動挑撥。我們在貝加爾湖看到了這一點，除了瓶裝水工廠之外，旅遊業尤其如此。」

衝突具有經濟、政治和生態環境的成分，伊利亞認為，從經濟的角度來看，中國投資者是寡頭德里帕斯卡和其他過著富裕生活的俄羅斯人的眼中釘。在政治上，這是市政府和區政府之間以及在克里姆林宮統一俄羅斯黨和掌有指派州長權力的共產黨之間的鬥爭。兩個陣營在反華言論中互相提高聲量對嗆——為了州長選舉。在該地區的人們很少可以視聽到這些內幕。媒體的主題環繞在環境問題，伊利亞說，是對動物和植物的威脅。這就是俄羅斯的東進政策，對他而言都不過是口舌論戰而已。只有當盧布進入俄羅斯企業家的金庫時，中國的投資才會有意義。

我繼續搭車往前走。位於庫爾圖克以東只有五十公里的地方有一座巨大的工業廢墟。在夜晚裡，湖岸邊亮著燈的高大煙囪讓人直到今天仍然會想起在這世界上最大淡水水庫上真實發生的生態犯罪行為。還只是幾個夏天以前的事，連火車上的乘客都感受到了造紙工廠的有毒空氣強烈地刺入鼻腔。工廠建於上世紀的六〇年代，一個還是由政府計畫主導經濟的時期，這座工廠年產高達十數萬噸漂白紙漿，同時排放出數十萬立方公尺的有毒污水到湖水中。一個小心謹慎的非政府環保運動的勇敢追隨者早在蘇聯時代就已經起來抗議了，他們反對戴奧辛、亞苯基以及有機氯化合物等有毒的混合物，是全國首創之舉！

他們的首領是瓦倫丁・拉斯普京（Valentin Rasputin）。身為所謂的鄉村文學代表，這位在二〇一五年去世的作家憑藉小說《告別馬喬拉》享譽世界。他在這本書裡描述了家鄉在洪水中沉沒到伊爾庫茨克水庫的情景。拉斯普京自一九七〇年代以來就已經一直參與拯救貝加爾湖的政治行動。不過到了二〇一三年，當聯合國教科文組織威脅要撤回該湖的世界遺產證書時，煙囪才變冷。在此期間工廠廢墟開始腐爛殘敗，靠工廠興起的單一城市貝加爾斯克如今一片荒蕪。看起來，對於中國人貪求無厭慾望的恐懼還遠大過於湖水永遠被污染的恐懼。

第3章

布里亞特的列寧與喇嘛

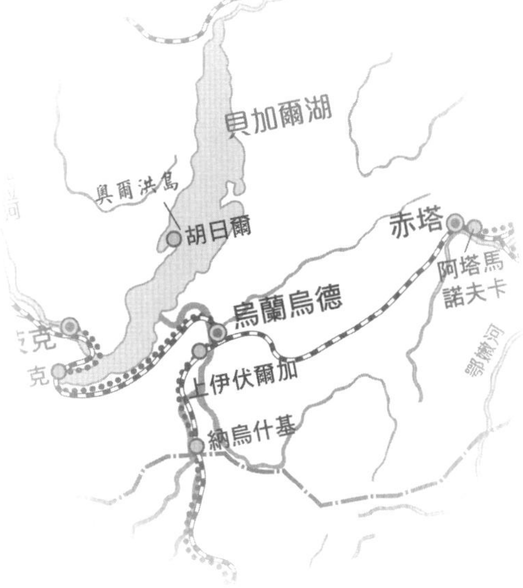

烏蘭烏德 Ulan-Ude—上伊伏爾加 Verkhnyaya Ivolga—納烏什基 Naushki

「你最好去看看伊沃爾金喇嘛寺（Ivolginsky Datsan）。」伊利亞在月台上和我告別的時候這樣建議我。烏蘭烏德是俄羅斯布里亞特共和國的首都，聽說這個地方其實不值得一遊。這是伊爾庫茨克人的傲慢嗎？

伊利亞讓我搭上從莫斯科出發開往海參崴的火車。火車在午夜後會穿過庫爾圖克附近的斯柳江卡。在這只有五個小時的車程裡，在我下層床鋪上發出鼾聲和臭味的乘客讓我睡得很少。我感到精疲力盡。在日出之前，距離烏蘭烏德大約還有半個小時車程的地方，列車長大聲叫醒我：「起床囉，我馬上要關上廁所的門囉。」他為我泡了一杯濃濃的紅茶，但這也沒有能夠讓我提起精神。在睡眼矇矓的困頓之中，我把床單和枕頭及毯子的套子還了回去。床上只剩下那條會刮人的毛毯。這裡，在貝加爾湖東南一百五十公里的地方和俄羅斯所有的地方一樣，火車以牛步速度慢慢滑進車站。

在伊爾庫茨克散步的記憶猶新，所以我對烏蘭烏德真的有點失望。兩座城市的歷史很相似：一六六六年為哥薩克人所建立的過冬營地，當時名為烏丁斯科耶（Udinskoye），一七七五年就升格為城市。從那時候起這個城市被稱為韋赫紐丁斯克（Verkhneudinsk），它和伊爾庫茨克一樣也遭受到祝融之災，成為大火的犧牲品。在蘇聯時期，烏蘭烏德是布里亞特自治社會主義蘇維埃共和國的政府所在地。

我在火車站搭乘計程車前往伊沃爾金喇嘛寺。車子經過幾座後史達林主義的工人公寓房子以及布里茲涅夫時期的板式建築，其裝飾堪稱優美，可惜它所展現的美學卻被衛星圓盤天線以及後來加裝的玻璃陽台奪去了光采。走過下一個紅綠燈之後，我們繞了世界上最大的半身銅像一圈。一個八公尺高的列寧青銅頭像聳立在市中心的蘇聯廣場上。當我透過後窗看時，不知何故總覺得制式化半身銅像的細窄眼睛裡閃爍著布里亞特人特有的眼神，這是蘇聯肖像文化移入在地化。這座銅像是在一九七〇年，蘇聯慶祝革命先驅和開國元勳百年誕辰時所澆鑄的。為了紀念列寧的冥誕，莫斯科當局從東到西，從靠近太平洋的南薩哈林

烏蘭烏德的列寧頭像

斯克（Yuzhno-Sakhalinsk）一直到加里寧格勒（Kaliningrad）的波羅的海沿岸，一些德國人稱之為提爾西特（Tilsit）的蘇維埃斯克（Sovetsk）建造了許多列寧紀念碑。這使我想起東德時期卡爾馬克思市（德國統一後改稱為開姆尼茨Chemnitz）市中心的馬克思紀念碑，當地人暱稱為「頭顱」（薩克森方言Nischel）。看來德國哲學家和資本主義批評者的頭像要比在貝加爾湖後面的列寧青銅頭像矮了一截並不是巧合。據我的司機巴托爾聲稱，一九六七年列寧的頭被豎立在蒙特婁世界博覽會的蘇聯館前面，但後來沒有人想要這個半身銅像，只好搬到烏蘭烏德來。多美好的蘇維埃傳說！

與龐大的列寧相比，貼在巴托爾出租車儀表板上的達賴喇嘛照片就顯得微不足道了。離開了沉睡中的城市，穿過林地以及用木頭蓋的村莊，東德製造的日古力（Schiguli）汽車以不到三十公里的時速搖搖欲墜吱吱作響地向西南方前進。我指著滿臉笑容的達賴喇嘛。巴托爾告訴我，他和許多布里亞特人一樣，到了八〇年代末期才接觸佛教並且重新接觸薩滿信仰。佛教並沒有取代，而是包容接納了這裡舊有的宗教。

巴托爾以前住在烏蘭烏德，在直升機工廠做過飛航工程師並且相信光明的未來。在幾年前退休之後，他就和妻子搬到了鄉下。我想知道，為什麼他一大早就坐在方向盤後面開車接送客人？他想要增加收入以補貼微薄的養老金，巴托爾說，再說他反正在家裡也待不住。「我們布里亞特人實際上活得很久，尤其是女性。但是一旦他們到了五十多歲，就會表現得好像明天就會死掉一樣。總是不斷的抱怨訴苦。許多人擾嚷抱怨著，醉生夢死地過了二十多年！與其這樣，我寧願出來開計程車。」

正是這種信念讓他保持年輕，巴托爾說，並且還告訴我，他記得在一九九一年夏天裡的某一天，彷彿就像是昨天一樣：達賴喇嘛在一次蘇聯境內的巡迴訪問中，在莫斯科停留幾個地方並訪問了卡爾梅克人（Kalmyks）和圖瓦人（Tuvans）之後，也來訪問了布里亞特人。那次訪問的動機是紀念俄羅斯女皇伊麗莎白一世正式承認佛教的兩百五十週年。他已經是第四次來蘇聯了。「我們都期待著戈巴契夫和這位尊者可以在這次訪問中會晤。兩位諾貝爾和平獎

位於烏蘭烏德附近的佛教寺廟伊沃爾金喇嘛寺

得主在我們的城市！」然而當時的蘇聯領導階層避免了他們的會面。沒有人想要激怒中國政府，因為就在兩年前兩國的關係正常化了。

我想要知道達賴喇嘛當時怎麼說。那是七月的一個炎熱的晚上，巴托爾現在把舊事統統搬出來了，烏蘭烏德的體育場已經擠得水洩不通：布里亞特人和俄羅斯人，來自世界各地無數佛教組織的代表都站在看台上。「從底下的觀眾席我認不出達賴喇嘛。但對他所說的話至今記憶猶新：靈性如此深深植根於人類精神，不可能把它們連根拔起。然後他還說，他只能對自己解釋的是史達林在他權力的頂峰時允許建造一座新寺廟。」

早在我們到達上伊伏爾加村之前，寺廟建築群呈蛋黃色的屋頂就已經與在地平線上屹立的山嶺相映成趣了。從稀疏生長的草地來看，來這座廟宇朝拜的人一定很多。到處都是被人群踩踏出來的小路徑。但是現在，才早上八點鐘，那個被漆著白色木板圍欄圍繞的寺廟在景觀中顯得孤零零。一塊玻璃後面的算盤標示著入場券價格，但是並沒有人收取入場費。從某個地方響起了沉悶的喇叭聲和鼓聲。有人把稻穀和閃亮的戈比硬幣放置在壁龕的四個角落上。白色、藍色、橙色和黃色的經幡在樅樹間飄揚。四處亂竄的流浪狗對我不理不睬。

我怯怯地瞇著眼睛從一扇寺廟的門縫向裡面看：這裡都是布里亞特人。有三名僧侶在中間，他們四周是一些比我更早到寺院朝聖的信徒。祭壇周圍放置著各種瓶裝牛奶、鬆餅、水果等供品。

這座社會主義風格的宗教建築只用了少數簡約的佛教裝飾品，令人想到這間寺廟是在戰爭最後一年完成的。主要原因是這個地方以前從來就沒有過修道祈禱的場所。這簡陋的寺廟、圖書室、佛塔、客堂、喇嘛的小禪房和一九九一年成立的佛教大學，一切都給人相當儉樸的印象。

在一九三〇年代中期，史達林關閉了蘇聯所有的佛教禮拜場所，喇嘛們被流放，或被認為是「日本間諜」和「人民公敵」而被送進監禁營。當蘇聯境內許多地方的寺廟、教堂和清真寺又重新開放時，其實就是政治上對戰爭罪的一種讓步。然而這座新建築仍然是全蘇聯唯一的佛法中心。

當我已經再度回到烏蘭烏德時，喇嘛的唱頌聲仍不絕於耳。伊利亞應該是對的，這個有四十多萬人口的布里亞特共和國首都，尤其是直到今天最重要的一點：這裡是重要的鐵路樞紐，即使位在貝加爾湖另一側不起眼的地方。橫貫歐亞大陸的鐵路線在這裡分開成為兩條路線。往南的支線是蒙古縱貫鐵路。往東有兩條路線前往太平洋岸邊的海參崴，一條沿著黑龍江行駛在俄國境內，另一條則是穿過中國東北的路線。

停留了將近一個星期後，我轉向南方前往烏蘭巴托。過了烏蘭烏德之後，鐵軌沿著色楞格河（Selenga）蜿蜒曲折地前進。每個星期有兩班跨國來往於莫斯科和烏蘭巴托之間，此外每週有一班穿過蒙古往返於俄國和中國首都之間的直達特快車。這條大漠草原鐵路線是莫斯科和北京之間路程最短的鐵路，是在一九五〇年代由中國和蘇聯共同建造的，此路線有一千多公里長的路段從北到南貫穿蒙古。直到今天，它是該國旅客和貨物的中央生命線。

納烏什基，蒙古邊境的俄羅斯車站。和所有前蘇聯共和國一樣，寬軌鐵路也適用於蒙古。歐洲和中國的鐵路軌道寬度相差八厘米半，使得兩個地區鐵路網絡之間的銜接更加困難，也因此可以阻擋迅速的軍事入侵。今天，在中國和蒙古邊境上耗時的火車輪軸替換作業尤其阻礙了過境的交通。

火車已經在納烏什基月台上停留了兩個小時。但是在俄國海關和邊境檢查期間車廂的門仍然還是關閉著。反正已經天黑了，納烏什基不想讓我感覺到我好像錯過了一些什麼那樣。在火車站裡甚至連兌換錢幣的地方都沒有。如果過境的旅客都被關在車廂裡，哪裡會有必要設立錢幣兌換所呢？即使火車仍然停靠在月台上，但還是會發出汽笛聲和吱吱聲。到了某個時刻，我對時間早就已經沒有感覺了，有一個技工拿著一隻長柄工具在檢查著剎車、車軸和車輪軸承的功能。如果音錘發出清晰的砰聲就表示一切正常。如果發出的是乓聲表示有金屬疲勞，這樣就會有危險。

被封閉、困在某個不知名的地方，讓我想起了恰克圖（Kyakhta），離歷史悠久的邊境小鎮納烏什基剛好只有二十公里的直線距離。其實按照我計畫的行程，恰克圖是接在烏蘭烏德之後的一站。因為恰克圖仍然被俄羅斯人視為歷史上與中國做茶葉貿易的代名詞。在大眾的想像中，除了伏特加、克菲爾（Kefir）和格瓦斯之外，還有哪一種飲料比茶與俄羅斯有著更密切的關聯呢？

自從俄羅斯在幾年前採取更嚴格的邊境地區旅行規定之後，外國人又需要通行證了。在史達林的統治下，甚至在戈巴契夫的時代，國境線前有個數公里寬的地區不需要許可證但能夠直接通過。我沒有閒情逸致到烏蘭烏德的俄羅斯國內情報機構去申請一份外國人到禁區去的通行許可證。所以我坐在車廂裡喝茶，望著一片漆黑的夜。

無論如何，恰克圖已經沒落了，成為俄羅斯帝國和中華帝國邊界草原上沉沒的威尼斯。

恰克圖確實是唯一一個俄羅斯人和中國人從事直接以物易物的貿易地點，繁盛超過一個半世紀。歐洲人眼中的廣州，就是俄羅斯人眼中的恰克圖。這個地方曾經是通往中國的窗口，但是現在這扇窗被關上了，確實有種諷刺意味在。

在十三世紀蒙古統治期間就已經有首批歐洲傳教士來到東亞。對於遊走於歐亞大陸之間的人而言，蒙古治世（*Pax Mongolica*）確實賜給他們某種程度上橫越大陸的出行自由。俄國商人在中亞布哈拉（Bukhara）和印度人及中國人貿易。漸漸地，陸路被遺忘了。從十七世紀開始古代絲綢之路的北邊才又聯繫起歐亞之間的新路線。波雅爾[5]之子費奧多爾．巴伊科夫（Fyodor Baykov，中文名裴可甫）是俄羅斯第一個出使中國的外交官，一六五四年從托波斯克（Tobolsk）帶著大批隨行人員前往中國。與中國建立外交關係的任務卻因為外交禮儀無功而返。巴伊科夫得到指示只可以和天子單獨交涉，然而中國官員要求在晉見皇帝前先交出沙皇的國書。因為沒有任何一方願意讓步，巴伊科夫沒有見到大清皇帝，於一六五七年返回莫斯科。

儘管如此，俄羅斯和中國還是找到了共同語言。一六八九年兩國在《尼布楚條約》中解決了領土邊界的爭議。然而訂立協議遠不止於單純為了兩個不斷擴張的大國之間國界上的摩擦，也不光是為了給邊境地區的游牧民族劃定固定位置。這是中國與歐洲大國所訂立的第一個條約，一項平等地位的協議，和日後中國被逼得必須和俄羅斯以及其他列強帝國所簽定的

5 波雅爾是一種貴族頭銜，在俄羅斯的地位僅次於沙皇。

許多「不平等條約」有所區別。因為使用俄羅斯語或滿洲語為談判語言會破壞平等地位的印象，所以雙方以拉丁語討論協商而完成此項協議。以耶穌會教士為翻譯人員所訂定的條約不僅是對世界開放的條約，且是由兩個極度好奇、聰明的統治者所締造的一個引人注目的外交成就。新的交易特權給彼得大帝與中國從事有利可圖的貿易。康熙皇帝以此協議換取保護免受哥薩克人入侵，因為這個時候滿族在擴大對整個中國的控制，而哥薩克人此時正威脅著滿族的發源地。

合約簽訂後不久，俄羅斯的商旅大隊就來到了中國的京城。接下來的《恰克圖條約》雖然在不到四年內簽訂，但是在言語方面更具體了。其中所決議的「恰克圖制度」將國與國之間的商品交易制度化，在邊界設立兩個專屬的貿易市場恰克圖和中國境內的買賣城。條約簽署不久之後，一七二七年俄羅斯人在這裡用毛皮、皮革和牲畜交換茶葉、野生大黃、生薑、絲綢、煙草或著名的中國瓷器。兩個邊界村落的貿易都嚴格受到監管。在日落前，每一個在買賣城裡的俄羅斯人都必須要回到恰克圖去。

日落很久之後，火車還一直停在納烏什基車站。俄羅斯的海關官員對我車廂的每個角落和每個縫隙不停地搜索了一刻鐘的時間，其中一名官員甚至用四角螺絲扳手拆開了車廂內的天花板並爬上梯子，用手電筒尋找偷渡的乘客。海關的搜索終於結束，列車長熄了燈，晚上休息的時間到了。

和橫貫歐亞大陸鐵路營運之前的年代比較起來，這次到烏蘭巴托的鐵路旅行真的是又快又舒適！在那個時候從亞洲到歐洲，從中國到俄羅斯的旅行，不論哪個方向都是困難重重，既耗時又受到諸多自然因素的影響和限制。大篷車載運貨物的大商隊都是用幾星期和幾個月的時間來計算旅程。從前茶葉的運輸——中國最重要的貿易品——以及毛皮、絲綢和糖以及旅行者都是經由十八世紀中葉才完成的「西伯利亞大道」，這是首次連接俄國與中國之間的陸路大道。

這條大道從烏拉山脈經過秋明（Tyumen）、托木斯克、克拉斯諾亞爾斯克和伊爾庫茨克一直到恰克圖。至少在夏天，當高溫化泥為土，以及到了冬天，當沼澤泥地凍得像硬骨頭的時候，這條路要比從前航行在西伯利亞河流上，要穿過無盡的針葉林和難以通行的草原來得更安全。在東歐的泥濘道路季，也就是春季和秋季，交通工具及車隊的車軸都會陷在爛泥裡。

經過數個月的陸路旅行抵達邊界雙城時，許多旅行者真的會以為這裡是海市蜃樓。亞歷山大・米奇（Alexander Michie）在一八六〇年代中期來到中國邊境時，誤以為自己所在的買賣城是荒野中的一座文明島：「道路筆直，中國規格的寬廣且打掃得乾淨整潔，市中心矗立著一座宏偉的八角塔。當微風輕拂，玻璃鈴鐺和金屬風鈴搖晃敲擊，悅耳的聲音響起。」在邊界另一邊的恰克圖的賓館裡，俄羅斯商人用洋腔洋調跟中國供應商討價還價，秤著茶葉，以金銀交易。

自一八六〇年起，當俄羅斯政府開放了與中國整個邊界的貿易，並宣布貝加爾湖另外一邊領土為自由貿易區時，恰克圖就開始沒落了。與此同時，中英海上貿易成了陸路交通路線的競爭對手；自一八六九年起蘇伊士運河啟用，使得海上運輸省卻了繞行非洲好望角的路線。二十世紀初歐亞鐵路的開通終於使得「恰克圖制度」澈底瓦解。俄羅斯上校暨東方學家瓦西利・諾維茨基（Vasily Fedorovich Novitsky）在一九〇六年經過這個邊境小鎮，觀察到衰落的景象時感慨地說：「古老荒廢的恰克圖令我產生一種既奇特又傷感的印象，這個遠在亞洲帝國邊境上，俄羅斯少有的商業前哨站。當人們搭車經過這些年代已久，擁有寬敞庭院、特高的木板牆、許多業務辦公室、刻畫著輝煌商業活動痕跡的西伯利亞建築形式的房屋時，讓人覺得好像有某種古老、強大、某些永遠不再復返的過去的痕跡，從這些被釘住或用厚重護窗板封閉的窗戶裡，從那些長滿青草的荒涼孤寂的庭院中看著我們。」

今天仍然可以在恰克圖找到邊境貿易已經過了鼎盛期所遺留下來的痕跡。復活教堂與茶葉交易所以及客棧都是這個古典組合的一部分。一八三八年由恰克圖商界捐贈的教堂見證了恰克圖曾經有過的輝煌，這和德國漢薩同盟的情況非常類似。因為這座氣勢磅礴的教堂建築曾經被譽為西伯利亞最美的教堂，只離邊境幾公尺，也證明了俄羅斯在它的亞洲邊境的文化使命——這裡是當時歐洲基督教對抗亞洲異教徒的第一道防線。

俄羅斯的控制體制吞噬了歷史邊境城鎮恰克圖。我所能做的就只是閱讀米奇、諾維茨基和史塔赫尤（Stacheev）所寫的旅行筆記中去夢遊這個已經淹沒的世界。蒙古的鐵軌間縫隙也跟俄羅斯一樣沒有焊接起來。火車駛過了納烏什基之後，蒙古境內的鐵軌上傳來規律的嘎嘎聲以及搖晃的車身讓我很快地進入夢鄉。

第4章 蒙古撞球桌上的世界政治

烏蘭巴托 Ulaanbaatar—喬巴山 Choibalsan

早晨螢幕上唐老鴨的呱呱叫把我從睡夢中吵醒了。這是最新的玩意，在每個車廂裡都有這種娛樂設備。中國製造的高科技產品，不過列車車廂並不是中國製造，而是來自前東德國有企業阿門多夫車廂製造公司（VEB Waggonbau Ammendorf）的產品。車窗後面的景象彷彿是這部過時卡通影片的續集：黃褐色的草原，亞麻色的灌木叢，丘陵輕微起伏的地形一直延伸到地平線，鋼鐵藍的五月天空下幾乎沒有任何道路和小徑。我的眼睛徒勞地尋找鐵路線以

外的人跡。從地理上看，這片廣闊的土地讓人想起美國內布拉斯加、堪薩斯、蒙大拿、懷俄明、科羅拉多和南北達科他，幾乎和這七個州的總和一樣大。在地球上人口最稀少的國家，一百五十萬平方公里的草原和沙漠上只有三百萬居民。不過這個國也有幸擁有廣袤的森林和魚類豐富的湖泊，以及巨大的礦產儲藏量。然而很大一部分人口仍然活在極度貧困之中。

中午抵達烏蘭巴托。巴德瑪到月台上來接我，旁邊是她十幾歲的女兒和丈夫帖木兒。我遠遠地就已經在等候的人群中看到他們了：三個人都穿著白色的羽絨夾克。

巴德瑪和我在窩瓦河岸上的喀山讀大學的時代就認識了。我們與來自伊拉克、敘利亞、奈及利亞和越南的同學合住在外國學生宿舍的三樓。我念俄語和歷史，她讀的是某一門自然科學系。晚上我們會一起坐在共用的廚房裡。我們這樣稱呼那個越南人「醫生」，他經常在我們打蟑螂時為我們做飯。我們在電視螢幕上看著美國士兵怎麼在巴格達推倒薩達姆・海珊的雕像。沒有人喜歡薩達姆，但是我們這個正在吃湯麵和喝著荳蔻咖啡的小小聯合國會眾都一致譴責伊拉克戰爭。

在車上，我們又再次談論著政治，就像當年一樣。還有談氣候，但不知何故，在那時候沒有人對它感興趣。我們離開市區中心向北走，在沙黃色的帳篷逐漸取代灰色房子的地方，車子開始爬坡上山。窗外看不到太多東西，因為盆地裡的霧霾太重了。巴德瑪的小家庭住在霾罩的上方，位於烏蘭巴托邊緣地帶的蒙古包裡，就是蒙古人的傳統移動住宅。蒙古包 Jurte/Yurt 是從土耳其語轉借來的，就是「家」的意思。

巴德瑪的家給我的印象是一種過去和未來的奇妙混合：按照嚴格的傳統，亞麻布和皮革製成的圓形帳篷入口朝向南方。另一端是家庭祭壇，朝向東邊是帳篷的右側，這是婦女專用的區域，擺放著烹飪設施和水箱。毛氈牆壁上掛著壁毯為裝飾之用，所有家庭成員的矮床都靠在這些壁毯的旁邊，床身上面塗著五顏六色的裝飾圖樣。祭壇旁邊的電視機正在播放東京相撲比賽的現場直播。無線網路路由器在電視機旁邊閃爍。她的丈夫用桶子把飲用水從社區的公用水井裡提回調好適當室溫的帳篷裡。

當然，這個蒙古包看起來要比貝加爾湖奧爾洪島上本查羅夫旅館的帳篷更道地。但是烏蘭巴托顛覆了我對蒙古的印象：城市化的沙漠而不是草原，二輪機車而不是四腳馬匹。居民更讓我驚訝不已：例如帖木兒是一名電腦軟體工程師，當他要去鄉下拜訪親戚時，他也會剪羊毛和安放馬鞍。

我走到屋頂上有太陽能光電板的蒙古帳篷前，俯視首都，絕大部分是社會主義板式組合建築的剪影。天氣條件使霧霾停留在靠近地面的地方。到處都架著起重機。一些個別的新商業建築和住宅區正從霧霾頂端探出頭來。這些房子被安上如 Bella Vista（義大利文原意為「絕景」）這樣吸引人的名字。「住在那裡的人都是因為採礦而致富，」巴德瑪指著乳白色的朦朧山谷解釋道，「房地產價格持續上漲。現在市中心一平方公尺的價格與紐約或莫斯科的價格相當。」在城市的最西部，破舊電熱廠的冷卻塔和煙囪（蘇聯老大哥贈送的禮物）將濃煙直噴上雲霄。污染可以看起來這麼優雅。當我的視線在瀏覽那片從南向北環繞烏蘭巴托的荒山野

烏蘭巴托郊區的蒙古包

嶺時，我可以明白，為什麼有很多人像巴德瑪一家人一樣住在這裡。很大部分的建築材料不是石頭、金屬和玻璃，而是毛皮、木材和亞麻。

巴德瑪在一九九〇年代後期就已經從這個國家西部的科布多城（Khovd）搬來烏蘭巴托了。她的父母想讓她和她的兄弟姐妹接受良好的教育。在貧瘠的草原國度裡，木頭、石頭等建築材料很少見的。只有少數家庭能買得起房子。自從她到首都以來，巴德瑪也一直住在一個半游牧的衛星城區裡，城區裡有一半以上的居民是蒙古人。巴德瑪跪在煤爐前，從一個盒子裡拿出一根火柴。「如果有錢，我們會毫不猶豫地盡快搬進一間真正的公寓。」

烏蘭巴托本身就像是過去和未來之間的十字路口。這個昔日游牧民族帝國首都的歷史可以追溯到十八世紀，在此之前，統治者宮殿曾多次更換所在地。烏爾嘎（Urga）或蒙古語中的約爾戈（Örgöö）很快就成為蒙古人的宗教和政治中心。在二十世紀初期，這座城市主要由寺廟和修道院、中國和俄羅斯商人的商業建築、領事館所組成，即便如此，當時已經有了上千個蒙古包。

在一九二一年革命和世界上的第二個社會主義國家蒙古人民共和國宣布成立之後，再過了三年，這座城市被賦予現在的名字烏蘭巴托，意思為「紅色英雄」，城市建築的澈底變革就開始了。在一九三〇年代後期的史達林鎮壓期間，共產黨統治者幾乎完全摧毀了一百多座寺廟，同時按照蘇聯模式建造城市，有聯合企業、文化中心、學校和醫院。

第二次世界大戰結束後，幾項總體規劃勾勒出一個社會主義模範城市的布局。然而不知何故，烏蘭巴托擺脫了莫斯科、華沙和北京更喜歡的糖果建築風格，出現了簡單明瞭的五層住宅大樓，廣闊的城市景觀和閱兵廣場。但是這個衛星國家政府所在地的人口成長速度比預期的快許多。一九八〇年代中期就已經達到了一九九〇年所預期的五十萬居民。城中如雨後春筍般湧現千篇一律的建築類型，至今仍證實了這座城市的發展態勢。

在戰後的幾十年裡，無數游牧家庭和他們的蒙古包大量遷移到首都來安家落戶。儘管人口爆炸，社會主義城市規劃者很大程度地任由城市繼續膨脹。他們在空間上將棘手的帳篷聚居區與永久住宅區分開。帶著帳篷遷移的不安定生活在一些西方旅行者的想像中一直被認為這就是所謂的幸福，烏蘭巴托人的半游牧生活因此被賦予了歐洲中心主義的牧羊人浪漫情懷。我在巴德瑪身上也看到了這一點。烏蘭巴托不是露天博物館，如今傳統的蒙古包只能在國家蒙古歷史博物館裡找到，或是在城外蒙古包村落當作旅遊景點，有錢的旅客還可以住進含熱水淋浴的蒙古包裡。

我問她對以前的老烏蘭巴托有什麼印象？「沒有，」巴德瑪回答，「但我母親記得烏蘭巴托是一個蒙古包住宅區只占城市景觀一小部分的地方。」在那個時候，除了政府和外交人員的車輛外，街道上幾乎沒有汽車。一九七〇年代中期，她的母親曾在烏蘭巴托念大學。不過到了現在，昂貴、超大的日本吉普車和搖搖晃晃的韓國二手車在街道上橫衝直撞，造成每天都混亂不堪的交通。

社會主義模範城市的浪漫田園風光已成歷史。以前的列寧博物館現在被改為市場大廳和電影院，寬闊的林蔭大道上布滿了坑洞。只有越野車才能到達無數帳篷散布的山丘。在這裡，刺骨的草原野風掃過繁華遺跡上沒有鋪砌的小路。一隻瘦弱的混種㹴犬在周圍成堆的垃圾中尋找食物。每天晚上下班後，帖木兒都會從遠處的公車站接他的妻子回家。「晚上天很黑，可是這裡的路燈少得可以用一隻手的指頭數完，而在路上總會有喝醉酒的人來惹麻煩。」巴德瑪抱怨道。今天，許多定居的游牧民族也在大都市裡飼養牲畜。例如他們的鄰居養了十幾頭豬。「到處都是塵土，比在鄉下還糟糕。」

自一九九〇年代以來，首都郊區蒙古包聚落快速擴張給市政當局帶來了嚴肅的社會和生態問題。在此期間烏蘭巴托已經有大約二十萬個蒙古包，該市一半以上的人口住在帳篷裡。都市人口增長和農村人口外流被視為是最大的挑戰。十分之六的蒙古人生活在首都，而在一九八〇年代初，比例僅為四分之一。

「為什麼人們成群結隊地逃離農村？」我問巴德瑪，她向我解釋了農村人的生活條件：「住在帳篷區的人都是以前的牧羊人。新生活的應許引誘他們來到城市。荒漠化、動物疾病、過度放牧和極端的冬季氣候把他們趕出牧場。首先是在千禧年之交，然後在十年前又出現嚴冬（Dzud），數以百萬計的羊群成為犧牲品。在深厚的積雪中，動物無法吃到青草。在兩個特別嚴酷的冬天，每次都有四分之一的牲畜死於飢餓和寒冷。有一些家庭甚至失去了全部的牛群。」

巴德瑪指著家庭祭壇旁邊一張褪色的拍立得照片。在照片上，當時還是小孩的她露著一張笑臉在外面某個地方，當時一位加拿大冒險家拍下了這張照片並送給了她。「今天只有四分之一的蒙古人靠牛奶、肉類和羊毛為生。隨著每一次的嚴冬和每一次的夏季乾旱，鄉村人數都在不斷地下降。」

巴德瑪從壁爐裡拿出大燒水壺，小心翼翼地將開水倒入彩色保溫瓶裡。紅色金屬片外殼、花卉圖案和軟木塞，這類保溫容器過去在每個中國家庭裡都不可或缺。

巴德瑪告訴我，根據統計，每小時會有一個新家庭帶著蒙古包來到這裡。「使用卡車，有時候也用馬或駱駝載過來，帶著兩百五十公斤重的圓形帳篷。他們在七百平方公尺的面積上搭起蒙古包和圍牆。每個家庭都有權可以要求在這樣大小的土地上搭蒙古包。如果你把一塊土地圍起來，就可以在地籍簿上登記在你的名下，可以保留並擁有它。」比人還高的木柵欄圍繞著巴德瑪附近的土地。一些比較富裕的家庭擁有幾頂帳篷，一些鄰居也在他們的土地上蓋了金屬板屋頂的磚房。他們把衣服掛在木板牆後面，在有硫磺的空氣中晾乾，木板牆前面擺放著生鏽的破舊汽車。「法律要求的限度很低。他們沿用了一九九〇年代的民粹主義法律。法律只有禁止人民在高壓電線底下以及因大水沖刷所造成的侵蝕溝裡定居。」巴德瑪說。

「野外雜亂的聚落有嚴重的生態和社會問題，」她繼續說，「需要數億美元才能滿足這些貧民窟在社會、衛生和基礎設施方面的最低需求。」超過一半以上的蒙古包居民是失業的。在嚴寒的冬天，成千上萬的小煤炭火爐冒出的刺鼻濃煙籠罩著大都會的山谷，濃煙比現在春天的還要濃。「我的許多鄰居買不起煤球。他們燃燒原煤、橡膠、塑料，任何可以燒的東西都拿來燒。我女兒班上幾乎每個孩子都有呼吸道疾病。」巴德瑪搖搖頭。這些有毒排放物、盆地環境和交通的混亂使烏蘭巴托成為地球上污染最嚴重的城市之一。「至少在這方面我們是世界頂尖的，與加德滿都、新德里和達卡並駕齊驅。」但不僅是空氣中的懸浮微粒，土壤也被嚴重污染，因為在蒙古包區裡，幾乎毫無例外地都將自然滲水式的糞坑當作廁所使用。

儘管存在這些問題，巴德瑪仍然保持樂觀和開朗，就像我在喀山宿舍遇到她那個時候一樣。這些年來，她的臉上已經出現了幾條笑紋。國家自前一段時間以來就一直在注意並照顧蒙古包地區的問題和需求了。靠近市中心的一些游牧聚落已經解散，取而代之的是住宅大樓。七萬個家庭應該很快就可以搬進大廈裡的公寓。在更遠的外圍，例如在巴德瑪的這個蒙古包的地區，下水道、學校和其他基礎建設應該能改善城市游牧人民的生活。這裡的人們沒有比搬進一棟簡單的混凝土房子更強烈的夢想了。有時候正是這種對最低文明標準的渴望可以幫助我們理解，為什麼在這個世界上不是每個城市都必須像美麗的寶石一樣完美耀眼。

晚上，我和奧恩博約在市中心見面。這裡就跟我所知道的中國大城市一樣，寬闊的廣場被造形俏皮的巴洛克燈籠照得通明如晝。在以「革命英雄」達木丁．蘇赫巴托（Damdin Sükhbaatar）命名的蘇赫巴托廣場上，蘇聯邊區城鎮的柔和光環在時光流逝之中失去了光澤：現在那座新古典主義的歌劇院被鋼筋和玻璃建造的高層建築物所遮蔽，證券交易所也進駐到位於中央廣場另一邊的昔日兒童劇院裡。在北邊的側面是一座經過重新設計的後現代蘇聯古典式的政府宮殿，今天的蒙古議會國家大呼拉爾就在宏偉的柱子後面。

我和奧恩博相約在廣場旁邊一條小街上的一家撞球俱樂部見面。深紅色的地毯，厚重的窗簾，雪茄的煙霧——在這裡出入的都是男士。在一九九〇年代，奧恩博在海德堡攻讀法學博士學位，我的一位德國教授朋友把他的名片給了我。回到蒙古之後，他以律師身分在總統府擔任外交官和法律顧問。他會和朋友每個星期來這裡打一次撞球。在撞球桌邊圍坐或站著的都是政府部門的官員、國內外交官、國會議員。因為我的緣故所有人都說德語。這個國家一半的政治菁英都在德國念過大學嗎？一位戴著半黑眼鏡的矮胖紳士講的薩克森方言比我講的還要道地。一九八〇年代他在萊比錫攻讀工程學。

在球互撞的咔噠聲中並且喝了在一、二、三杯伏特加之後，我們就開始對地緣政治爭論不休了。在今天的蒙古，這首先意味著一件事：我們正在談論中國。隨著蘇聯的解體，身為蘇聯老大哥的第一衛星國的時代也隨著結束了。一九八七年，紅軍駐蒙古的部隊撤離。三年後舉行了第一次自由選舉。自一九九二年以來，世界上最古老的人民共和國被簡單地稱為蒙古國，一個位於歐亞大陸中心的民主國家，依賴於外國的開發援助計畫。

今天，俄羅斯和中國之間的夾心局勢決定了這個內陸國家的命運。儘管蒙古正式與這兩個緊密擁抱它的大國保持著良好的關係，但它還是必須要不斷地在政治、經濟和文化上把持住在它們之間的自我定位。直到二十世紀初期，蒙古還是封建中國的一部分。從一九二〇年代起，它是第一個受到莫斯科影響的社會主義兄弟國家。長期以來，蒙古只與蘇聯保持外交關係。莫斯科切斷了對中國的貿易往來。隨後來自莫斯科和其他東歐集團國家的經濟援助幾乎在一夕之間崩潰。從那時起，對中國的依賴一直在穩步成長。為了擺脫這種局面，烏蘭巴托的政治菁英正在亞洲、歐洲和北美尋找戰略盟友。

全球的跨國公司和大國之間互相爭奪在草原薄層下休眠的原物料。礦業的繁榮發展是否給這個貧窮國家帶來了前所未有的繁榮？還是這些豐富的礦床會在腐敗和不平等的狂歡中撕裂這個國家？目前似乎只確定一件事：中國的影響力正在增強。自一九九〇年代初以來，與南部鄰國長達四萬五千公里的邊界已經增加新闢了十幾個過境關口，曾經高度軍事化和封鎖的邊界現在變得更容易來往了。「對北京的經濟依賴是不可避免的。我們不是被敵人三面環伺，我們是中國的原物料倉庫。」奧恩博的嘴裡發出了苦澀的嘶嘶響聲，並把撞球杆遞給我。「我們現在有四分之三的出口銷往中國，只有百分之一銷往俄羅斯。百分之一而已！整個情況在今天看起來已經很淒慘了。藍螞蟻[6]不見了。今天中國人穿的是細條紋布的西裝。」

奧恩博暗指中國勞工大隊，他們穿著藍色的毛裝，一九五〇年代在蒙古建造橋梁、道路和住宅區，而在一九九〇年代，沒有穿毛裝的人在烏蘭巴托的眾多建築工地出現。對於今天許多的蒙古人來說，中國人的刻板印象再次成為狡猾奸詐的商人。蘇聯的宣傳已經刻畫出這個形象了。事實上，中國投機者在革命前時期已經把許多蒙古人推進破產的火坑。但蘇聯文學把中國資本家描繪成狹隘無理性的敵人形象，一個剝削天真蒙古牧民的狡猾商人。

儘管在這段時間裡中國在蒙古的經濟命運中再次變得強大，但是它的文化影響力仍然非常小。廣播電台播放蒙古語和英語音樂，有時也會播放一些韓國流行音樂，但是沒有中文歌曲。在電影院或電視上放映的電影也同樣是這種情形。奧恩博的女兒住在北京。她在那裡為

6 在中國文革時期，工人們都穿著藍色的毛澤東式的制服，因為人數眾多不眠不休努力工作有如螞蟻，所以被統稱為「藍螞蟻」。

中國廣播電台蒙古語頻道的國際新聞、兒童節目和電影配音：「她賺的錢比我多，但幾乎沒有蒙古人在收聽北京國際廣播電台的廣播。」

俄羅斯不再是以前的蘇聯那樣的老大哥了。儘管如此，這個北方鄰國仍然具有強烈的文化魅力，這種魅力甚至連烏蘭巴托城市景觀中的混凝土也抵擋不住。許多年紀大的人都能夠說還算過得去的俄語。年輕人正在學習中文，但像和他的撞球伙伴一樣，他們喜歡喝俄羅斯伏特加而不是中國高粱。

從房屋牆壁上的塗鴉到隨意的言談，反華情緒無處不在。對中國的仇恨深深植根於歷史。奧恩博告訴我幾年前在中國社交媒體上流傳的一段民族主義影片，震驚了許多中國人。蒙古的極端分子在烏蘭巴托東北部的一座聖山上騷擾中國遊客。據說成吉思汗就葬在那裡。在不兒罕合勒敦山山頂，蒙古人將一名中國人推倒在地，強迫他跪在雪地裡。蒙古人在這名男子自稱只是持有中國護照，但卻是蒙古血親時才放過他。「愛國主義和民族主義之間的界線比一根草莖還來得細小。我的一些同胞忘記了這一點。許多人認為他們是忽必烈的後裔。」奧恩博暗指成吉思汗的孫子和元朝的創始人。「其他人認為，中國人直到今天仍然還是躲在長城後面。」他繼續說道。和蒙古帝國的締造者成吉思汗一樣，大汗在蘇聯時代也被貼上了反動的烙印。不過他現在再度重新成為蒙古人的核心認同人物。

太多的伏特加。第二天早上仍然宿醉的我坐上了每天七點半從烏蘭巴托東部偏遠火車站開往喬巴山的長途巴士。撞球桌上的撞擊聲仍然在我的腦海中響著。奧恩博建議我搭乘飛機。現在我坐在這輛搖搖晃晃的現代公司製造的公車上，它一定是在年輕人還跟著大衛鮑伊和舞韻合唱團跳舞的時候建造的，我現在真的因為我的固執而生著自己的氣。搭乘飛機穿越蒙古——有誰會做這樣的事情呢？取而代之的卻是坐在已經被乘客坐得爛掉的車椅墊上，車軸卻無視沒鋪柏油的坑洞道路仍然搖晃著轆轆前進。車頂天花板上閃爍著某種迪斯可的藍色、綠色和紅色的光，同時還播放著蒙古卡拉ＯＫ。這種狀況一直維持到蒙古東邊喬巴山為止。這是我人生中最漫長的幾個小時。

「我每年兩次從奧尤陶勒蓋（Oyu Tolgoi）搭車到喬巴山。」中間走道對面的男人告訴我說。上廁所休息之後，我們開始交談。與此同時，我隔壁靠窗座位上的鄰座吹著泡泡糖，把她的指甲塗成金屬粉紅色，不理睬我們。他昨天就在公車上坐了整天了，奧尤陶勒蓋在蒙古的最南端，男人繼續說。公車在中途停車休息的時候，他從一個小攤位上買了一份裝在錫箔片便當盒裡的現成飯菜。他像我伸出手並自我介紹，說他的名字叫甘巴托，意思是「鋼鐵英雄」。像所有蒙古人一樣，甘巴托只使用名字而沒有說出他的姓。現在我的手聞起來也有冷油脂的味道。他在前往東部喬巴山的路上總共花了兩天時間。在有刮痕的手機螢幕上，甘巴托給我看他住在喬巴山的三個女兒的照片。他最後一次見到她們是在六個月前。自二〇一四年以來，他一直在蒙古最大的銅礦場擔任司機。今天，南方是冒險家或是像他一樣必須賺錢養家糊口，但是在其他地方找不到工作的人聚集的地方。

「原物料熱潮如何改變了南方？」我想聽甘巴托說。「過去在那個乾燥地區上到處都是駱駝，人口非常短缺。那裡的人迷信因為採礦而打擾到土地神靈會帶來不幸，這種心理上的恐懼仍然很大。今天，呈一行縱隊的卡車將煤炭和金屬運送到中國去。公寓樓房、汽車旅館、美髮沙龍和酒吧等在礦場邊緣林立。」甘巴托用蹩腳的俄語說。他仍然繼續挖著他的鋁製便當盒裡的飯菜，從一個聚苯乙烯泡沫塑料杯裡喝著他的茶。在戈壁荒蕪的地表下——這片幾乎無法居住的礫石沙漠像一道屏障，將草原放牧區一分為二——是世界上最大的未開採的無煙煤礦床。此外，沙土底下還潛藏著巨大的銅、金、鈾礦床以及大量的鐵礦石、鎢、銀、鉬、綠松石和稀土等礦藏。但是烏蘭巴托的撞球玩家才是南部新聚落驚人發展中，數億美元的出口收入和急速成長的國內生產總值的最主要受益者。他們頒發採礦許可證。儘管在蒙古有民主，腐敗賄賂還是很普遍。所以像甘巴托這樣的人只能夠搭公車和吃一頓油膩的便當飯菜。

我的旅伴告訴我有關他妹妹的故事。她是一名邊境貿易商，每個月都會帶著幾個旅行包搭車去中國一次。她在往返旅程中的收入是他的兩倍。她放棄了大學英語系的學業，因為她的父母負擔不起學費。她通常乘火車前往與中國接壤的蒙古境內終點站扎門烏德，有時會搭車去廣州或香港採購貨品。在烏蘭巴托，她把衣服賣給當地的市場商人。得益於現代交通工具，今天游牧民族的活動範圍比過去更廣。他們可以找到貨物充足且價格低廉的供貨市場。

蒙古正在經歷著游牧經濟的復興時代。但二十一世紀的遷徙牧民不再從事粗放的畜牧業，他們在南部的礦坑中勞動，或者為無法到海邊去的整個草原民族提供來自世界各地的貨物。任何一個不想只消費鹽、羊肉和麵粉的傳統游牧自給自足經濟的人都可以在世界市場上購買韓國的 SAK 啤酒、德國的醃漬小黃瓜、扁豆形狀的巧克力和「物美又價廉」（GUT & GÜNSTIG）品牌的馬鈴薯大丸子、拉脫維亞的鯡魚罐頭、中國的水果和蔬菜。

傍晚時分我們來到了蒙古第四大城喬巴山。經過十四小時的口香糖泡泡、十四小時的卡拉 OK、半天的藍綠紅迪斯可之後，我現在可以享受著寒冷平靜的夜晚。

累得要死，我在一個發霉的旅館裡倒在一張狹窄的床上。在早晨的第一道曙光中，我看到蒙古東部的經濟中心只不過是草原平坦荒地中塵土飛揚的社會主義公寓大樓和發育不良的白楊樹的聚集地。這個小鎮以臭名昭著的蒙古領導人霍爾洛·喬巴山（Khorloogin Choibalsan）命名，他是由史達林親自挑選出來的，一九三〇年代用鐵掃帚清除了這個蘇衛星國的喇嘛、貴族、政治上持不同意見的人和其他「人民的敵人」。今天早上，這座城市看起來就和共產主義暴君喬巴山一樣沒有靈魂。一座破舊的木造橋梁跨越草原上的克魯倫河。自一九三一年以來，喬巴山一直是蒙古最東部的東方省的行政所在地。然而直到一九五〇年代後期，在有了熱力發電廠、羊毛精梳廠和肉類加工聯合體的建設之後，居民人數才有顯著的增加。今天有四萬多人生活在幾個小社區裡。自一九六〇年代中期以來，在蒙古仍是蘇聯的附庸時，喬巴山就有一支龐大的紅軍駐軍。城市北部還有一座礦井，俄羅斯人在那裡開採鈾礦。士兵們住在城郊的公寓裡，俄羅斯人是城市景觀的一部分。當民主在一九九二年到來時，俄羅斯人消失了，他們的混凝土建築則留了下來。

只有博物館的雪白外牆在我逛街時映入了我的眼簾。在單調的城市景觀中，其古色古香的門廊看起來像是介於德國馬德堡（Magdeburg）和俄國馬加丹（Magadan）之間某種標準形式的史達林主義博物館建築的雛型。在前院裡，坦克和各種歷史戰爭裝備在紀念建築群中生鏽腐壞。展覽大廳要到中午才開門，但我得繼續我的旅程。我透過玻璃門看了一眼大廳堂裡的景象，在史達林褪色變黃的肖像旁邊掛著一張喬巴山元帥臃腫的臉的肖像。我恐怕要在這裡錯過一個造訪陳舊過時平行宇宙的機會了。

第 5 章 哈拉哈河畔的應急發電機

阿木古郎 Amugulang—甘珠爾 Ganjuur—諾門罕 Nomonhan—海拉爾 Hailar

我從後門又偷偷地溜出了蒙古。幾年以來，每星期都有幾趟長途巴士從喬巴山開往中國的一些邊境城鎮。今天是星期二，行車時刻表上沒有預定的車班。我很快就和阿爾坦達成了協議，講好了一個雙方都可以保住面子的車費前往中國。他在博物館前面從他的麵包車裡向我按喇叭。中國人稱這種車輛為麵包車，因為它的盒子形狀以及它的大小很不湊巧會讓人想起一條麵包。當圖格里克（蒙古通用貨幣）消失在阿爾坦胸前的口袋裡時，我才注意到他的麵包車沒

有座椅。沒有必要的座椅只會占用堆積貨物的空間，阿爾坦比劃著手勢向我道歉。他在回程的時候需要這個空間，因為他想在車上裝載衛星天線和其他在中國便宜得很多的商品。

阿爾坦遞給我一張羊皮並告訴我，我可以在上面蹲坐到中國。從喬巴山到與鄰國接壤的一個很容易被忽視的蒙古哨所恰維爾加（Chavirga）的旅程只需要不到半個小時的時間。直到幾年前，這個過境關口只有在夏季才開放。一座鋪著白色瓷磚，屋頂裝飾著一座蒙古包風格的小小塔樓孤零零地座落在草原上，這是有人類在此定居的唯一標誌。破敗的旗幟在建築物上方隨風飄揚：藍紅藍以及黃色的國徽。告別並不隆重莊嚴。

有二十幾輛小巴士和吉普車等在我們面前，它們的引擎已經發動運轉著。阿爾坦看著他的香菸，看著灰燼在加長，看著藍色的煙霧。然後他緊張地咬著菸屁股。我搞不懂他為什麼不停地按喇叭，為什麼要在廣闊的草原上擠來擠去。但和其他人一樣，我的司機肯定想在午休前通過邊境哨所。裝上釘子的鏈條從馬路旁邊滾動出來並非巧合——不可以離開汽車的隊列。我坐在常春藤綠色麵包車裡已經兩個小時了，阿爾坦以更換手機上的晶片卡和填寫各種報關單以及其他出入境文件來消磨時間。在路邊，婦女們在賣裝在保溫瓶裡的熱茶。

在檢查站前面拉拉扯扯之後，接著是在小小的邊檢大樓裡的互相推擠。商人們擠過一個狹窄的金屬探測器。穿制服的男人用威脅的手勢來使這些旅行的商人遵守規矩和秩序。在無人區再等一段時間，過了午休之後，一名中國邊防官員在兩點整的時候打開了柵欄。

金屬圍籬從平坦貧瘠的牧場中間穿過。灰褐色的蒙古沙土路變成了漆黑的中國瀝青。蹲坐在羊皮上，我與阿爾坦通過了一道無形的時間鬧溝。即使在這樣的草原上，中華人民共和國仍然也是以一種大模大樣的方式來歡迎為數不多的跨境旅客。阿日哈的灰色三層出入境大樓真的超極大，以設計技術而言，內部的裝潢顯得非常冷峻：玻璃、金屬、混凝土、康乃馨紅色的文字橫幅。在像醫院那樣乾淨的辦理手續大廳裡呈現出普魯士的紀律和秩序。一名看來像是未成年的解放軍士兵將大約五十名等候的蒙古人推回隊伍裡，直到他們完全排好隊為止。

又過了四個小時的車程，到達了我在中國的第一站阿木古郎。通往那裡的道路兩旁都是風電場。孤零零的收費站已經為四線道的公路設計好了。每十公里就有一個以太陽能供電的行動電話桅杆。由於地勢平坦和居民稀疏，較密集的間隔似乎不划算。在路上就只有經過三個定居聚落和右側的一座小型軍用機場。北邊淺水的呼倫湖在平坦的草原景觀中像一面巨大的鏡子一樣閃閃發光。但像孩子一樣蜷縮在羊皮上的角度來看，我的視線大部分時間只能向上看：天空就像大海一樣寬闊而清澈。在中國還有什麼地方有這樣的景觀呢？

遠處的地平線上不斷地出現栗棕色的蒙古馬。有一次一群乳牛穿過馬路。「為什麼在這裡和蒙古那邊不一樣，這裡幾乎沒有羊？」我問阿爾坦。「在這裡，綿羊和山羊也曾經是人們的生計。他們吃肉，燒糞，用皮毛做衣服和帳篷。但自從政府禁止屠宰動物後，這裡的牧羊人除了養馬以外，幾乎完全轉為飼養乳牛了。優格和奶酪本來就是有利可圖的生意。每個中國人都喜歡內蒙古的牛奶。」

阿爾坦自豪地把目光固定在地平線上，彷彿他在談論自己的國家。甚至雀巢公司現在也在這裡經營乳品加工廠。一般來說，中國人喝的牛奶比以前多得多。我想起了世紀初第一個十年裡看過的廣告，當時的中國籃球明星姚明對乳製品大加讚賞。他以二二九公分的身高成為全國矚目的對象。

在前往阿木古郎的路上，阿爾坦向我講述了邊境兩邊蒙古人的細微文化差異。在中國的蒙古人在經濟上過得好很多，他們擁有更多數量的牲畜，但是他們都被漢族文化高度同化了。「他們早就不再穿蒙古大衣了，」阿爾坦談到傳統的長袖蒙古大衣時說，這種大衣非常適合於馬背上的生活。內蒙古的蒙古人只是在一個方面比較有傳統意識：他們仍然使用垂直書寫的系統，而蒙古人民共和國的布爾什維克引入了西里爾字母。

那麼漢人呢？阿爾坦擺手不想回答。性格和思想上的差異太大了。「他們很吝嗇，為每一塊錢討價還價。」就像我們那裡一樣，阿爾坦用拇指搓著食指和中指的指尖。當我們說再見時，我的麵包車司機說他很高興明天早上可以在不需議論的情況下拿到預訂的建築材料和衛星天線，在他回到喬巴山之前不再需要討價還價。在喧囂的小鎮上，我很快就看不見他的車子了。

蒙古人將阿木古郎稱為左翼旗，和其他嚴酷地區的許多聚落地點一樣，這個地方也有好幾個名字。當地人稱它為東旗，在一九五〇年代後期成立了新巴爾虎左旗的行政總部（直到今天，內蒙古的行政區都被稱為旗）。阿木古郎仍然是一座開拓者之城。這裡有一萬居民，是方圓大約一百公里內唯一值得一提的定居點。牧羊人從一個像德國圖林根邦（Thüringen）一樣大小的區域騎著摩托車來到這個現代化的商隊驛站，滿載著大米、啤酒和電池再次嘎嘎作響地離去，直到在地平線上消失，只在荒涼孤寂道路上留下一團塵土。少數在這裡過夜的人還會去遠處唯一的卡拉ＯＫ吧。通衢街道兩旁是單調陰沉的住宅區，兩邊店鋪的招牌亮著蒙古文和中文兩種語言。漢族只占人口的四分之一。在黃昏時分，房屋的瓷磚外牆閃爍著一輛老舊福斯Jetta的藍色閃光燈，它經常在大馬路上來回巡邏。一個穿著汗衫的警察擠在方向盤後面，嘴裡叼著一根菸。國家展現它的存在，但沒有穿著軍禮服。

第二天，我參觀了位於阿木古郎西北邊二十公里處的甘珠爾廟。這裡是否掌握著解決這數百年來一直困擾著蒙、俄、中之間的牧場經濟區問題的鑰匙？巴爾虎或呼倫貝爾的居民住在這三國交會處的死角上，保持著他們頑固的政治意識。

在去甘珠爾廟的路上，我和其他四個人共乘一部很小的計程車。坐在我旁邊的胖子也是新搬過來的，他沒有蒙古人高顴骨的臉部特徵。不過他話太多了，在我們一起相鄰坐在後座上的一刻鐘裡，他告訴我和其他乘客，他來自河北，正在這裡做組裝的工作，正在架設電線，也是巴伐利亞慕尼黑足球隊的狂熱球迷。無論他多麼努力認真製造話題都沒有引起共嗚，沒有人和他對話。當他半途在建築工地下車後，蒙古人才打破沉默。他們對這個三十來歲的漢人的厭惡程度顯而易見。

在閃爍發亮的草原上，出現在地平線上的白色佛塔彷彿是來自帝國前時代的使者。我讀過很多關於甘珠爾廟的文章，讀完之後對這個神奇地方有著很多的期待。但隨著計程車越來越接近寺廟建築，我卻有了越來越多的懷疑：首先是牲畜農場的馬廄，然後是入口處卡其色雕堡建築群上雜草叢生的射擊槽孔，它們擋住了我對剛粉刷過，閃著深紅色微光的寺廟牆壁的視線。當我下了車走出去時感到大失所望。和史達林時期建立的烏蘭烏德附近的伊沃爾金喇嘛寺相比，甘珠爾廟顯得很世俗，不那麼具有宗教氣息。在高高磚牆之上，吊掛椽木上的橙色琉璃瓦閃著刺眼的光芒，與屋脊新貼上去的金箔裝飾互別苗頭。我在入口旁邊牆上的告示裡讀到，這座廟是差不多二十年前由新巴爾虎左旗旗委決定重建的。開幕式在兩年後舉行。這是作為展示共產主義政績的寺廟建築。這座聖殿看起來很像昨天才剛開放，裡面的氣味聞起來也很像。

踏進廟門的時候，我認出了不可或缺的樣板：廟堂、庭院、廟堂等等，兩邊是僧房。正是這種嚴格遵守的老規矩、光滑的表面、還沒有出現的綠銅鏽，讓我想到了美國郊區的單層教堂建築。壁畫和雕刻看起來好像是預先塑造好的現成產品，就連跪墊上的天鵝絨套也閃閃發光，毫無皺紋，好像從來沒有人跪在上面過一樣。信徒在這裡不容易紮根。沒有虔誠進出的信眾以及揚聲器中的吟誦，強化了人造做作的氛圍。

我讀過甘珠爾廟所有那些色彩斑斕、引人入勝過去的種種記載。在歷史學家眼中的清朝盛世，乾隆皇帝於一七七一年下令建造甘珠爾廟。名字源自於喇嘛們曾經在高牆後面收藏的一部佛經。甘珠爾廟迅速成長為巴爾虎最大的寺廟建築，曾經有過數百位喇嘛。每年九月，當游牧民族從夏季牧場驅趕牲畜時，都會前往甘珠爾廟參拜。隨著十九世紀越來越多的中國商人帶著商隊頻繁往來於這條從北京到巴爾虎的唯一貿易路線時，這個精神聖地很快就發展成為該地區最大的市集。甘珠爾廟在二十世紀初來到它的經濟全盛時期。那時蒙古人每年秋天都會向中國和俄羅斯商人出售數以萬計的牛羊。數百個蒙古包，分為中國和俄羅斯貿易行列，還有一個巨大的馬市，使得甘珠爾廟成為為期一周的肉類、羊毛、皮革和其他動物原料的貿易中心，這些原料從這裡運往俄羅斯帝國最東部的省分和滿洲。俄羅斯和中國的軍隊在甘珠爾廟為騎兵兵團更換新的馬匹。

活牲畜是游牧民族的資本，羊毛是這種資本的紅利。年幼的動物要麼是紅利，要麼是資本的增額——取決於牧羊人把牠們留在羊群裡還是賣掉。老動物意味著資本的減損。但歐文．拉鐵摩爾（Owen Lattimore）是這片帝國中間地帶游居民族的偉大編年史家和觀察入微的行家，他正確地指出，土著畜牧者的行為並不一定都是符合市場邏輯：「如果能以某種方式避免，蒙古人永遠不會將六七歲以下的馬賣給中國或俄羅斯商人。這些動物聚集成為很大的畜群，有許多牲畜因年老體弱而死亡——但這是一種炫耀財富的方式，對應了資本主義中人們『負擔』的鉅額花費。」如果一個牧羊人可以或願意割捨他們的牲畜而以物易物，他們會和從外地前來甘珠爾廟的商人交換那些在貧瘠荒涼的草原植被上無法供給的東西。

中國商人出售絲綢布、緞面短袍、鞋子、馬鞍、鼻煙壺和茶葉，俄羅斯人則出售斧頭、鍋爐、琺瑯器皿、鎖、蠟燭和伏特加。甚至如蒙古人很喜歡的珊瑚或各種貝類首飾等異國產品，都可以在帳篷攤位上找到。

那時帝國的國界仍然漏洞百出。中國和俄羅斯在二十世紀初才開始沿著廣闊綿長的邊界建立海關辦事處。但隨著兩個朝代的垮台，貿易急遽崩潰。另外布爾什維克的國家壟斷對外貿易、加強邊境管制、兩次世界大戰期間的劍拔弩張，以及游牧生活方式的改變等等，也都是造成貿易沒落的原因。一本一九四一年的旅遊指南將甘珠爾廟描述為「典型的蒙古事務」，但是「在這些日子以來已失去許多過往的重要性」。

一九四九年中華人民共和國成立之後，中國共產黨人重蹈了一九三〇年代喬巴山在外蒙古的覆轍：他們限制宗教自由，剝奪喇嘛的特權。早在一九五〇年代初期，新統治者就已經摧毀了許多寺廟。他們將甘珠爾的喇嘛組織成生產隊。一九六〇年代後期，紅衛兵完成了殘酷的宗教信仰破壞。被激怒的青年摧毀了聖殿，破壞了的廟宇的地基，並帶領喇嘛們像跳舞的熊一樣穿過廢墟。該建築群中的一扇門在文化大革命的動盪中倖存下來——這可能是共產中國歷史上最黑暗的一頁。當我想對它拍照的時候，一個十幾歲的喇嘛沖著我來，說這是禁止的，然後又緊盯著他的手機。他是我在該處所遇到唯一的宗教職務人員。我從他那裡得知，有十來個喇嘛又住在這裡了。我認為甘珠爾廟仍然是一座紅色的，不，是一座已經死亡的廟。

在廟宇外，在初夏的陽光下，紅旗人民公社熠熠生輝，中華人民共和國的旗幟也確實在村子中心飄揚。這個小小的聚落就像阿木古郎一樣，歷史並沒有比共產中國更古老。單層樓的營房在這裡一字排開，有的用磚砌，有的用泥造。窗戶框架裡貼著鋁箔而不是玻璃。房屋間瀰漫著與人等高雜物堆的味道，看起來有點像超大的鼴鼠窩。這裡整齊堆放著牛糞是為了在明年冬天為爐子提供燃料。有許多跡象顯示這是一個永久定居的聚落，但是沒有居民，煙囪沒有冒出煙霧，也沒有咆哮的摩托車，更沒有動物，當然也沒有孩子的笑聲。四面八方死寂一片。

但是當我到了以前的人民公社時，我發現它並沒有完全荒廢。一個老婦人蹲在高高的旗桿下，旁邊是一個好像是小學生年紀的小女孩正在整理羊毛毯子。「你們獨自住在這裡嗎？」我在一片沉寂中問道，並立即意識到我的問題是多麼陳腔濫調。女人溫暖的棕色眼睛發亮地看著我，但是我並沒有能夠理解她嘀咕呢喃的細語。「其他人到夏季牧場上去了，在九月之前不會回來。」她的孫女替我翻譯。我天真地回應，其他人可能住在外面的蒙古包裡。「不會的，只有在賽馬場那邊的中國遊客才會住在帳篷旅館裡。」女人指著一個廢棄的馬術競賽場所，那設施似乎只有在七月傳統的那達慕大會（Naadam）期間才會活躍起來。在那短暫的季節裡，巴爾虎高原的草原會被旅遊團所淹沒，因為他們更喜歡住在草原營地上豪華的蒙古包飯店，配備香皂、吹風機和絲綢拖鞋。現在小看台前的小草像是少女一般光彩照人，彷彿從來沒有一匹馬從那前面跑過。這個可以追溯八百多年歷史的蒙古傳統賽會有男子們參加摔跤、射箭和賽馬比賽。

理所當然地女孩也談到「中國遊客」，彷彿他們是來自另外一個國家。她的祖母親身體驗了由國家所贊助的大眾旅遊所帶來的巨大變化。雖然她的臉上幾乎沒有流露出任何情緒變化，但她沒有掩飾自己的觀點：「我們蒙古人在這裡用民間藝術來娛樂旅客。再往北是達斡爾人和俄羅斯人。」我透過年輕的翻譯獲知她的意思。長期以來，旅遊業一直是不可或缺的收入來源。女孩看著我問道：「這裡還有什麼可看的呢？」

在喇嘛廟和人民公社周圍沒有牛和馬。這是有原因的：這裡長著冬季牧場的草，離村莊很近，可以在秋冬寒冷的日子裡每天照顧動物。就像這個定居聚落的名字一樣，旗桿周圍的土坯房屋顯示出，中國安土重遷的文明只是部分影響到另一種許多人認為是相對原始的社會形式。決定進步的推手並沒有完全消滅游牧民族的生活方式。在返回阿木古郎的短途車程中，我想起了呂嘉民（筆名姜戎）的《狼圖騰》。這本小說是中國的暢銷書。作者從另一個自我的角度講述了他身為年輕的漢人在蒙古人中的經歷。在文革期間，他被派往內蒙古當牧羊人。這段痛苦的經歷使他對自己的族裔做出了嚴厲批評，譴責他們對於共產技術官僚破壞這個完好原始的生態系統視若無睹。

第二天早上我去的阿木古郎早餐店只供應中國菜，比以肉類為主的蒙古飲食稍微單調一些：油條、豆腐腦（即所謂的豆花）、稀飯、一些小菜。中國店主只願意在飲料上妥協，因為他也提供鹹奶茶和發酵馬奶。當然，菜單上只印著漢字的菜餚名稱。二二二號包廂的蒙古客人用店主的語言點餐。

在三三三號包廂的牆上貼著一張民族主義貼紙，上面用粗體字寫著：「釣魚台——我們保衛祖國，不會放棄任何一寸土地」。每個中國的高中生都知道這個位於東海大陸棚上由日本控制的列嶼，日本稱其為尖閣諸島（Senkaku）。台灣和中國也聲稱擁有這些無人居住的岩石。對於一個離蒙古邊境不遠的小鎮酒吧來說，這是相當抽象的民族主義。距離這裡只有四十公里的地方，一九三九年曾發生過一場短暫但是非常激烈的邊境戰爭，有數千名士兵喪生，在歐洲也許只有少數軍事歷史學家或村上春樹小說《發條鳥年代記》的細心讀者知道。今天我想參觀紀念這一領土爭端的博物館。

二〇三號鄉間公路沿途（當我從蒙古來的時候已經享受過這條新鋪柏油路面的舒適感），路邊草地上的青草還沒有長高的地方，可以看到被拴住的動物所踩踏出來的圓棕色痕跡。越往南走就越讓我覺得草原這個名詞不恰當。地面只覆蓋著稀疏短小的草莖，裸露在草叢間的土壤閃耀著亮光。這裡完全不適合種植農作物，乾旱的植被甚至無法填飽綿羊或山羊的胃。

和一個從一早開始就興高采烈的旅行團一同搭車將近一個小時後，右手邊單調的景觀中有一座混凝土堡壘拔地而起。中國最大人民保險公司的二十多個業務代表讓我在他們員工旅遊的這段旅程搭他們的便車。他們的司機讓我在一棟寬廣的設施前面下車。作為一個步行者，我不需要支付入場費。警衛室裡的男人沒有打招呼，就揮手讓我過去。不管怎麼樣，我是這裡唯一的訪客。在我走向博物館大樓的路上時，風捲起了幾朵夾帶著雨水的烏雲吹向我的臉。灰色、沒有窗戶的長方體的屋脊上布滿了槍彈孔，中國在此講述了自己的邊境衝突故事，證明中國在這個事件上並不是局外的旁觀者。在建築物的正面牆壁上用黑色大字寫著「諾門罕戰役遺址陳列館」。

「諾門罕」是日本和蘇聯兩強之間的一場殘酷戰鬥的代號，發生在中國和蒙古之間平坦且無人知曉其中真實狀況的無人地區，時間介於一九三九年五月至九月間。當時這兩個競爭對手正在爭執於其各自的附庸國滿洲國和蒙古人民共和國之間的確切邊界。事實上，日本的滿洲關東軍曾想在這個戰略意義不大的邊境地帶試探蒙古和蘇聯兩個國家的防禦聯盟。因為以前沒有人認為有其必要，所以在這裡沒有精確地劃分國界。在二十世紀初，哈拉哈河只分隔了中國的兩個蒙古省分。直到滿洲國成立後，邊界才成為東京和莫斯科兩個敵對庇護人之間的爭端。爭執點涉及河流下游，因為它流經禁區，所以他們不允許我去看。一九三八年日本聲稱哈拉哈河是滿洲國的西部邊界，蘇聯則聲稱蒙古擁有東岸十五公里寬的領土。

蘇軍在第二次世界大戰開始前幾天取得了勝利，其代價為數千人陣亡。蘇聯的勝利不僅震驚了日本，也震驚了全世界。對於史達林來說，這場戰役的勝利具有決定性因素。幾個月後，日本沒有對蘇聯發動主要攻擊，而是攻擊位於東南亞的法國、荷蘭和英國的殖民地，稍後甚至在太平洋對美國發動攻擊，使得蘇聯免於在東西兩條戰線上作戰。哈拉哈河畔一個人煙稀少的小區域成為聚焦點，展現了二次大戰前夕東北亞地區的國際紛爭。

博物館大樓前的和平之鐘寂靜無聲。我繞著它轉了一圈，然後穿過了大樓巨大的拉門，它的框架已經生鏽了。就美學的觀點來看，更讓人聯想到一座倉庫大門。金屬絲網僅能最低限度地防護著入口區域逐漸剝落的水泥敷層。博物館工作人員坐在小矮凳上打電話。我指著裡面黑暗的空間。「過一會兒再來。停電了。」男人頭也不抬地嘟囔著。我在走去展覽大廳的路上聽到越來越響的沉悶噪音，我最初以為是一輛正在行進的坦克，結果是柴油發電機的嗡嗡聲。員工消失在博物館大樓旁邊的半地下混凝土蒙古包裡。「還需要幾分鐘，電燈才能重新亮起來。」他在我身後喊道。

暫時離開後現代的騎士城堡，我到了當時的戰場看看它真實的景況。成千上萬的蒙古人、日本人和俄羅斯人的骨頭仍然在地下腐爛著。積極的日本人每年夏天都會來，在這裡挖掘出數十具陣亡同胞的遺體，將他們帶回家鄉安葬。在這個曾經到處是燒毀的榴彈砲、炸毀的車輛和被擊落的飛機之地尋找戰鬥痕跡幾乎成了一項考古任務。一個坦克車砲塔從道路左側的樹叢裡伸出，另一端有十二輛坦克車整齊排列成兩排。我敲擊車身，聲音聽起來空洞而微弱。在剝落的黃褐色底下露出了米黃色的塑料。

「那些都只是仿製品。」博物館工作人員突然出現站在我旁邊，風聲蓋過了他的腳步聲。

位於內蒙古的諾門罕戰役塑膠坦克模型

「我們在這裡展示蘇聯坦克模型。一比一的比例，塑膠原料，二〇〇九年製造。」男人穿著破舊的短靴，迷彩褲，戴著一頂不遜於《西部執法者》的牛仔帽。他的臉因為惡劣草原氣候下的艱困生活而變得僵硬，與他的棕色羊皮夾克非常相配。「最好不要爬到大砲上面，去年就斷了兩根。」他繼續說，大部分坦克都被丟進高爐中熔化掉了。「你們的鋼材很好用。」顯然他認為我是俄羅斯人。一九五〇年代末，當毛澤東想在大躍進中縮小中國與西方工業化國家的差距，大幅縮短走向共產主義的過渡時期時，牧民在自建的公社高爐中把戰車生鏽的骨架都熔化了。這個國家爆發一股災難性的工業化熱潮，共產黨政府希望在一年內在鋼鐵生產上超越英國，全國各地的人們都在簡陋的高爐中熔化家中的炊具和工具。在哈拉哈河這裡，報廢的軍事裝備也變成了無用的爐渣。「剩下的少數原件就在外面更遙遠的地方，上面早就長滿雜草了。」男人補充說道，並指著風吹來的方向，另一隻手握著他的帽子。燈亮了，我現在可以看展覽了。「一直到二〇〇八年，只有一個博物館在那邊村子的一個小棚屋裡。這個新的你應該會喜歡。」

雖然三〇年代的蘇聯領導階層最擔心的是德國的攻擊，但是在亞洲國家邊界的局勢也同樣緊張。一九二九年，莫斯科與滿洲的中國軍閥政權之間為了要控制一條殖民鐵路線而進行了短暫的戰爭並獲得勝利。一九三一年日本占領滿洲，一九三二年建立偽滿洲國後，日本與帝俄突然在大陸上直接比鄰。經濟上強大的日本已經多次展現其對俄羅斯的軍事實力：在一九〇四至〇五年間對帝俄造成毀滅性打擊的日俄戰爭，以及俄國內戰期間在所謂的西伯利亞干涉戰爭中出兵支援白軍。

軍備競賽在日本占領滿洲後不久就展開：一九三一至一九四一年間，駐紮在遠東邊境的蘇聯士兵人數從三十萬人增加到八十萬人；日本到一九四一年時已將七十萬名士兵調移到滿洲國。一九三九年五月，蘇聯和日本之間的軍事緊張局勢持續加劇。兩個對峙國家在蘇俄、蒙古邊境和滿洲國邊境沿線相互侵犯領空、發生小規模衝突和其他形式的貓捉老鼠軍事遊戲。高潮就是一九三九年五月中旬在灰色博物館大樓後面某處爆發的血腥衝突。

觸發導火線是一支小型的蒙古騎兵部隊，他們在有爭議的領土上放牧牲畜。日本邊防衛兵把他們趕了回去。衝突迅速升級。日本發動的三次地面攻勢均沒有成功。蘇軍的反攻由喬治・朱可夫（Georgy Zhukov）發起，他同時在滿蒙邊境指揮蘇軍和蒙古人民革命軍。那天是八月二十日，就在《德蘇互不侵犯條約》簽署前四天，德國入侵波蘭前不到兩週的時間。紅軍的勝利揭示了東北亞乃至更遠地區的新的勢力平衡關係。在一九三九年九月十五日停戰協定簽署僅兩天後，紅軍就入侵波蘭了。蘇聯和日本就勢力範圍達成協議，一直維持到一九四五年的夏天。

套用一個專門術語來說，這個衝突的半衰期出奇地長。時至今日，蒙古人和俄羅斯人把哈拉哈河的衝突稱為「戰鬥」，而在日本和西方，這場衝突被載入史冊，稱為諾門罕「事件」，指的是發生在附近一個村莊的事件。蘇聯衛星國將一九三九年的事件視為蘇蒙軍事同盟戰勝日本帝國主義。美化這個事件是為煙幕，以分散史達林在蒙古人民共和國整肅清算的注意力。

中國選擇了語言上的中庸之道：官方稱之為「諾門罕戰役」，正如它在醜陋的博物館大樓上所寫的那樣。對於中國的官方史學來說，這場衝突是一個微妙的話題，讓北京的編年史家陷入了意識形態的困境。一九三九年，滿洲國聲稱擁有外蒙古一部分的領土。是日本帝國主義者為今天中國領土的擴張犧牲了生命，但是四個樓層展區的策展人對這種情況置若罔聞，功勞反而算在蘇聯軍隊身上，尤其是偉大的戰略家朱可夫，他後來成為紅軍參謀長和蘇聯國防部長。那些在地緣政治對抗的漩渦中戰鬥和死亡的草原純樸人民，都沒有出現在陳列櫃和展示板上。他們是帝國陰影下的賣國賊或英雄。因此只有在博物館唯一的英語看板上，拙劣的網路翻譯對此事讚不絕口，而且只提到蘇聯：「諾門罕戰役讓蘇聯鬆了口氣，他們不應該擔心失敗而且可以和德國作戰，而蘇聯在蘇德戰爭中獲得了勝利。」

在中國最偏遠的邊區，在曾經是日本傀儡滿洲國的領土上，在起動緊急備用發電機的情況下，中國正興高采烈地慶祝其反日的歷史觀。於是我開始懷疑，在這條血染的邊境河流兩岸，社會主義洗禮下所建立的歷史人物形象儘管各有自己的利益，卻依然和諧地並存。

在霓虹燈閃爍的燈光下上完歷史課之後，我的眼睛得先重新適應明亮刺眼的太陽。我仔細查看了地圖：距離這裡不遠之處，沿著二〇三號公路向東南方向只要兩小時車程，該地區的景觀就有了天壤之別：大興安嶺南麓茂密森林中的火山景觀、礦泉和熱氣騰騰的高山湖泊。一千多公里長的低矮山脈從北到南好像一道守護的門閂，橫亙在蒙古高原和狀如無邊無際淺平大碗的肥沃滿洲盆地之間。

我暫時轉向北方，再次穿過巨大廣闊的草原。三個小時後，一輛幾乎是全新的城際巴士帶我從阿木古郎穿過向北延伸到俄羅斯和蒙古邊界一望無際的草原，到達一百七十公里外的海拉爾。中國流行歌曲從裝設在衣帽架裡的揚聲器中發出甜美感傷的喃喃低語。女高音唱出了對草原的讚頌，認定它們是生命的搖籃，當然是用中文發音。至少在音樂上，中國的「文明使命」已經將草與天之間嚴酷的兩種色調生活變換成一個模糊的天堂。

熙熙攘攘的海拉爾把我打敗了：具有優先路權的卡車發出震耳欲聾的喇叭聲、喧鬧的人群、垃圾的臭味。公車經過一尊成吉思汗騎馬的雕像——不論今天的蒙古人如何塑造他們統治者的身分，他們還是沒能夠免於中國文化的同化。海拉爾擁有二十五萬居民，是內蒙古北部最大的城市。直到二十世紀初，它還是方圓三百公里內唯一值得一提的聚居地。游牧民族在土地上四處遊蕩。一七三二年，滿清的皇帝與沙皇商定了一條邊界線之後，在帝國邊界附近建立了海拉爾，作為旗軍部隊的駐紮城鎮。即使在十九世紀後期，這個中國的前哨城鎮仍然讓旅行者感到洩氣又沮喪，這個情形是我在俄羅斯養馬人尼古拉·希爾科夫斯基（Nikolaj Chilkowskij）的一本書中讀到的。當時大約有一千五百名滿洲官員、中國商人和工匠住在這裡唯一的一條街道上的四合院裡，街的兩端用木造大門圍起。如果他們不是被流放到這裡，大多數人會在冬季月分回到他們在長城以南的家。我沒有踏著過去的痕跡，而是在肯德基和真功夫後面的行人徒步區的附近散步，穿過一個廢棄、看起來可憐的仿造胡同。胡同是一種狹窄的小巷道，連接起中國北方帝王時期的傳統四合院。儘管如此，至少當地的啤酒味道不錯，而且在行人徒步區除了速食外，露天炭火上還烤著一根羊肉串。曾經黑白雜色的山羊掛在用作絞刑架的陽傘上，皮從脖子上剝下來，肉發出紅色的光，鮮血滴入琺瑯質的碗裡。烤肉師傅很熟練，就像切沙威瑪肉串一樣切下一大塊肉，然後將它們滑過白色的炭火。吃完飯，我在長途公車站對面民宿的一個沒有窗戶的小房間裡很快地睡著了。

第6章

中國的哥薩克村莊

黑山頭—恩和

司機怒氣沖沖地向窗外吐了口唾沫，當即把煙頭扔了出去。拉布達林（Labudalin）後面的一座橋無法通行，他詛咒著，知道現在必須繞道而行，沒有辦法在日落之前下班。百年的洪水切斷了所有鐵路連接和許多通往滿洲北部的道路，甚至公車也不再按時刻表發車。我其實想乘火車探索中國的北大荒，自一九七二年以來就是一直可行的。長久以來已經有鐵路連接漠河市了。但是前往中國最北端城市的旅程卻是從海拉爾塵土飛揚的長途公車站開始。現

在白天變長了，早晨就能感受到炎熱、沒有止盡、令人厭煩的盛夏。

我帶了幾個雞蛋、兩個蘋果和一顆番薯攤坐在公車的後座上。公車站的女收費員還在我的後面吩咐我要多帶一些口糧。現在我的目光轉向了正在向西駛往俄羅斯邊境的四線道高速公路上。經過兩個小時的車程，就在邊境城鎮滿洲里之前不久，公車轉向北方行駛。狹窄的道路和國界平行，也和額爾古納河的上游平行。這條河流數百年來迂迴穿過寬闊的山谷，將兩個國家分隔開又連接在一起。蜿蜒曲折，在很多地方會流過三倍於直線距離的路徑，然後慢慢地流向東北方注入黑龍江，河的一岸是俄羅斯的外貝加爾邊疆區，另一岸是中國的巴爾虎。自從十七世紀中葉哥薩克人進逼到貝加爾湖以東的地區以來，俄羅斯和中國就一直在此發生衝突。

直到十九世紀，滿清朝廷除了在海拉爾駐軍之外，對在這個位置遙遠、游牧民族闖蕩的帝國外圍地區積極殖民的興趣不大，朝廷雇用的蒙古官員和住在俄羅斯額爾古納河畔哥薩克定居地的哥薩克首領保持著友好關係。那裡很少見得到村莊，但儘管如此，還是比中國這邊更常見到。

「那邊，一個俄羅斯村莊。」一位乘客故意輕輕推我，同時用她的門牙咬開一顆向日葵花子。從公車窗口我只能辨認出依偎在對岸的俄羅斯定居聚落的輪廓。她在我的卡片上亂寫了幾個名字：阿巴蓋圖伊（Abagaytuy）、卡伊拉斯圖伊（Kaylastuy）、斯塔羅祖魯柴圖伊（Staro Tsurukhaytuy），但聽起來不是俄語。「看，他們的房子不像我們的那樣有天藍色的金屬屋頂。

在那裡一切都是灰色的。」

哥薩克村落阿巴蓋圖伊在額爾古納河劃定成為國境邊界後不久才在那個地方建立的，在一八九五年的時侯，那裡已經有七百一十四個居民了。人口增長迅速，而且非常年輕，其中的一半還不到十六歲。這可以由哥薩克村莊的逐漸轉變來解釋：軍事屯田的重要性下降，人們有更多的時間可以去捕魚、打獵，最重要的是在綠色草原上飼養馬、牛、山羊、綿羊和駱駝。然而在今天，阿巴蓋圖伊人口稀少，以至於幾年前就連鄉村裡的學校也不得不關閉。

直到二十世紀初，哥薩克人都住在阿巴蓋圖伊和額爾古納河上的其他俄羅斯村莊的傳統世界裡。夏天，他們將牲畜放牧在額爾古納河小島鬱鬱蔥蔥的牧場上。他們發現，與家鄉貧瘠的土壤相比，國界線以外的甘河、得耳布爾河和哈烏爾河等寬闊山谷的土壤厚實而肥沃。此外，中國境內大興安嶺山麓的闊葉林和針葉林為伐木和狩獵野豬、小鹿、熊、貂和狐狸提供了良好條件。哥薩克人在中國河岸上建造了倉庫和庇護所，以便在夏季和秋季收藏收割起來的乾草，並在冬季進行狩獵。這些第一批跨界的居民通常在從他們的家鄉騎馬一天往返的範圍內活動。漸漸地，分散的農莊發展出了小小的定居聚落。

有時河流是各國之間爭奪的焦點，尤其是當河道發生變化時。洪水一再改變額爾古納河的流量。主流退化為支流，支流又在退化為老舊的水道。從車窗向上游方向看，許多河上小島看起來更像是會在漲潮時沉沒的沙洲，有時候是從國界的一側看過去，有時候卻是在邊界的另一側看過來。沙皇和滿清皇帝的官員很快就為了河道確切路徑而激烈爭論。二十世紀初，俄羅斯駐紮在此的屯田士兵綁架了中國的地形學家，中國邊防官員偷走了哥薩克人的馬匹，他們認為這些馬匹在河島上放牧是非法的。

就在封建中國滅亡前幾週，一九一一年的十二月，兩國就額爾古納河的確切邊界達成協議。兩百八十個額爾古納河上的小島中有大半以上落入俄羅斯帝國手中。當時在任的中國巡撫周樹模所做的「一勞永逸地解決領土問題」的預言並沒有應驗。因為不只是像諾門罕的塑膠坦克所顯示的那樣，人們還看到了，如果在二十世紀提高領土爭端的層級，有時結局會比哥薩克人馬匹被盜的事件來得更加悲慘。幸好至少從蘇聯解體以來，在各個國家的首都盛行新的實用主義。因為即使在今天，一些沙洲仍然繼續在下沉，但是在其他地方也在出現新的沙洲。如今俄中邊境委員會每五年會在一些淤塞的河流支流上交換國徽。和一百年以前不同的是，和諧的雙邊關係似乎比一些無關緊要島嶼的主權更為重要。

今天已經沒有駱駝或馬匹在河島上吃草了。道路左側朝向俄羅斯邊境的綠地正在被人用機器修剪。鐵絲網與柏油路平行並進，每隔十公里就有一個中國邊境哨所。高聳的瞭望台還保留著它們過去的名字：桑卡、烏卡、奇卡等等，還嚴格地編號，聽起來不像是俄羅斯河岸的通古斯語，而是漢語。

和河的另外一岸不同的是，在中國河岸上有一段很長的時間幾乎無人居住。蒙古人將他們的牛群從夏天的牧場趕到冬天的牧場，普氏野馬（或稱蒙古野馬）並不關心領土歸屬問題。直到帝國滅亡前不久，北京才派出年輕力壯的邊防部隊。和中國士兵一起來的是淘金的年輕人。他們也獵殺土撥鼠，土撥鼠的毛皮被俄羅斯商人賣到巴黎。今天在河流之上，瞭望塔高高聳立的地方，曾經是中國的小哨所。邊防人員還展售食品和高粱酒。哥薩克人是忠實顧客，高酒精含量的廉價酒讓整個村莊都喝得醉醺醺的，男人和女人都一樣，連孩子也都喝茫了。在邊境地區其他貨物都可以自由貿易，但是當俄羅斯巡邏隊自己被酒弄得頭暈目眩時，誰還會在乎進口酒精的嚴格禁令呢？

我們搭的車子經過第一個種植穀類的田地，宣告了土壤的肥沃。然後到了黑山頭鎮，這是中國這邊岸上的第一個村落，距離海拉爾三個小時車程。我們在這裡休息。我不管冷掉的番薯口糧，在「故鄉人」停下來，這是鎮上唯一一家餐館。我沒有點任何東西，餐廳老闆就在桌子上放了像義大利餃的中式餃子，裡面有菠菜、雞蛋，並且附上一碗蒜泥，總比老是吃黑麥麵包和馬鈴薯好得多了。就在兩個星期以前，張先生開了這一家供應當地家鄉味的美食小餐館，他自豪地說。他看起來很乾淨俐落，襯衫熨得整整齊齊，彷彿今天是開張的第一天。前門上印有紅色大字「新開張」。入口上方的三角旗仍然閃耀著清新的色彩，餐廳包廂口掛著油亮亮的門簾閃耀著珍珠白的亮光。就連聖誕海報也已經貼在牆上了。張先生想把一切都做好做得恰當。

黑山頭有很長的一段時間與外界隔絕。這裡是和蘇聯接壤的最後一個前哨。長期以來，兩國之間一直處在解凍狀態。來自外貝加爾邊疆區的俄羅斯人開著隆隆作響的小巴和吉普車到村裡來購物。他們正在前往我今天早上離開的海拉爾的路上。

中俄邊界額爾古納河畔的中國瞭望塔

我問餐館老闆他的客人會是什麼人，然後看著餐廳裡空蕩蕩的桌子。「我們靠著從村子裡來的顧客。但時不時也會有幾個俄羅斯人過來。」儘管他有一雙閃閃發光、金翅雀般的綠色眼睛，但他認為自己是一個如假包換的中國人。東平是他的名字，意思是「東方的和平」。他的五官，他的舉止，一切看起來都是中國人。「我還沒有為俄羅斯人買叉子，」張先生笑著說，「但你不需要。」但他仍然不想放棄國外來的客人：入口處的看板上用中文、蒙古文和俄文寫著「故鄉人餐廳熱烈歡迎您」。我拿了我的東西，付過錢，祝張先生有很多俄羅斯顧客。然後我步行去邊境散步幫助消化。

雜貨老闆上身打著赤膊，正在他的店前打盹睡午覺。一輛坐著三個人的拖拉機在大街上緩緩行駛，兩柱塵捲風正朝著相反方向迴轉而上。沿著村落街道不遠處，一家小旅館正在用俄羅斯綜藝節目招攬顧客。「看俄羅斯舞蹈不必離開中國」，海報模稜兩可地這樣寫著。海報的文字旁邊還印了一張照片，照片上的俄羅斯女模特兒穿著很短的裙子，因而裸露出大大一截大腿。這裡和與俄羅斯接壤的中國三大城市滿洲里、黑河和綏芬河不同，與俄羅斯一日跨境者的買賣以及和中國內地富豪的商務交易還只是處於起步階段。

在村落外面，「友誼橋」橫跨邊境的額爾古納河。只有兩個邊境省分的居民和裝載俄羅斯廢棄物的卡車能通過這條狹窄的木製通道。一座用鋼索固定的中國瞭望塔高高聳立在河上，幾個軍營座落在它的陰影下。

非本地人想看一看河岸必須付錢。在檢查站，解放軍士兵會向你索取二十元人民幣，大約是兩歐元五十歐分。搭小船的短途遊河又要花五十元，一共九歐元左右。新的遊覽船在河中航行不得越過中線，準確地到國界前。乘船旅行僅在表面上貼合只適用於中國岸邊的嚴格管制。警告標誌告示禁止釣魚和游泳，甚至嚴禁向俄羅斯方向大聲呼叫和做手勢。只有幾隻鵝敢從與河岸平行的鐵絲網底下穿過。

在河對岸那邊，哥薩克人的村莊斯塔羅祖魯柴圖伊正在沉睡。金屬板和瓦楞石棉覆蓋著集體農場的矮小棚屋和馬廄。只有橄欖綠的瞭望塔和對面中國瞭望塔的高度相同。那裡與黑山頭不同，沒有俄羅斯遊客想到要誤入到這個被上帝、沙皇和總統遺忘的村莊。還有什麼是有看頭的呢？即使是冒險家，來這裡的旅程也會很艱難，因為斯塔羅祖魯柴圖伊是一處受困

從中國額爾古納河河畔望向斯塔羅祖魯柴圖伊的俄國村莊

的俄羅斯邊境地區，從內部和外部都被阻絕。與中國河岸不同，這裡沿河沒有通往卡伊拉斯圖伊、阿巴蓋圖伊和所有其他集體化哥薩克哨所的道路。只能通過該地區以外，該國內陸由柵欄保護的道路到達那裡。一艘屬於俄羅斯邊防部隊的藍白相間氣墊船停在平坦的堤岸上，前面在舊河道裡是一艘傾斜的，鏽跡斑斑的駁船。漁民在周圍的淤泥土裡放了魚蔞抓魚。至少受困的俄羅斯人允許釣魚。在下游不遠處，一群大約五十頭母牛站在腳踝深的河水中喝水。

步行到邊境後，我的最後一個餃子也消化完了。我的公車早就翻過山嶺遠到他方。綠眼睛的中國餐館老闆張先生為我安排了一趟共乘。我們坐在拖拉機上搖搖擺擺地從黑山頭往北方前進。司機不停地轉身，用銅藍色的眼睛和藹的眼光看著我。他的名字是王或是萬尼亞。我決定叫他萬尼亞，比較適合於他的眼睛顏色。萬尼亞拍拍我的肩膀，用中文喊了幾句話。他搖搖頭並把他的煙草袋遞給我，把自己捲的香菸含在雙唇間，拖拉機轟轟作響。我們保持沉默。半小時和走了七公里後，我在十字路口跳下嘟嘟響的笨重車身，然後在筆記本上記下：「萬尼亞：藍眼睛的安靜中國人，猜想可能是哥薩克移民的第三代。」

一條嶄新的鄉間公路穿過低矮的白樺樹林。一輛掛著北京車牌的大城市吉普車停在路邊。遊客們在自拍。有一個人用刀子刮著樹皮，他可能覺得這些樹皮很有異國情調。午後的陽光逼得我的額頭直冒汗。如果天氣繼續這樣熱下去，當我到達黑龍江，那裡就會出現第一批浮冰了。就在吃了幾個成熟的黑莓之後，一個卡車司機讓我搭他的便車。車上滿載碎石，他要前往更北邊的一個建築工地，那裡的長途聯外公路的兩條混凝土車道仍然像一條狹

作者與家鄉在甘肅的司機合影。搭他的便車前往中國內蒙古的恩和。

窄的沙道。從駕駛座向下看著路面時我心裡想著：美國是個更快、更高、更遠的國家，但是在戰後當州際公路網還沒有把各地連結起來以前，道路也應該是這個樣子。司機跟我解釋，再過兩年，這條路就可以通到中國最北端的城市漠河了。鋪柏油會更快，但是混凝土更能耐受霜凍和溫度的大幅波動。如果沒有嚴冬，這條公路到明年夏天就可以完工了。司機會在他的家鄉中國西部的甘肅省過冬。豐厚的薪水仍然還會吸引他明年夏天再回到北方。

當我到達位於三河區的恩和鄉時，太陽已經低垂了。俄羅斯人和中國人這麼稱額爾古納河以東的甘河、得耳布爾河和哈烏爾河周圍的地區。恩和周圍有麵包狀的丘陵，在高處散落的松樹、樺樹、白楊和赤楊後面慢慢出現了鬱鬱蔥蔥的草地和錯落有致的田地，金黃色的裸麥和小麥在上面搖曳。遠處站著一個農夫，將穀物綁成捆。從遠處看，中國的俄羅斯村莊就像是搭上質樸橡木背景的德國鄉土電影。

其實我想先到住宿地。但在鄉間小路上，到處都長滿了罌粟花和毛茛花、薊草和甘菊，一座墓地的十字架從蜜蜂嗡嗡的夏日草地上探出頭來。一塊腐朽的木板上刻著「瑪麗亞・亞力山達芙娜・甘查拉夫。生於一九四一年八月二十三日」。這個以及許多墓碑都充滿了拼寫錯誤，應該要寫o的地方卻寫成a。甘查拉夫逝於二〇〇四年九月八日。這些甘查拉夫、盧沙科夫斯，那些西里爾文姓氏上的o都被遺漏了的人到底是誰呢？那些按照念法來寫字的俄國人，也就是俄語中帶有o的非重音音節的寫法A音化的俄羅斯人是誰呢？此外，誰還在使用布爾什維克奪取政權後禁止在西里爾字母裡使用的「重音符號」呢？走過幾個墳墓之後又出現了新的問題：幾個漢字混雜在十字架和墓碑上的西里爾文字裡。然後就是死者的照片，它們像護身符一樣掛在那裡：僵硬清晰的目光。金髮樸素的女人，她們的丈夫是中國人。他們是中國萬尼亞們的祖父母，眼睛有時是藍色或綠色。「安娜塔西亞・米哈伊洛芙娜・瓦莉亞維娜（赤塔地區）一九〇〇―一九五七與劉張（河北省）一八九〇―一九四三」寫在十字架上。在彎曲歪斜的圍牆和人工花卉之間，在芬芳的夏日草地的草浪之中，出現了一座腐朽的木造小教堂。內部空無一物，裡面燒焦了，它仍然在這裡堅忍地苦撐著。但是洋蔥尖塔的黃銅屋頂和東正教的十字架在晚霞之下像紅寶石一樣閃耀。

我想在道路另一邊的恩和停留。畫面是一樣的：不僅是墓地，也有滿布溝渠的沙路，溝渠裡水深及膝，在許多方面都讓人聯想到在額爾古納大河的另一邊的阿巴蓋圖伊、卡伊拉斯圖伊、外貝加爾邊疆區，以及其他沒有人煙的社區。棕色斑點的牛隻在傾斜的柵欄前吃草，一片舊木造房屋隱藏在柵欄後面。某個地方有一輛老式拖拉機的生鏽骨架，輪子是用金屬輻條做的。對岸的俄羅斯哥薩克人在一個世紀前建立這個村莊，當時他們稱這個村莊為卡拉干尼（Karagany）。就連庭院、倉庫、民宅、精美雕刻的窗框也與俄羅斯額爾古納河畔的哥薩克舊聚落照片相似。

我在村子的入口遇到兩個男人。其中一個在用手把乾草堆成圓錐體（這裡還沒有圓柱形的乾草捆），在他旁邊有一個摩托車騎士。摩托車的邊車裡有兩個裝滿牛肝菌菇的籃子。我用中文向他們問候。「要找房間嗎？」一個人靠在他的大叉子上用純正無腔調的俄語問道。「你是伊凡嗎？」我也用俄語回答，然後才意識到這個問題在他的耳朵裡聽起來多麼不恰當。俄羅斯的一個朋友建議我到老伊凡那裡下榻。「不是，那個瘋狂的伊凡住在那邊，在河對岸的第一間房子。」

在去伊凡農場的路上已是華燈初上時分，經過了幾處房舍，也遇到了雞、貓和狗。左邊是兩座廢棄的俄羅斯農舍，橫梁因為風吹雨打而變成了灰色，幼小的樺樹嫩芽正從屋頂的瓦片中穿過。在半開的前門上倒掛著一個「福」字。有人在這裡過中國年應該是好幾年前的事了，因為紅紙早就已經褪色。我越過甘河，河比較像是小溪。在搖搖欲墜的橋下，一個女人在有大量沉積物的水中刷洗衣服。

「你是那個德國人嗎？」一個男人在車道上等著我。「我是弗拉基米爾，伊凡的兒子，」他用俄語自我介紹，「叫我沃洛佳。」他的父親已經睡了，只有充足的睡眠才能讓人健康地變老。沃洛佳邀請我到塗上白色的木屋前廊上。「我聽說你要來。」沃洛佳和他妻子一起經營一家寄宿家庭。在農場度假，一晚實際花費七十元，早餐包括自製麵包、現擠的新鮮溫牛奶和藍莓果醬。使用由樺木加熱和燭光氣氛的三溫暖要另外加價三十元。但我是家裡的客人。不會的，我們通常不會向朋友收費。

俄羅斯內戰和集體化使得數千個外貝加爾邊疆區的農民和哥薩克人在夏天帶著所有的牲畜穿過齊膝深的淺灘，冬天則要穿過冰凍的額爾古納河去放牧。在恩和鄉這裡，以前的卡拉干尼，難民們好像是把以前的老俄羅斯從這裡搬移到幾公里外的地方去緬懷。今天，就像一百年前的俄羅斯一樣，以落葉松為材料建造的木屋矗立在狹窄的甘河岸邊。房子都是坐北朝南，無視於二十世紀政治上的許多轉折：一九一一年的中國革命、一九一七年的十月革命、一九二九年的蘇中衝突、一九三一年日本占領滿洲和一九四五年紅軍的「解放」、一九五八年的大躍進、一九六六年開始的文化大革命。

乍看之下，恩和仍然還好像是一九一七年移植到中國的西伯利亞鄉村，一九四五年跟隨紅軍來到這個偏遠世界的蘇聯地理學家阿努欽（Vsevolod Anuchin）在書中直言不諱地說：

「這裡的生活與俄羅斯帝國時代外貝加爾邊疆區偏遠村莊的生活幾乎沒有什麼不同。這個地區給蘇聯人民留下了幾乎像博物館一樣的印象。」在蘇聯農業集體化生產近二十年後，對阿努欽和其他蘇聯人而言，前往該地區旅行就像是進入一個時光隧道的旅程。

直到幾年前，恩和還是一個被遺棄的鄉村，距離俄羅斯邊境只有一天的車程。雖然從一九六五年以來一直有電力，但直到最近，該社區只能通過碎石路才能到達。十年前我第一次在這地區漫遊時，遊客（如果有的話）還只是個別單獨地來，或搭便車來，或背著背包來。我還必須要到處問路，人們都用好奇的眼光看著我。

我向沃洛佳詢問村子裡的許多新房子。「這幾年來政府終於發現少數民族是推動旅遊業的好題材。」他這樣回答我，也以此證實了我在甘珠爾廟附近廢棄的人民公社裡所遇到的一位正在用羊毛紡紗的蒙古婦女的印象。今天，國家發放貸款給村民們。沃洛佳給我一杯格瓦斯。從陽台上，我們看到在他樸素的民宿旁邊有一家三層樓的旅館「娜塔莎」，他們用塑膠做的樹幹來美化房屋的面牆。「我的鄰居有關係，他是黨員。我們經營小民宿，不是富農。」沃洛佳露出牙齒大聲笑著說，他在暗諷蘇聯時代農民的階級敵人。為了招徠有錢的顧客，一些當地人把他們簡陋的木屋鋪上了大理石地板和現代的居家裝備。他說，但是生態旅遊也有剛剛起步的跡象。青年旅館的配備是堆肥的廁所和節能的電燈。

恩和和黑山頭一樣，遊客也可以欣賞到俄羅斯舞蹈和音樂表演。即使是列巴（俄羅斯麵包），中國人稱之為俄羅斯黑麵包的克萊布（Chleb），遊客也可以品嚐到。但是，沃洛佳雖然是最早經營旅館的人之中的一位，這股熱潮卻和他擦身而過。「在過去的幾年裡，我們很幸運，因為旅遊團來了。現在鎮上的人開著大黑頭車往前衝。汽車越貴，他們就越是斤斤計較，一毛不拔。我們應該要怎麼樣才能在兩個月的旅遊季中賺到足夠的錢來維持生計呢？」

在附有大型三溫暖設備的新寄宿公寓的陰影下，沃洛佳自給自足的旅館似乎沒落了。豆子莖藤纏繞在哥薩克老房子的圍牆旁邊，玉米和向日葵從木柵欄後面探出頭來。但恩和的田園不再是革命前哥薩克人的博物館村。到了晚上，太陽能燈照亮了小路，但由於夏天的雨水，這些小路幾乎無法通行。中國移動電信公司的兩座高大訊號塔矗立在村莊。中華人民共和國的旗幟在東正教教堂上空飄揚，入口處懸掛著顯眼的國徽。

在此期間，有關生活在中國遙遠北方的異國民族的消息已遠播到北京和杭州去了，越來越多的遊客前往那裡騎馬或品嚐新鮮擠出的牛奶，但主要的還是為了好奇，去探究那些看起來有點歐洲長相，但會說一口流利中文的人。尤其是社交媒體引起了城市裡的年輕人對這些奇特人種的興趣。就像網紅董德升，這位來自黑龍江邊陲村的農民在快手平台上直播，給他的粉絲講述他的日常生活：有關中國最北端的黑龍江省寒冷的冬天，或者例如每年幾隻黃鼠狼如何毀掉他的收成。董德升是第四代，一句俄語都不會說。數以百萬計的中國粉絲點擊了「彼得洛夫大叔」的影片，驚嘆於這位淺色皮膚、藍眼睛、一頭濃密的棕色頭髮的男人，說完美道地的東北方言，幽默詼諧，以無比樂觀的態度談論他的小小世界。網上的一些觀眾開始思考，身為中國人到底意味著什麼。

伊凡（曲同敏）在恩和哥薩克村莊的自家門前

對於伊凡而言，要擁有自己的頻道已經太老了。但至少每個有自尊心的俄羅斯民族學家都聽說過這位老人，有些人也曾經來拜訪過他。他留著濃密的下巴鬍鬚和寬大的唇上八字鬍，看起來有點像戰爭英雄和極地探險家馬卡洛夫海軍上將（Admiral Makarow）。民族學家稱伊凡為伊凡·瓦西里耶維奇（Ivan Vasilyevich）。但他父親的名字不是瓦西里，而是曲宏生（音譯）。在中國根本沒有叫瓦西里的男人。根據伊凡的身分證，他叫曲同敏（音譯），半個俄羅斯人，就像我在村子郊區遇到的人一樣，附近的人都稱他為瘋子伊凡。據說他的父親脾氣暴躁，村裡的老人家們都在私底下這樣竊竊私語。

第二天早上真的是一隻公雞把我叫醒了。之後我坐在沃洛佳舒適溫馨小木屋的房間裡吃早餐，在剛熨燙好的桌布上找不到麵包屑。一切都完美地準備就緒，值得把這情形傳到ＩＧ上去。但我在這裡除了筆記本之外就沒有別的可以用。用勾針編織的窗簾上面布滿瓢蟲，陽光透過它照到赭色木造地板和粉刷過的牆壁上。房間的另一端是敞開的石壁爐，旁邊是金屬製的水泵。一條繩子上吊掛著各種正在曬乾的草藥。有那麼一短暫的片刻，我想像自己回到了一九一七年以前的哥薩克露天博物館，但是房間裡牆壁上電子瀑布的滴滴水流聲把我拉回到現實。

我走到外面的到花園裡去，在我看到沃洛佳的父親之前，我就已經聽到他在說話了。伊凡正在前院裡捲心菜和櫻桃蘿蔔之間的長凳上休息。他光著腳坐在那裡，脫掉了他的毛氈拖鞋。有一位北京來的人正在和老人家打聽最新的情況。來電者的聲音從電話揚聲器中傳出。伊凡說話很慢，時而用中文，時而用俄語回答。他既不會讀也不會寫這兩種語言中的任何一種。

我很快地意識到，伊凡的本性不是從他父親那裡遺傳來的。他用低沉的聲音向我講述他的故事，一個普通平凡的人處在俄羅斯、中國和日本之間地緣政治漩渦中的故事。我們一邊喝著水，一邊吃著藍莓。伊凡把拐杖靠在長凳上。一縷頭髮和濃密的鬍鬚閃耀著雪白的光芒，臉被太陽曬黑了。他溫暖的眼睛注視著我：「靠近點，」他這樣要求我，並且把一個淡綠色的聽筒靠放在左耳上。「如果您有問題，請說俄語或中文。但要大聲喊！」

有一次，在一九九〇年代中期，那個時候他在北京，他看到了經過防腐處理的毛澤東和紫禁城。另一方面，他從小就沒有踏足過俄羅斯。我請伊凡按部就班一個接一個地講。「好的。當我五歲的時候，我們逃亡越過了額爾古納河。我們全家人：我的兄弟，我的三個姐妹，媽媽和爸爸，我媽媽的父母，」伊凡用幾乎聽不見的微弱聲音說著，「那個時候有很多俄羅斯人來到這裡。我們首先在該地區最大的哥薩克村莊德拉戈岑卡（Dragozenka）定居。離河岸南方三十俄里[7]的地方，中國人叫它三和。今天東干族住在那裡。那個時候幾乎沒有中國人住在這裡，當然也根本就沒有穆斯林。我父親是中國人，是個例外。我們這些孩子仍然以俄羅斯人的身分自居。村裡沒有人關心在乎這種事情。」

伊凡對地緣政治不感興趣。但事實上，在哈烏爾河，甘河和得耳布爾河三河地區的俄羅斯農村的流亡僑民，在兩次戰爭之間的二十年間增加到一萬一千多人，而三河地區五分之四的居民有俄羅斯祖先是有其地緣政治原因的。沒有任何歷史書記載過像伊凡這樣的人的命運，他們從祖先所敘述的故事中得知自己的過去，而他們的祖先只不過是掛在客廳牆壁上的黑白影像而已。這段記憶始於他們父母親的青年時代，而當時正值俄羅斯革命的動盪時期。

「是一見鍾情嗎？」我問伊凡關於他的父母親的事情。他說他父親年輕時候來到外貝加爾邊疆區，因為當時在中國長城以南地方的生活幾乎看不到任何前途：「首先是帝國的衰落。然後是他家鄉山東省連年的飢荒。在邊境這裡，他在河流中尋找黃金。但他並沒有找到，不過在某個時候遇到了我的母親。他答應給她一件比她在俄羅斯所看到過的更漂亮的裙子，」伊凡說。她認為這是一個輕浮的玩笑而沒有當真，也沒有把它放在心上，「可是他真的騎馬到海拉爾去給她買了一件華美的長袍。」

第一次世界大戰後來到三河區域的第一批俄羅斯人並不是狹義上的移民。他們是幾代人都在中國這邊收割青草然後曬成乾草，讓牲畜可以過冬的哥薩克人，只是現在他們在冬天不再回去在俄羅斯的家園了。內戰將難民如流沙般地從廣袤的西伯利亞吹過來。許多人最初住在土屋裡。只是在幾次收穫之後，回家返鄉的希望很快就破滅了。還有更糟糕的事情。我從我的檔案中知道，在生產集體化期間，布爾什維克沒收了所有的牲畜。有時整個村莊的居民都逃離了。許多人在此過程中還賠上了整群的牛羊。伊凡記得他自己家裡的這種情況。例如，與伊凡父母的遭遇不同的是他的叔叔，他們在一九三三年冬天才逃亡，當時共有二十幾個家庭乘坐著馬拉雪橇穿越額爾古納河邊境的冰凍層。「當然邊防警衛看到了。他們開槍，他們朝空中開槍。他們都是像你和我一樣的人。但就在同一天，穿制服的人把留下來的老人集中起來，然後送到了內地去。」伊凡的聲音已經沙啞了。

生產集體化時期，在一九二九年蘇中邊境戰爭的陰影下，紅軍還懲罰性地討伐了中國三河地區的哥薩克人。我想從伊凡那裡知道他是否記得此事。「是的，非常殘忍。他們甚至把婦

7 俄國的舊制長度單位，一俄里等於一．〇六六八公里。

女和兒童驅趕到甘河裡去。他們虐待所有冒險回到岸上的人。他們抓住小孩子們的手和腳，然後把他們扔回到水裡去。」在整個世界上幾乎沒有人注意到中蘇邊境地區的悲劇。但恐懼會讓流亡的哥薩克人永遠疏遠他們的家鄉。

因此，當日本在一九三一年九月占領滿洲後，這裡的許多俄羅斯人夾道歡迎天皇的士兵，並且稱他們為解放者。伊凡也是這樣嗎？「日本人訓練我成為一名司機。那時，他們給了我們第一台拖拉機。」直到二戰結束，哥薩克人都生活在一個被東京所寵愛的傀儡帝國。「早在一九八〇年代，我們仍然使用舊農機耕種田地。我今天閉著眼睛也能夠更換三角傳動帶。」當我看著伊凡粗糙的手時，我相信了他。

伊凡一邊啃著藍莓一邊告訴我那些有關他年輕時候的光榮軼事，讓我想起了當時的一部日本宣傳片。男人、女人和孩子們在中午的陽光下在田野裡休息。俄羅斯人看似田園風味詩意般的鄉村生活在我眼前閃爍。場景變化：前面有一匹馬，後有兩頭牛。這些牲口拉著一台收割機，機上的鐮刀在田野上旋轉著。場景變化：教堂禮拜，留著濃密辮子的金髮女孩。場景變化：哥薩克騎兵閱兵式遊行。滿洲國國旗在俄羅斯三色旗旁邊飄揚。在一個假日場景裡的場景變化越來越快：跳舞的情侶、觀眾、手風琴、跳舞的情侶、觀眾、手風琴。就像伊凡的回顧一樣，這些都是黑白影片裡扭曲的片段，絕不是豐富多彩的生活。

宣傳片僅以片段的形式倖存下來，伊凡的記憶也只是零碎的。最遲自一九三〇年代中期哥薩克的起義被血腥鎮壓以來，即使是最後一位流亡的俄羅斯農民也一定都清楚地明白，日本人並沒有成為救世主。電影裡所隱瞞的以及伊凡也沒有說出來的是對農作物產量的高額特殊稅、為了發展軍備工業強迫人民捐贈金屬和嚴苛的兵役義務，因為日本軍事局很快在和蘇聯接壤的邊境建立了哥薩克營隊。

結局突然來了：一九四五年夏末不到兩週的時間，紅軍就占領了滿洲，在占領軍的陰影下，政治警察的幫凶嘍囉們緊隨其後到來。契卡（全俄肅清反革命及怠工非常委員會人員）將數百名男子驅逐到蘇聯集中營裡去。「只因為我的混血身分才能讓我免於被流放。」伊凡聲稱。早在一九四九年秋天，在異常的豐收之後，命運的打擊接踵而來：「中國共產黨人禁止了我們的俄羅斯名字，有些人偷走了我們的牲畜。」伊凡很小聲地說著，但我看得出他攥著拐杖的手握得有多麼緊。然而，生活很快又恢復了平靜，他繼續說，同時輕輕撫摸著他那套白天也穿著的睡衣。「事實上並沒有國家形式的結構。後來他們才任命了一位村長，一個有黨證的人。在某個時候，我們有了農村公社和林業合作社。」所有這一切都發生在一九五〇年代末期，當時毛澤東以瘋狂的力道，使用殘酷的方法強迫人民從事大量工作和農業社會化。被黨宣傳譽為「大躍進」的荒謬失敗的經濟路線將數百萬飢餓的中國人從城市驅趕到了農村去，其中一些甚至遠至甘河、得耳布爾河和哈烏爾河沿岸的俄羅斯村莊。

我看著藍莓被吃完的空碗，什麼也沒說。伊凡曬黑臉龐上的視線越過了花園圍欄飄向西邊某處的俄羅斯。他伸手去抓拐杖，其實他是想站起來，但又放下了。「文化大革命，」伊凡低聲說，改用中文，只使用兩個音節的縮寫形式，而不是五個音節：「文革」。他輕聲重複這個詞，在兩個音節之間停頓了一下：「文、革」。在一九六〇年代後期，乳臭未乾的紅衛兵從城市中突襲了俄羅斯哥薩克的村莊，並且像許多其他俄中通婚的村民一樣，指控他從事間諜活動。

「是年輕人、大學生和小學生。娃娃臉侮辱我們，認為我們是反對派的成員、蘇聯特工的隊員，或者說得更糟糕，一個混血共和國的開國元勳。在村子裡，他們毆打我們並把我們的胳膊吊起來。他們不在乎我們之中的許多人是出生在這裡的。我們與蘇聯根本就沒有任何關聯。那些混蛋吊死了我的鄰居。」即使對於像伊凡這樣逃過一劫的人來說，這也是世界末日：「不斷的互相告密在村子裡種下了不信任的種子。誰是你的朋友？誰是你的敵人？」

他當時有想到要逃走嗎？是的，很多人都想移民到蘇聯去，這個國家雖然只有幾公里遠，但年輕人卻從未涉足過。「我們也想離開這裡。其他村也一樣。但是當北京政府得知此事時，所有希望都破滅了。」

伊凡告訴我關於一個他兒時朋友的故事，蘇聯當局將他與他的妻子以及八個孩子一起撤回到額爾古納河對岸。「他今天仍然住在阿巴蓋圖伊。幾年前他甚至來拜訪過我們。」在我眼前再次出現了那個有著通古斯名字和蘇聯灰色屋頂的古老哥薩克村莊，就是公車上的女人指給我看的村莊。

伊凡所缺少的是可以保護他的蘇聯護照。沒有正確的文件和純正的俄羅斯血統，他就一點機會都沒有。但不管是在滿洲傀儡皇帝溥儀的領導下，還是在偉大的舵手毛澤東的領導下：政權來了又去。但伊凡留下來開著他的拖拉機。

「你相信上帝嗎？」我通過漏斗型的助聽筒問伊凡。他先是擺了擺頭，然後突然用力地搖了搖頭。「穀物長在田地裡，不是從天上掉下來的。」他乾巴巴地咆哮道。但伊凡房間的角落裡掛著一個聖像畫。即使是在他的身上也會有一些習俗在動盪不安的時空裡倖存下來。每年一次，在東正教教堂在復活節後九天悼念死者的紀念日，伊凡會在走廊裡鋪上一層薄薄的麵粉。第二天早上，他會尋找腳印，他相信，他會再次見到他已故的父母。

恩和鄉的教堂也仍然屹立至今。遠遠望去，就跟日本宣傳片裡的一模一樣。但在文革期間紅衛兵燒毀了聖像，打碎了大鐘。之後，他們在裡面成立了一個俱樂部。如今除了鄉長辦公室外，教堂裡還設有一間博物館，展覽的物件是一堆填充馴鹿、陳舊的農業設備和一些已經褪了色的，紀念二〇〇八年俄中友誼年的壁報等等雜七雜八的東西。

一九八〇年代初只剩下三千名俄羅斯人生活在中國，其中大部分居住在甘河、得耳布爾和哈烏爾河三河周圍的哥薩克村莊。人數急遽下降的原因不是哥薩克人流亡到蘇聯或海外。伊凡那位被遣返的老同學仍然是個大大的例外。由於害怕再次受到鎮壓，許多「混血兒」在當時偽裝成漢人。如今，在中國的俄羅斯少數民族人數已經增加到一萬五千多人，其中一半以上居住在額爾古納河以東的村莊。現在如果是屬於中國五十五個受到承認的少數民族之一，則可以獲得一些優待，例如更寬鬆的節育措施或更容易獲得高等教育的機會。像伊凡這樣的人，不管是不是想屬於在中國正式稱呼為「俄羅斯」的小小俄羅斯族人，其實都是在權衡各種利弊得失。

在滿洲里的中國人正在大聲說出來，政治正確的語言對許多人來說是陌生的。他們叫俄羅斯人「老毛子」。儘管帶有種族主義色彩，但這個詞句中也有對他們異常濃密的頭髮帶有讚美的意味。伊凡是一個「二毛子」，第二代老毛子，他的兒子沃洛佳是「三毛子」。那個老而不那麼瘋狂的伊凡和他的兒子沃洛佳一直是俄羅斯人，他們是二毛子和三毛子，從未從身分證上抹去他們的國籍。

沃洛佳將一個裝著藍莓的新碗放在桌子上，加入了我們的談話。他自豪地向我展示了他的身分證。直到幾年前，他還在父親曾經開過拖拉機的集體農場裡種藥草和蔬菜。

「你去過俄羅斯嗎？」我問沃洛佳。「一九九二年，我第一次前往那邊的赤塔。」他說。「那時候突然又有了和俄羅斯的聯繫。但是已經沒有人會說俄語了！公司甚至聘請像我這樣的文盲擔任翻譯。首先，我在托木斯克與伐木工人一起工作了一年，然後又在布里亞特的森林裡工作了一個季節。」

現在邊境再次開放，俄羅斯村莊被認為是中國的異國旅遊目的地，所以我問沃洛佳關於散居在各處僑民的未來。「恩和現在有一半的居民是漢族。我們三毛子和中國人結婚，我們的孩子出生就是中國人。中國是他們的家鄉。是遊客讓我們成為了今天的俄羅斯人。」沃洛佳聽上去很無奈。不像他父親，他的俄語已經很生疏了。一次又一次，當他找不到俄語詞彙時，濃密的眉毛下垂到他的大眼睛上，他就改用中文：「他們答應我們在鄉村學校裡教俄語已經多少年了？但是到目前為止什麼都沒有。相反的，我們卻還應該為北京和上海來的遊客們表演俄羅斯的傳統舞蹈。」

伊凡的鄰居因講俄語而於一九六八年去世，因為他和這裡的民俗場域不相襯。掛在他的脖子上的牌子寫著「蘇聯間諜」，紅衛兵牽著他在村子裡遊街示眾，然後把他吊死。來自南方的旅客並不知道這件事情，而那些知道的人不在乎這件事情。他們預訂了一趟在中國北方有三溫暖和黑麵包的俄羅斯田園假期旅遊，但不包括文化大革命。在可愛的哈烏爾河、甘河和得耳布爾河谷中，務農俄羅斯人的複雜遺產破壞了中國各民族和諧相處的形象。

沃洛佳還提到，「在今年夏天之後，我將結束這間小旅館的營業。」他自己的兒子現在住在海拉爾。他在那裡有很多女友，只是沒有妻子。他已經煩透了招待旅客的工作，在恩和、老卡拉干尼，到處都可以看到在木板牆上張貼著「出售」字樣的廣告，旁邊通常有一個手機號碼。沃洛佳告訴我一個在村子裡到處流傳了一段時間的傳聞。「卡拉干尼要被圍起來。然後如果陌生人要進來就要支付入場費，也許就是在下一個季節開始。但我們並不是動物園！」這一定不會是中國第一個遭受這種命運的村莊。

「就是不要去室韋（蒙兀室韋蘇木）喔。」沃洛佳在我要離開時建議我。在我的中文旅遊指南中有一張水塔的照片，上面畫著一對俄中新婚夫婦。該書將室韋稱為「俄羅斯少數民族村」。聽起來像是一個警告。

第7章

黑龍江岸邊的妓女墳

莫爾道嘎—根河—滿歸—漠河—北極村

不到一刻鐘的時間我就在恩和鄉的出口處了，很快地就坐進了福斯Polo的後座上。我盡可能地調好一個舒適的姿勢，因為在後座上堆滿了電腦相關物品。我啜飲著春遞給我的冰鎮可樂。他和他的副駕駛魏已經在路上一年多了。日復一日，一成不變：春，強壯，胖乎乎的，負責開車，臉色蒼白、骨瘦如柴的魏坐在他身邊，及時告知路況、轉彎和十字路口。不是的，他們兩個人並不是在參加汽車拉力賽。他們很願意讓別人超車，以每小時五十公里的

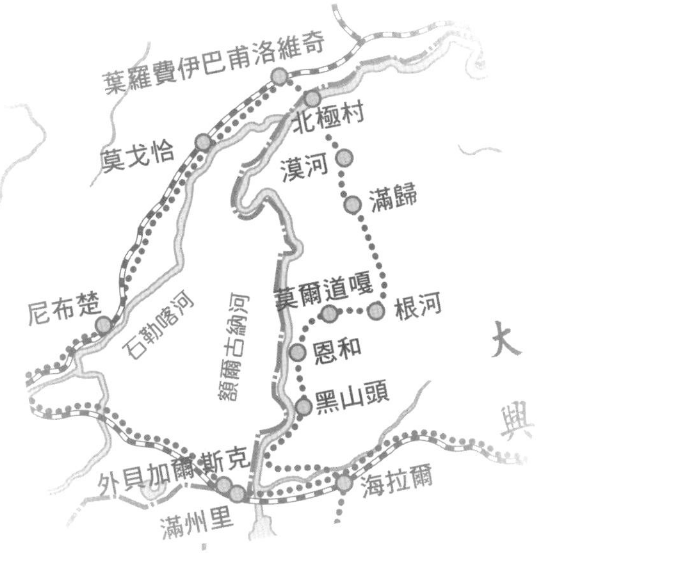

速度緩緩地在平坦的柏油路上前進。昨晚他們在俄羅斯邊境的室韋過夜，今天他們在鄉鎮道路上開車向東前往莫爾道嘎鎮

突然，春在一個十字路口上緊急剎車，汽車繞著自己的軸心甩尾轉身過來，然後再次踩下油門踏板。「這是我們正確拍攝十字路口的唯一方法，」魏解釋說。在他們的車頂上安裝著一個攝影設備，有五個鏡頭攝錄大興嶺山脈三百六十度的全景影像。春和魏兩人上班的公司叫做天巡：騰訊線上地圖服務現在有全中國最完整的街景錄影網路。谷歌地圖的中國高速公路、鄉村道路和小巷仍然還是尚未繪製或記錄的區域。

這兩個年輕人在中國寒冷北方剩餘可以逗留的日子不多。只有在晴天，或至多是在薄雲的時候，他們才可以拍攝風景。傍晚、雨天或下雪時，他們的 Polo 車就會停駛。冬天從十月初開始一直到四月底，當第一片樹葉子落下時，他們就撤到中國南部，或者到中國幾十個百萬人口的大城市中的其中一個。「我們必須不斷地重新攝影，每一條街都要，那裡的一切變化都太快了。」魏透過後視鏡對著我說。

我們離開甘河、得耳布爾河和哈烏爾河三河周圍的哥薩克地區，然後進入大興安嶺的茂密森林裡，平緩地上升到這個中高度的山脈。大興安嶺從內蒙古大草原向北方連綿一千多公里，一直到中國與俄羅斯接壤的最寒冷之地。「我們可能在二十年後會再來一次大興安嶺。森林一直都是森林。」春笑著解釋道。既沒有行動通訊基地台，也沒有高壓電線阻礙我們的視線。生長在道路左右兩側的樺樹、落葉松、松樹，還包括一些北歐花楸，是很多中國人一輩

子從來沒有見過的植物。春和魏把滿洲的北方針葉林帶進眾人的客廳，只需要用滑鼠點擊一下即可。

這兩個年輕人在武漢讀航太工程學系，他們甚至連衣服都是一樣的：藍色牛仔褲，黑色的公司襯衫。兩個人中年齡較大的春有一個五歲的女兒，他一年只見她一次。「就像這裡的風景。街景和微信一樣無法取代真實世界，在電腦上你聞不到也聽不到樹林的香味和風聲，」春帶著抑鬱惆悵地說，「就和我很少能夠把我女兒抱在懷裡一樣。」當他們到達了這個區域的目的地莫爾道嘎之後，就要立刻把所有的資料傳送到北京，讓他們做進一步處理。

他們的銀色街景攝影車轉了個彎。兩人還要在地圖上繪製在這片沒有主要道路土地上的一條小路。我步行走完到莫爾道嘎的最後兩公里路。然後，在森林和城市之間的某個地方，就好像在俄國的恩和一樣，突然間時間停止了：空蕩蕩的街道，幾部機動三輪車嘎嘎作響，遠方和近處都看不到汽車。貼著瓷磚的房屋外牆，最多五層樓。歡迎來到八〇年代末期的中國，我想。警察總部前老人們在打麻將。孩子們追著我，用手指頭對我指指點點。莫爾道嘎的居民曾經一度靠經營木材工業維生。但是自中華人民共和國開始保護他們所剩無幾的森林之後，仍在運轉的鋸木工廠要加工的木材都由來自俄羅斯的貨運火車和卡車載過來。工資微薄，極少超過一千五百元，這大約相當於兩百歐元左右，這就是鋸木工廠支付給工人的工資。有辦法的人就會離開這裡。

從莫爾道嘎到根河的末班車在十二點前開出了。我很幸運，有一個計程車司機帶我去。

空車，三十元，一部綠松石色的福斯 Santana。我們停在每個大城鎮後面都有的檢查站。國家在這裡設立柵欄和警衛室以查緝國家最重要森林地區之一的林地裡的非法盜伐。司機瑞彬向保安打招呼，「嗯，你吃過午飯了嗎？」然後他就踩下油門。國家透過手機簡訊警告：「禁止吸煙」。又是落葉松、松樹、樺樹、松樹、落葉松。每過幾公里就可以看到路邊的標語：「生態和諧人人創」、「護林防火，利國利民」。

一百公里之後，離根河不遠處，在針葉林山區突然出現了一大片木屋聚落。在三層樓小木屋的陰影中有幾條狗在徘徊。我正要下車，但是瑞彬揮手示意阻止我：「不要，最好再繼續往前，這裡只是一個新建的少數民族村落。從幾年前就已經有幾十個鄂溫克族（Evenki）家庭在好里堡定居了。他們以前帶著馴鹿住在更北的地方，在北方滿歸鎮附近的樹林裡。他們靠著製革手工藝生活，靠著狩獵與和捕魚為食。」一直到今天，鄂溫克人分散在一個面積大於西歐的地區，從俄羅斯到中國和蒙古。和在蘇聯不同，留在中國的游牧馴鹿牧民在很大程度上倖免於集體化的命運。就算是文化大革命，他們也幾乎沒有意識到。紅衛兵顯然沒有到大興安嶺的茂密森林裡來流竄。當這個國家的其他地區陷入混亂時，鄂溫克人還是繼續狩獵，繼續照料他們的大群牲畜，屠宰馴鹿，剝了牠們的皮，使用鞣革劑來加工毛皮。

今天鄂溫克人在好里堡的民族露天動物園的旅館裡當管理人員，這是住在恩和的俄羅斯人也將會面臨的命運。有些人耕田種地。在一九九〇年代中期被重新安置遷徙時，他們必須要上繳狩獵武器。只有在特別許可的情況下，國家才在秋季狩獵期發給他們槍枝。當他們最

根河附近的蘑菇採集者

後的槍枝被沒收時，人們就失去了他們的文化，有一些人也喪失了他們的驕傲。

我問瑞彬，他對安置遷徙有什麼看法。「當然在這裡比失業和酗酒要好。鄂溫克人比俄羅斯人喝得還要多！但是他們在森林裡的生活實際上還不錯。」他回答說。少數民族度假村的大房子屋梁被染成黑色，屋頂寬大。大門前面停放著外地車牌的車輛。「許多遊客甚至搭飛機來根河。先搭班機到海拉爾，再從那裡乘坐小型螺旋槳飛機來此。」瑞彬指著天空。

根河這座城市給人一種整潔的印象。在這裡同樣的，最後一輛城際巴士也是在很久以前就駛離了。太陽投射的影子已經比人還要長。公車站前擠滿了計程車，司機們期待著可以讓他們餬口的生意。我沒有閒情去和他們談價格，所以我徒步走到郊區。在標示城鎮名稱的牌子邊有一位賣蘑菇的老婦人：「有人會帶你去的。」她說，遞給我一張凳子讓我坐。又是一部綠松色Santana來了。「滿歸？」瑞彬笑道，「上車吧！」我們沿著與鐵路線平行的碎石路向北方前進，在三小時跑完了兩百公里。

傍晚的天空降臨在看似一望無際的森林上。我們急馳穿過虎中區、金林區以及其他一些沒有人居住的鬼村子，當我們經過時，甚至連雞都沒被驚嚇到。「這裡的居民曾經從事木材業。但是國家已經把所有在根河後面的村莊都放棄了。」瑞彬的語調中透露了很多無奈。他自己出生在虎中，但從五年前開始他們全家人就已經一起住在滿歸了，公寓是由國家提供的。少數還在曠野中堅持忍耐艱苦生活的人，今日只能自食其力。「一天只有供電幾個小時。沒有學校，沒有醫療保健。」瑞彬說。中國也可能萎縮。然後經過了金河鎮，這裡連鬼村都沒有了。四十公里的路上沒有房子，也沒有手機訊號。在中途的某個地方我們嚇到一隻猞猁。晚上十點鐘時我們到達滿歸。住在長途司機宿舍的晚上是個無法入睡的漫漫長夜：霓虹燈、黴菌、臭蟲。

第二天早上，溫度計上的水銀柱只到略高於零的地方。在滿歸的早市裡我用一根油條、兩個茶葉蛋和一碗豆漿來讓血液循環回復正常，提振精神。大巴繼續往漠河方向行駛。在省界的地方我沒有在大興安嶺停留而繼續往北方前進，大興安嶺是個重要且幅員遼闊的分水嶺，位於中國最北端的黑龍江省。突然之間，礫石的顛簸道路變成了平坦的柏油路面。

中國黑龍江盆地的北部是地廣人稀的區域。不到二十萬個人口居住在比巴登－符騰堡邦（Baden-Württemberg）還要大的地區。漠河用寬闊的街道迎接我，但是它的城市化也並不是很久以前的事。中國大街把這個城市分為東側和西側兩邊。大街的左側和右側是商業大樓和行政大廈。在軸線的盡頭，透過一個新式的中國傳統城門將城市和一個解放軍的大軍營隔開。立面的凸窗、塔樓和柱廊顯示出這個地方在地理上很靠近俄羅斯。但與其他邊境地區城市不同的是我沒有看到任何雙語店家招牌。俄羅斯人也從城市景觀中消失了。這種景象也沒有因為最近擴展的洛古河口岸而有很大的改變。石勒喀河和額爾古納河在這裡交匯後流入黑龍江，在其交匯的地方有一個小小的檢查站，以前只有在冬季開放來處理從俄羅斯進口的木材。

就像在莫爾道嘎和根河發生過的一樣，森林對漠河市的居民來說既是上天的祝福也是詛咒：一九八七年五月的一場森林大火摧毀了這座城市，兩百一十一人死亡。在大街上的紀念館裡，燒焦屍體的照片和燒毀房屋的模型活生生地重現了災難現場。但縣政府前面的一張巨大的宣傳海報向市民們承諾一片光明的前途：「資源管理，財富共享，我們齊心努力共同創造一個新的生態林區！」顯眼的朱紅色文字閃耀在一幅使用圖像處理軟體所做出來的業餘拼貼畫上：一座湖，湖面上一艘划艇，岸邊成蔭的綠樹，在它上面有一架很大的客機。巴伐利亞的天空。領導幹部的幻想。

現實不可以用模糊焦距鏡頭來掩飾，在中國街的西邊是兩個街區的貧民窟。第二十八區是一群低矮的磚房和木棚，前面是菜園和大量灰塵。零零落落地出現幾個小吃攤，汽車修理店和偽裝成卡拉ＯＫ酒吧和足部按摩店的妓女戶。在「首都少女歌舞劇場」前面有一個疲憊的女人正在把床單掛到晾衣繩上。有人在我的背後吹口哨。

新的一天，相同的方向：北方。現在我知道了，在中國搭便車並不像在我們那裡，在交通頻繁的公路上需要等很久。和以前的經驗一樣，幾分鐘之後就有一部車停下來了。司機搖下車窗問道：「你要去哪裡？」這次是巡警。「向北方，到北極的北極村。」我說。熱心服務的警官立刻下車，向第一輛駛過來的車子揮揮手——一輛漆黑的寶馬車。「我要去加利福尼亞。」司機笑著說，同時開啟了副駕駛座邊的門鎖。他姓胡。

走，到加利福尼亞去！我想到那個像是主動脈一樣的油管，把西伯利亞的黑色血液輸送到中國經濟的器官裡去。在建造油管時，中國北方充滿著淘金熱般的興奮情緒，在美國加州自從十九世紀中葉以後就再也沒有見過的。自二〇一一年以來，漠河以東的「東西伯利亞—太平洋」油管橫跨過黑龍江，俄羅斯的石油從貝加爾湖西邊的油田中湧出，直接灌注到滿洲油城大慶的煉油廠的油罐裡。街道上的牌匾慶祝中俄原料合作的新頁。另一條經過西伯利亞針葉林帶的天然氣管目前正在進行中。「西伯利亞的力量」很快地就要將在雅庫特（又名薩哈共和國）天然氣場生產的天然氣輸送到中國。烏克蘭戰爭盧布暴跌後，中國迫使俄羅斯以優惠條件供應天然氣三十年。普丁在奠基儀式中讚不絕口，稱它為「世界上最偉大的建設」。這並非沒有諷刺意味，就在同一個地方，在這個俄中兩國最北端的邊境，中國軍隊曾經把哥薩克人從黑龍江趕回西伯利亞去。

十七世紀中葉，沙皇遠在莫斯科批准了從西伯利亞北部到黑龍江的遠征行程。這是東北亞兩大陸地帝國之間艱難雙邊關係的開始。哥薩克人探險家瓦西里·波亞爾科夫（Vasily Poyarkov）於一六四三年率領了第一批偵察隊去探索黑龍江支流並繪製它的地圖。殖民者葉羅費·哈巴羅夫（Yerofey Khabarov），今天黑龍江大都市伯力就是以他來命名的，他率領了接下來的幾個重要遠征，並證實了一直以來對該地區有著肥沃農田的希望。一六五一年，哈巴羅夫征服了黑龍江岸滿洲里的雅克薩要塞。這裡被轉變為俄羅斯的碉堡，從此以後這個地方就叫做阿爾巴津諾。今天俄羅斯的石油大概就是從那裡穿過黑龍江流向中國。

俄羅斯第一次試圖在黑龍江上站穩腳步，但只持續了很短的時間。因為當哈巴羅夫向土著民族要求貢品時，當時他們已經向北京的朝廷進貢了，這使得中國感覺到歐洲野蠻人越來越會是一種危險。俄國使用一種古老的蒙古習俗來徵收「貢品」，所有以實物繳納此項稅款的地主都被視為臣民。俄羅斯人要求所有的男人每個夏季要繳交大約一打的毛皮為貢品，另加魚類，當然還要有可以釀製啤酒的啤酒花。

比邊陲蠻族時常拖延的貢品更糟糕的是，滿清帝國覺得俄羅斯人與準噶爾蒙古部落的聯盟是一項危險。帝國軍隊第一次對阿爾巴津諾黑龍江要塞的俄國人進兵，在一六五三年中國士兵撤退而告終。但當時的滿族剛剛才把明朝舊朝廷逐出北京，登上中國的最後一個朝代的地位。當這個在長城以南腹地的新勢力穩固自己的政權之後，他們就在黑龍江岸開始駐軍並建造要塞和防禦工事。在一六八〇年代，康熙皇帝下令清軍摧毀了阿爾巴津諾要塞並將俄羅斯人趕回外貝加爾邊疆區，並準備以外交方式來解決領土和貢品衝突。

胡同志對這些歷史微妙之處興趣缺缺，但是對於俄羅斯石油就很有興趣了。他像佛陀一樣坐在他豪華轎車的寶座，並且不斷地深入談論加利福尼亞。他穿著整齊乾淨，西裝褲和很多中國領導幹部一樣穿得高高的，幾乎快到乳頭的部位。當我們經過了四十二公里的里程碑時，胡指向左側的森林說：「我們一會兒就到。」在我的目光所及之處並沒有任何東西會讓我想到加利福尼亞。「啊，那只是冒險者在黑龍江上淘金那個時候的一個綽號而已。」十九世紀末期的黃金熱將人們引誘到漠河北部的森林裡來。在兩個帝國的邊界上曾經有過一個大約有一萬個來自世界各地人口的熱爾圖加「共和國」長達兩個夏天之久。來的盡是淘金者、騙子，皮條客和烈酒商人，除了俄羅斯人、中國人之外，還有法國人、猶太人、鄂溫克人和美國人，他們混居在一起。一八八五年夏天，帝國軍隊來了，然後放火燒了。旅館、小酒店、賭場和撞球場都有很響亮的名字，諸如「中國」、「新俄羅斯」、「蒙特卡羅」或「加利福尼亞」全部被燒毀。此後不久，中國人建立了漠河金礦聚落。到現在只剩下各項傳說倖存下來。

黑龍江漠河附近妓女墳紀念十二名俄羅斯女性

胡把他的「寶馬」，這是巴伐利亞汽車廠的汽車在中國的響亮名稱，停在一扇巨大的金屬大門前面。我看著他手上貴氣的手錶，心裡在想，他到底是坐在哪一座金礦上。胡告訴我，他只需要監督一座寺廟的建築工作。金屬大門入口處寫著「觀音山與金城」度假村。在它後面是一座還沒有敷上水泥牆面的寺廟，一座白色發光的佛像，還有酒店。業主是一個上海的財團。

「如果你想看熱爾圖加的遺跡，可以沿著這條街道步行三里路，然後向右轉進泥沙小路，」胡給我做了這樣的建議，「別擔心，你不會錯過妓女墳。那裡只有一個岔道。」他緩緩下了車，然後把他的褲子拉得比他的腹部更高。然後打開他的後車廂蓋，拿出一個紅色盒子的中華香菸送我並向我道別。我懷著崇敬的心情接受這包香菸，然後聞一聞。中華是毛澤東很喜歡的香菸品牌。以其獨特的李子香味，現在是中國中產階級流行的禮物。「但別燒了森林！」

半個小時後，在森林裡幾公里的深處，我發現有四輛摩托車停放在一個廢棄的小木屋旁邊的空地上。在屋子前面誇張的石頭浮雕上刻著一個歐洲婦人豐滿的身體，好像快要被河水淹死的樣子。在這個情色暗示的雕刻旁邊有一條狹窄的小路通到更深的松樹林裡去。在半甜的蔓越莓灌木叢中突出許多經過風雨摧殘的十字架。「這裡掩埋著二十二名俄羅斯妓女」，在牌匾上這樣寫著。另外一個牌匾上面寫著：「瑪莎，俄羅斯人，十九歲」。環形路線在細長的樹幹之間蜿蜒曲折將近一公里長。一直不斷出現牌子：「三十九名日本和韓國妓女在此安息」。在森林邊緣的一塊木牌上寫著極富詩意的文字：「她們來自不同國家。儘管生活無趣，當中仍有才華橫溢和品行端正的女性。美女們在此失去了童貞，直到今天都不見容於社會。她們的前世就像一個黃金色的夢，靈魂在淘金者的河流中安息。只剩下骸骨在青山中長眠，唱著一首悲傷的歌曲。」沒有一個地方將中國人對外國妓女的敬畏表現得比這更加醒目。

在汽車向北行駛的最後一個小時。遊客們可以經過四線道的高速公路到達中國最北端的定居聚落，經過一座在二〇〇八年啟用的機場。要進入所謂北極村的人工仿造世界需要支付六十元的入場費。遊客來這裡是為了要看黑龍江和極光。北極村就跟德國漢堡一樣，緊貼在北緯五十三度上。但是這裡沒有度假觀光客。中國人稱呼這條河為黑龍江，江上有六艘遊船搖晃著離開碼頭，水上餐廳都關門了。黑龍江的水像城堡裡的池塘一樣平靜。刻有「中國最北端」的方尖碑和一堵巨大的螢幕牆聳立在海濱前的人行道上。我唯一遇到的一些人正在螢幕上的音樂影片裡跳舞：「我找到了北方……」。男中音不停地重複唱著「……找到了北方」。這裡比較特殊的只有對面的俄羅斯陡峭河岸：沒有瞭望塔，沒有其他的文明痕跡。俄羅斯與中國接壤的陡峭高牆是荒無人跡的岩石絕壁。

晚上九點半，螢幕的畫面熄滅了。滿月的銀色光芒照亮了邊界的河流。這個時候有三五個農民聚集在廣場上，他們一定是從旅遊村西邊的泥屋定居聚落那邊過來的。他們在那裡務農。男人和女人們在地球衛星灑下來的蒼白光線中燒冥紙。他們在供奉從冥界來到人間的靈魂，今天是中國農曆七月十五日的中元節。我想，在妓女墳沒有人燒紙錢祭祀遊魂，並不只是因為燒紙錢引發森林火災的風險很高。不過在這裡，在黑龍江畔，我看到了馬莎、馬里科斯和沃瓦拉斯的靈魂緩緩升天。

第8章 沿著貧瘠的絲綢之路

葉羅費伊巴甫洛維奇 Yerofey Pavlovich—莫戈恰 Mogocha—尼布楚 Nerchinsk

七千一百一十三公里。這是從西伯利亞鐵路黑龍江段上的小車站葉羅費伊巴甫洛維奇到俄羅斯首都的距離。從這裡到黑龍江只有三十公里，到中國國鐵最北端的緩衝站漠河的直線距離甚至不到一百公里。但是葉羅費伊巴甫洛維奇可以說是絕對的俄羅斯風格，絲毫沒有鄰國的跡象。在我停留在蒙古和中國數週、數個月之後，我現在站在這個小小的俄羅斯文明島上。基本上只有一個火車站和幾條街道而已，街道上房子的外牆釘滿了木板，而且只有我一

個人。既沒有俄羅斯人更沒有中國人，連在「熊貓」咖啡館裡也沒有人。在二十世紀之初，成千上萬的中國人帶著十字鎬和鏟子為俄羅斯服務，在沼澤地形地區鋪枕木、釘鐵軌，將這個沒有名字的地段和歐洲和太平洋地區連結起來。這個地方也在後來以俄羅斯探險家葉羅費伊．巴甫洛維奇．哈巴羅夫命名，我們已經認識他了。但哈巴羅夫是否會因為這個窩冠著他的名字和父親的名字而感到自豪？自蘇聯解體以來，居民人數減少了三分之一。留在這荒野地區的車站和調車廠周圍的四千多人都是在鐵路局工作。

對我來說，葉羅費伊巴甫洛維奇是地圖上一個稀奇古怪的地方，同時也是從中國北極返回俄羅斯的轉車地點。廣闊的土地不再屬於西伯利亞，但也還不是遠東。我在前往蒙古烏蘭烏德時就已經向西伯利亞告別了。

中國、俄羅斯、蒙古三國交界的草原地帶屬於外貝加爾邊疆區，這裡曾經被稱為達斡里亞（Dauriya），是游牧民族和野生動物的王國。因為是由春天融雪浸潤而成的濕地，是候鳥在亞洲與澳大利亞之間遷移路線上的重要一站。對於游牧民族來說，其多汁的牧草自遠古以來就是生計的基礎。

那麼給這個地區起了這個古老名字的達斡爾族呢？他們被認為是曾經很強大的游牧民族契丹的後裔。這些現今被遺忘已久的契丹人只是繼續活在這個名字之下，他們在十五世紀經由印度來到俄羅斯，俄羅斯人到今天都還是稱中國和中國人為 Kitai（契丹）、Kitajzy（契丹人）。一千年前契丹征服了中國，是為遼代。今天的達斡爾人是他們的後代，應該還有十幾萬人，幾乎都住在中國邊界這邊。達斡爾人是中華人民共和國官方認可的五十五個少數民族之一，就像在好里堡的鄂溫克人那樣，在民族露天公園裡或荒涼單調的海拉爾郊區公寓樓房中等待著好事情降臨。

我想從葉羅費伊巴甫洛維奇乘坐西伯利亞鐵路暫時折返到貝加爾湖以東中間地帶的中心重鎮赤塔。但是每日一班從海參崴到莫斯科，俄羅斯最著名的一號特快列車羅西亞號（Rossija）要在明天早上六點十四分才開。現在太陽已經西斜很低了，但是我還沒有找到住宿的地方。除了成千上萬的蚊子，這些西伯利亞人和野獸最大的敵人之外，街上連一個讓我可以詢問的人影都沒有。我想在最近重新整修完畢的矮小火車站裡試試運氣。入口處上方亮著紅色的站牌：葉羅費伊巴甫洛維奇。聽起來好像卡爾．海因茨。我微笑著想到，那些住在這個奇特名稱城市的居民要如何回答有關這個名稱來源的問題。

在站裡，我必須要彎下腰來才能看到站長，儘管這裡旅客少得可憐，但是她還是態度殷勤，盡責地坐在售票口窗台的後面。嵌在厚厚石牆上的小窗口根本就是開得太低了：

「去哪兒啊，年輕人？」

「我在找地方睡覺。」

「鐵路工人的宿舍已經滿了。來這裡做組裝工作的建築工人，在前面，你有看見嗎？」

「那其他地方呢？或許是有私人的住宿？」

「還有供乘客使用的休息室。你有沒有車票呢？」

我給她看我在漠河的一家網咖裡列印出來的車票。女職員毫不猶豫地替我打開了門。她說我不是今天第一個被困在這裡的人。突然之間那個肥胖女人對我幾乎像是母親一般地親切。

從候車室裡的鑲邊大窗戶可以直接看到月台，除了幾個要在這裡進行土方工作的組裝人員之外，這裡還是空著的。大廳裡擺著三張綠松石顏色的人造皮沙發，有一對年輕男女懶洋洋地躺坐在其中一張沙發上。他們是來自海參崴的譚雅和德米特里。在我還沒有準備就緒要睡覺以前，德米特里說，他們開著日產汽車旅行已經三天了。他們還要繼續往前到鄂木斯克，他們看起來好像很高興的樣子，因為在這鳥不生蛋的地方居然能夠撞見可以傾聽他們講述冒險經歷的人。德米特里沒有問過我就坐到我的沙發領域上來，講述他們今天從巴莫夫斯卡亞（Bamovskaya）出發，途經大約八百公里的旅程。這個身材魁梧的年輕人的臉和刺青的手臂上發熱紅潤得像紅紅的太陽一般，但是他開的根本就不是敞篷車。德米特里是火車迷，他鐵了心地想要到巴莫夫斯卡亞去看一看。那裡是一個在窮鄉僻壤貧瘠地區的小鄉鎮，比葉羅費伊巴甫洛維奇還要小，也還要偏遠，但是非常重要。因為據我所知，巴莫夫斯卡亞是新永久凍土路線南方的起點。這條鐵路線連結了西伯利亞區所有俄羅斯的其他鐵路網絡，連結了雅庫茨克，更準確地說，是雅庫茨克在勒拿河東岸的郊區。和西伯利亞的兩條主要東西向鐵路相比（西伯利亞鐵路和貝加爾─阿穆爾鐵路，簡稱貝阿鐵路），這條新的阿穆爾─雅庫茨克鐵路從南向北直到薩哈共和國首都，長達一千多公里，德米特里繼續嘮叨地補充說明，這裡是俄羅斯最大也是最冷的地區。他還給我看一個地圖應用程式上所顯示的鐵路路線圖。他用他粗大的手指縮小了螢幕上地圖的比例尺，這樣圖面所顯示的部分就延伸到了太平洋。在以後的某個時候這條鐵路一定會延長到俄羅斯最東端的楚科奇自治區（Chukotka）。那裡還有一些土著仍住在海象皮製成的帳篷裡，德米特里說。

我在等一個地道的楚科奇笑話，但是德米特里在扣緊他的小小金項鍊時很認真嚴肅地盯著我的眼睛。儘管他已經坐在我旁邊很久了，他還是大聲地講話，聲音響徹了空蕩蕩的休息室，話語之中還流露出一絲諷刺意味：「只是缺少了一條穿過白令海峽底下通到阿拉斯加的隧道。然後一眨眼！你就到了紐約。」如此大膽的願景其實早在二十世紀之交，當中國人在這條穿越北方針葉林帶的阿穆爾鐵路線上鋪枕木釘鐵軌的時候就已經存在了。當時像後來的金門大橋首席設計師約瑟夫・貝爾曼・施特勞斯（Joseph Baermann Strauss）或法國工程師洛伊克・德・洛貝爾男爵（Baron Loicq de Lobel）這樣有遠見的人都曾經晉見沙皇，提出用鐵路連接西伯利亞和阿拉斯加的想法。

譚雅一直坐在沙發上，她用惱怒的表情來懲罰她的丈夫，終於打斷了他的幻想，大聲地說：「不是的！」我們不是坐在中央大車站，在葉羅費伊巴甫洛維奇甚至連一個像樣的雜貨店都沒有。譚雅對此感到很無奈。在伯力到赤塔的長途公路上的情況更糟糕，每隔幾十公里才只會有一家小咖啡館，而加油站經常是付之闕如。「我們在路上所見到的少數司機就簡單地在路邊車上過夜。鮮少有人會從公路上轉出來，走一段短短的碎石路來到我們現在這個地方。」譚雅這樣說。「在這裡我們至少可以安靜過夜，不管怎麼樣，路邊的商店甚至還有新鮮出爐的麵包！」

儘管俄羅斯從二十世紀初開始就已經有鐵路連結波羅的海和太平洋，但是如果要一路直接從俄羅斯太平洋沿岸開車往莫斯科方向也是這幾年才有可能的事。被稱為貝阿鐵路的伯力和赤塔之間路段是大陸橫貫公路最後沒有連通的一段。早在一九六六年蘇聯部長會議就已經決定要修建這條道路了。但是因為財政困難和西伯利亞針葉林帶無法通行使得此項建設困難重重，後來的柏油鋪設也一次又一次地遭遇困境。一個流傳很廣的俄羅斯民間傳說把這個沼澤路段簡單地稱為「缺口」。

因此二〇一〇年八月的每個晚上，數以百萬計的俄羅斯人都感到很驚訝，因為在他們的電視螢幕上都會看到一個小小的亮點。而那是普丁，他坐在一部油菜仔花黃色的 Lada Kalina 座車裡，從伯力行駛在兩千多公里長的 R297 主幹道上前往赤塔的實景。這條公路其實就是克里姆林宮的政治專案，要用來顯示遠東地區和俄羅斯其他地區的連結，儘管象徵性大於實際意義。和當年沙皇之子尼古拉的偉大視察之旅一樣，普丁當時還是總理，當然是一副瀟灑不羈地戴著太陽眼鏡駕車穿越遠東地區。他帶著兩條重大訊息。第一：從莫斯科到太平洋的大陸橫貫公路終於完工通車了。第二：俄羅斯製造的汽車可以完好無故障地順利跨越俄羅斯遼闊的疆域。

這齣在俄羅斯上演出的公路電影被拿來在國家電視台新聞上播出後，穿越普丁帝國的試駕事件很快變成了一場小題大作的鬧劇：業餘影片很快就在 YouTube 上流傳。影片出現一條長長的車陣，在和攝影記者保持安全距離的情況下，車陣跟隨著普丁的小座車。安全護衛人員搭乘黑色進口的吉普車、救護車和一輛卡車，卡車上載著一部替換用的車，同樣是一輛發黃色亮光的拉達。在影片剪輯中可以看得到，當普丁的車子遠離電視攝影機的鏡頭消失在西伯利亞的荒野中，在圓形山頂的另一側，光滑的柏油路很快又變成了碎石子路面。在礫石隆隆作響的地方，那裡就是被莫斯科所遺忘的俄羅斯。那裡除了葉羅費伊巴甫洛維奇之外還有許多名字。

德米特里滑動他的數位相簿。我的思緒漸漸遠離他的開車行程，從海參崴、鄂木斯克，還有普丁的肥皂盒。我的腦袋裡盤旋著安德烈．薩金塞夫（Andrey Zvyagintsev）在二〇〇三年拍攝的電影《歸鄉》裡面的許多場景。電影主人翁旅行並非隱喻著在尋找自由。相反的，影片中描述的是一位父親與他的兩個十幾歲的兒子出發到一個沒有路標的荒涼地方去。這些地方好比是過去時光的階段，遭遇到那些被鬱抑沉悶的鄉下生活和毫無意義的宗教所套牢的人們。道路不是連接外圍和中心，而是死路一條。在薩金塞夫的電影裡，道路甚至導致父親的死亡。當然，導演所指的並不是和黑龍江或任何其他西伯利亞河流有關聯。然而在此時此刻，就我看來，黑龍江似乎是一個旅程中毫無意義的終點。

譚雅和德米特里在穿越俄羅斯東部的長途旅程上再也看不到伯力附近大橋後面的壯麗河川了，能看到的只有樺樹、落葉松、樺樹。因為黑龍江長途公路幹道並不直接沿著河岸而行，而是像西伯利亞大鐵路一樣盤旋在離河岸幾十公里的內陸裡。在中國黑龍江畔可以沿著國界旅行，但是在俄羅斯這一邊卻是不可能的。因此之故，哥薩克人在十九世紀中葉在這裡建立了許多河畔村莊，當然也是因為受到淘金熱潮的鼓舞，以及肥沃耕地和與亞洲貿易的機會引誘。聖彼得堡的遊記讀者已經夢想這裡是「俄羅斯的密西西比」。如今，黑龍江的那些村落被視為邊緣化的縮影。它們位在狹窄支線上一個偏僻孤立的終點，這些支線從 R297 主幹道分流下來蜿蜒進入樹林，無法連通到別的地方去，因為所有越過河流通往中國的橋梁到今天都還沒有建造起來。

相反的在中華人民共和國這一邊，緊密的鐵路網和鄉村公路網遍布整個有居民的土地，即使是很小，甚至是早已無人煙的村莊都可以連接起來，這是我在中國北極之旅中親眼所見。不斷增建的交通網絡反映了中國岸邊的人口密度較高，另一方面也透露了對偏遠地區不一樣的思考態度：無條件的擴張和開發的意願。我無可避免地想到坐在豪華座車裡的胡同志以及礫石卡車方向盤後面那位來自甘肅的季節工人。我們應該感謝這些人，因為有他們，中國邊境的小鄉鎮才不再令人感覺像是帝國孤苦伶仃的前哨站。

儘管是遠離塵囂，但是在第二天早上，六點鐘過後不久，葉羅費伊巴甫洛維奇的火車站突然變得有些忙亂：身材豐滿的女站長用手拉平了制服，幾位本地婦女在月台上占好了位置。在他們的籃子、袋子和舊嬰兒車裡裝滿了所有她們可以割捨的東西來到這裡，準備要賣給那輛緩緩進站的灰紅色火車上的旅客。

現在我正隨著火車的輪子滾向西方，朝著歐洲，接下來是十七個小時的旅程，直到赤塔。列車長已經查驗過車票了。即使沒有深入了解官方的統計數據，但是我敢肯定大部分來自歐洲的旅客是從西到東，從莫斯科到北京的路線，而不是相反的方向。中國和太平洋似乎是邏輯上的終點，就像是通往未來的旅程。

在過去的二十年裡，我搭過無數次西伯利亞鐵路，除了一次以外，我都是一段一段地走，而且從來沒有深入思考過行車方向。這些旅程能近距離窺探俄羅斯人。就像十五年前我搭乘那種接近一般民眾的臥鋪車廂（plazkartny），是的，這個字確實有德文「對號座」（Platzkarte）在裡面！從伯力去赤塔的路上，也同樣是由東往西的方向，我和新兵共用有五十二張硬鋪的車廂。對於在太平洋千島群島服過兩年兵役，剛從軍隊退伍的人來說是搭車回家，而對於獲准休假的年輕人而言，只是在回家路上的一小段路。在擠滿無處發洩精力男人的大車廂裡散發著汗水和伏特加的臭味。剃了光頭，臉上長滿痘痘的年輕人們正興高彩烈地比賽，他們在伯力與哪一個妓女做愛的次數最多。他們幾乎沒有中斷的吵雜聲音因為吸了太多廉價煙草而變得沙啞。還有所謂的軍中欺凌文化，也就是老兵的權威地位，並沒有在軍營門口外失效：資深老兵在火車上就已經在騷擾那些剛剛被徵召入伍的新兵，毆打致傷，大聲嘲笑，扯掉他們的錢包。新兵只會在兩節車廂中間的銜接空間抽菸。每當列車長受不了而暴怒時，會有鐵路民兵巡邏隊員把一兩個士兵從車廂裡拖出去，然後他們就像是被澆了水的貴賓犬一樣站在斯沃博德內（Svobodny）、希馬諾夫斯克（Shimanovsk）、瑪格達加奇（Magdagachi）火車站的月台上或在名不見經傳的地方。然而大多數時候，火車服務員會把自己關在廁所旁邊的休息室裡充耳不聞。而我在這群人裡面是從德國來的吉祥物，士兵們慷慨和我分享了他們的醃黃瓜、黑麵包和速食麵，和我在窗邊狹窄的折疊桌上打牌。他們沒有動我一毫一髮，連平常很多人會說的「希特勒完蛋了」都沒有聽到。當火車終於駛進赤塔火車站時，我很慶幸度過了一段愉快的旅程。

現在，十五年後，在相同的路段，搭的二等而不是三等車廂。車廂裡有電源插座、空調，還有典型淺藍色坐墊，每個隔間可以坐四個人。淋浴間發出舒適的劈啪聲，只有橙藍色裝飾的餐車裡的食物價格貴得嚇人。乘務員亞歷克西老鼠灰色的制服乾淨筆挺，可以和葉羅費伊巴甫洛維奇車站的女站長媲美。但是我從來沒有遇到過比亞歷克西更有普魯士作風的俄羅斯人。隔壁床的旅客是一位巴什基爾人（Bashkirs），他在晚上玩填字遊戲，當他開了一瓶啤酒時被亞歷克西用手機拍了一張照片，他在收集抹黑他人的證據資料。還不到一刻鐘，車長就來到我們的門前並發出警告。此時我不由得想起了那一群被趕下火車的人，只因為有一位同行者將啤酒倒進廁所裡，並把酒瓶規規矩矩地丟到玻璃瓶的收集櫃裡。乘務員亞歷克西是個徹頭徹尾的普通人，穿著一雙剛剛擦過鞋油的鞋子，嚴格執行著在西伯利亞針葉林帶深處禁止吸煙和飲酒的規定。

儘管座椅上鋪著天鵝絨而不是木頭，火車仍然是一個滾動的書房。我望向窗外，火車不斷搖晃著駛進廣袤歐亞大陸的深處。我回想起在二〇一七年秋季參加過的一次探險，在西伯利亞全景景觀的背景下分析這個地區的未來。當時我是受一個德國政黨基金會的邀請前往，從海參崴到伊爾庫茨克的路段上，我和幾個學者及新聞記者住在三個隔間裡。中國人並未同行。延斯說，只有這樣我們才能夠暢所欲言，他當時是德國團隊的籌辦者。他很可能是對的。火車就好像是潛水艇，沒擦拭過的車窗把我們與窗外的世界隔絕開來。不論是柴油機車還是電動的牽引車頭，都讓人覺得外在的世界好像無止境。

穿越時區時，我們正在討論「新絲綢之路」。在葉羅費伊巴甫洛維奇時我就一直在尋找這個大膽想法的跡象，卻只有找到已經關店不營業的「熊貓」咖啡館。中國的願景因為新陸路連接開通，在俄羅斯邊遠地區引發一股狂熱。突然間，每個人都希望透過多國整合專案計畫而成為全球價值鏈的一個環節。我從車廂窗戶向外面看，尋找著絲綢之路。但我只看到了白樺樹、落葉松、榿木和白楊遍布在沼澤中。

二〇一三年九月，中國國家主席習近平在訪問哈薩克時提出了「一帶一路」[8]，也就是透過經濟帶和基礎建設，將中國穿越中亞連接到歐洲。他後來又擴大這個大型計畫，增加了一條海上航線。在這列專家搭乘的火車裡，我了解到這個口號的背後隱含較少的具體外交政

8 又名新絲綢之路，全名為絲綢之路經濟帶和二十一世紀海上絲綢之路。

策，更多是廣泛的地緣政治意識形態工具，它的影響可以從北韓一直輻射到巴西。一帶一路的關鍵詞包括減少國內經濟上過剩的產能，擴大對周邊國家的影響力，延續「西部大開發」的工程到國界之外，或是在全球外匯市場上加強本國貨幣。但是沒有官方文件定義了一帶一路倡議的標準，而且迄今為止，國家也還沒有授權任何地圖資料。另外就是官方已多次更改名稱也表明了這個計畫缺乏明確性：「一帶一路」變成了「帶與路倡議」。

一帶一路的想法模糊，從車窗望出去也未見到想法落實，專家們喝著烏蘇里斯克暗色苦澀的利口酒，讓討論話題時有了很大的猜測和想像空間。我此次隨行的任務之一是在賦予這個中國開發計畫的歷史深度。在配著蝦仁乾喝了一大口里加黑魔法酒（black balsam）之後，我告訴了這些來自海參崴以及莫斯科，來自德國杜伊斯堡（Duisburg）、新西伯利亞（Novosibirsk）、布魯塞爾、阿拉木圖（Almaty），和來自聖彼得堡的費迪南德・馮・李希霍芬（Ferdinand von Richthofen）的同行者。這位德國地質學家在一八七七年創造了「絲綢之路」一詞，因此從地中海經過中亞到東亞的古老商隊路線網絡的歷史現象才第一次有了一個連貫的概念。憑藉他豐富的中國旅行寶貴經驗，李希霍芬以探礦者的身分認為，運輸路線必須按照歐洲和亞洲之間的天然聯繫路線行進。他在他的學術著作中描述，他曾經夢想過一條鐵路線應該沿著古老的「絲綢之路」前進。透過傳遞訊息的基礎建設發展來施展它背後所隱藏的帝國主義政治意圖，不只出現在李希霍芬的構想裡，也是習近平的「新絲綢之路」的構想，這到底是偶然還是處心積慮設計的呢？我把這個問題在討論會中提出來，但是直到今天仍然不知道答案。但無論如何可以肯定的是，那些參與中國投資計畫的國家也都需要仰賴中國的恩惠。

米哈伊爾是一位非常年輕的俄國《工商日報》（*Kommersant*）亞洲通訊員，他在二〇一七年秋季這列火車上做他東西方的教育之旅。他對當代的問題更有興趣而不是歷史的陰影，甚至大於對舒適火車車廂外面人們所關注的事情：「你們總是李希霍芬長，李希霍芬短的，」他反駁說，「絲綢之路是中國人一個大大成功的公關宣傳，以前是，現在仍然是。全世界的報刊都在報導。我曾經參加過無數次會議。為什麼大家會對它有興趣呢？是因為這個世界整合得還不夠多？或者是因為中國投資了數十億？」米哈伊爾認為這個問題無解。「在這個倡議名目下的一些最好的計畫都比『新絲綢之路』的想法出現得更早。」他繼續說。有些項目在習近平在哈薩克宣布這一想法時早已完成了。但至少「絲綢之路」讓俄羅斯看清了中國共產黨在後蘇聯地區上的經濟目標。

在這段時間裡，從海參崴到莫斯科的快車繼續隆隆前進，在感覺上，我們好像在一個星期內繞了半個地球，現在我們再次穿過在貝加爾湖後面被遺忘的外貝加爾邊疆區的中間地帶，西伯利亞針葉林和蒙古草原在這個地方融合在一起。當車窗外夏日的綠色單調落葉松林不斷向後倒退時，我想起了最初克里姆林宮對北京的倡議所持的懷疑態度，尤其是因為中國在中亞的企業在當時進行了一場大採購。但是克里米亞占領的爭議，頓巴斯的戰爭，盧布崩潰性貶值，西方的經濟制裁，所有事情都迫使俄羅斯國家領導人採取合作的態度。俄羅斯和中國在歐亞經濟聯盟的合作和一帶一路倡議方面達成了協議。普丁希望藉由在「大歐亞夥伴關係」的保護傘下來圍堵中國的野心，但是由克里姆林宮首領主導的後蘇維埃國家聯盟並沒有發展出一個共同針對中國的立場。在北京所承諾的資金因為中國共產黨得勒緊褲帶而未能兌現時，失望感更隨之蔓延。

不管習近平和普丁在表面上一笑泯恩仇，但是他們在共同邊疆地區的目標到今天仍然是南轅北轍，正是因為一帶一路和歐亞經濟聯盟與兩位國家領導人的個人外交政策議程緊密相扣有關。在歐亞大陸建立新秩序的鬥爭仍然沒有結果，兩國之間的雙邊經濟關係中有多個五年計畫也遠遠落後。在我們的專家旅行團裡，米哈伊爾繼續瞭如指掌地如實報導：「今天，中國是我們最重要的進口來源國家，同時是我們第二重要的出口市場。石化燃料占我們出口的四分之三。另一方面，做為貿易夥伴，俄羅斯對中華人民共和國來說是微不足道的，在他們的對外貿易中，俄羅斯只占了百分之二的比例。」幾乎和蒙古一樣的比例，我今天在想。新的經濟合作原則幾乎像是殖民主義。因為西方在二〇一四年後對俄羅斯實施制裁，結果造成經濟關係的不對稱進一步擴大，俄羅斯卻無力抗衡。

拋開地緣政治的把戲，一帶一路的概念對於危機四伏的俄羅斯而言還是可以開花結果。俄國對此想法的反應從危言聳聽到樂觀統統都有。「中國的言論對俄羅斯國內討論的影響有限，正是因為中國只是模糊制定了倡議的目標。」米哈伊爾當時從臥鋪車廂的上鋪對著下面的人解釋。中國人的刺激對俄羅斯的內政討論是很受歡迎的投影面，它把一個區域性問題提升到國家舞台上，還牽連討論到俄羅斯在世界上的地位。

在火車隔間的窗外仍然是一片連綿的森林，森林還是沒有絲綢之路穿過。火車在行進當中有可能每小時會通過一次一群風雨摧殘過的木棚屋，低層樓的公寓社區和火車站周圍蘇聯百年來不同風格的波紋鐵皮車庫。時不時在車站之間會出現幾乎像是我們期待已久的變換，鐵路平交道上放下來的柵欄以及被風吹得歪斜的電線桿。我們的眼睛閃過數千公里的土地，好像我們事事皆知，物物皆曉。腦子裡存放的圖像只是一次又一次不斷地被喚回。單一文化的西伯利亞。城市，甚至村莊似乎都可以互換，至少在這個火車旅程上永無止境的時刻。火車站的差別只在於名稱，有時只是里程數字做為車站的名字。阿馬扎爾（Amazar），莫戈恰，第幾公里（都是從莫斯科開始起算），通常荒野中的小站都被稱為車爾尼雪夫斯克（Chernyshevsk）。在這些沒落解體村莊和小鎮邊緣的整片工業用地的混凝土上迸出許多新生的樹木。自然環境使得很多地方的蘇維埃五年計畫被迫取消。有時候有一大堆樹幹就好像巨型遊戲竹籤那樣堆積在軌道旁邊，準備要出口到中國去，這通常就是經濟活動的唯一標誌。

莫戈恰。從這裡到赤塔還有六百公里的路程，我的下一個旅程的目的地。在這個擁有約一萬居民偏僻村莊的火車月台上，因為寒冷而流著眼淚鼻水的憔悴婦女們在叫賣波蘭餃子（Pirogge）以及緊密疊在一起的四方形油煎麵粉餅。她們身上的七件斗篷保護她們抵擋即使在夏天依然寒冷的空氣。這個時候我們乘客穿著夾腳拖鞋吧答吧答地在月台上行走，好讓因為車廂熱氣而冒汗的身體降溫。我褲子上的熨燙摺線不再有明顯摺痕。「現在還沒有蔓越莓，我的好孩子。冬天很長，夏天很短，五月底我們仍然有雪。」在我詢問有沒有賣水果時，一位年紀較長的婦女這樣回答。「當我在九月初到森林裡去梳理漿果叢的時候，晚上溫度計裡的水銀就已經爬回到冰點以下。」莫戈恰是西伯利亞鐵路的寒極點。這個女人的頭巾只能大致掩蓋她因為喝酒而稍微腫脹的臉。在我們短暫的停留期間，我問了她很多問題，而其他乘客則盯著他們的手機。在莫戈恰還沒有蔓越莓，不過手機現在終於又可以收到訊號了。從這個車站開始，如果車窗外面的白樺樹再次被落葉松所取代時，月台上就不允許販售物品了。在火車又繼續在軌道上搖晃著前進時我才知道，一直到赤塔之前，莫戈恰是那些勞苦大眾可以改善並補充養老收入的最後一個停車站。所以我們現在只能在火車上價格昂貴的餐廳裡吃晚餐，或是吃我從漠河就一直放在背包裡窸窸窣窣作響的中國牛肉湯泡麵了。

專家們在二〇一七年的教育之旅中也討論了有關計畫中莫斯科到喀山的高速路段。許多外行人在中國人的具體基礎建設案中看到一帶一路倡議的核心。今天的俄羅斯在高速交通路線方面還是一個發展中國家，我可以在火車上數出在窗外倒退的樹木。這項計畫令人振奮之處主要是由於它進一步的願景：從莫斯科到窩瓦河的鐵路線被認為是歐亞高速走廊的第一段，它行駛於俄羅斯和中國首都之間，以俄羅斯為亞洲和歐洲之間貨運的重要轉運國。但是這項計畫到今天仍然僅是一個空洞的幻想，就像當年白令海峽海底隧道的情況那樣。

從一開始懷疑論者就認為中國的一帶一路會避開俄羅斯，尤其是它在遠東地區的省分。「中國政府不願意使用外國的基礎建設。中國避開巴拿馬運河，寧願在尼加拉瓜建造自己的水道。同樣的事情也在這裡上演。」屬於懷疑團隊的伊凡在我們的專家列車上同意這種看法。他來自海參崴，穿著運動服坐在火車隔間裡狹窄的桌子邊喝著他用茶包泡的茶，這是第三泡。「經過哈薩克的替代運輸走廊正在加速西伯利亞的沒落。西伯利亞鐵路的東段無論如何都是運輸量最小的路段，到那個時候這段鐵路就沒戲唱了。運氣好的話，幾年之後我們可能還可以看到火車載運著日本和韓國的貨櫃。」即使是從重慶經過新疆、哈薩克到杜伊斯堡這條較短程的運輸路線，它位於較遠的西邊的庫爾干（Kurgan）地區，如果走在俄羅斯的鐵路上也是無利可圖。中國補貼貨物運輸，因為從歐洲來的回程貨車上空無一物。歐洲和中國的貿易不會走老絲綢之路，車上的一位德國人這樣說，而是走比較慢一些，但是便宜很多的貨櫃船運路線。

現在是午後時光，太陽正從窗戶照進來曬痛我的臉。外面石勒喀河的水閃閃發光。因為一六八九年所簽的中蘇條約，所以每一個俄羅斯和中國的小學生都知道尼布楚這個地方。火車停在右手邊高高的河岸上。尼布楚沒有自己的火車站。因為時常會有洪水，所以原來聚居的村落在十九世紀初就遷移到一座小山上了。大教堂、舊市場大廳和商人布廷（Mikhail Dmitrievich Butin）的摩爾人風格宮殿還令人想到，尼布楚得以重生要感謝彼得大帝，他把西伯利亞當作最大的罪犯流放地，而且這裡也曾經是俄羅斯大量生產的銀礦區的中心，但今天尼布楚的重要性已縮小為一家香腸工廠和一座監獄而已。我覺得這個地方好像是二十一世紀俄中關係的不祥預兆，因為兩國之間互相尊重的對等協商就像是一個渺茫無期的幻覺。

過了尼布楚之後，我的目光飄向火車窗外石勒喀河南方遙遠的中國。我坐的隔間在火車行駛方向的左側，走道在右側，火車是由東向西行駛。但即使我看向中國，我看到火車總是一直在同樣的景觀之間行進，現在窗外呈現的只是一片被稀疏樹木覆蓋的丘陵。現在我清楚地意識到，俄羅斯對東部結構薄弱地區的開發，尤其是想藉由外國投資來推動的希望很難實現。

為什麼呢？「這些舉措比北京的一帶一路倡議要古老得多。在梅德維傑夫的總統任期內，我們的政府同樣雄心勃勃的制定了這些計畫。但都是紙老虎，根本沒有企業家關心這些事情。除了大型的天然氣交易之外，到今天都還沒有任何具體的計畫。」伊凡對火車上的專家們這樣說道。對中國在這個結構薄弱地區會造成的政治和經濟影響的恐懼太過於強烈了。「我們的政府只對有自主權的合作感興趣，這就是為什麼政府不取消關稅壁壘或不允許免簽證的原因。再說在俄羅斯方面，與中國邊境地區合作的決定權還是操之在莫斯科。」雖然在國家官僚機構內部有不同的層次和陣營，但安全機構代表的意見還是占主導地位。西羅維基（Silovik），意指「強力之人」，在所有的交流中都看到風險。

我問伊凡，這些西羅維基是從哪裡獲得權力。他們的地位之所以可以如此穩固，因為他們算定地方官僚機構對中國投資者的不信任以及人民根深柢固的排華情緒：「敵人不會在一夜之間變成朋友。老一輩的人還非常清楚地記得六〇和七〇年代發生的事情，很多男性都有在中國邊境服役的經歷。那些日子刺耳的反華宣傳仍然在耳邊迴盪至今，而這裡的人不想要把外貝加爾邊疆區變成像新加坡一樣，他們寧可在自己樸實的家鄉過著艱難困苦的生活，並且確定沒有中國人會變成他們的鄰居。製造輿論的仍然操之在俄羅斯，經濟卻越來越被中國主宰。」伊凡當時這樣解釋道。「簡而言之：電視戰勝了冰箱。」

普丁的二十年對伊凡來說是被浪費掉的年代。蘇聯解體時他上二年級，當普丁搬進克里姆林宮時，他還不到十六歲。他了解前蘇聯的強權大國和歷史上莫斯科和北京之間的競爭，但他認為，只有健全的實用主義可以拯救俄羅斯的遠東地區。他回想起九〇年代，因為中國就在鄰近，遠東地區的人們才免於挨餓。「北京和莫斯科的官僚從來沒有把俄羅斯東部認真地考慮到一帶一路或是任何一個倡議裡去。」他很沮喪地做了這樣的總結。因此之故，一百多年前在黑龍江以北建造的俄羅斯鐵路線是西伯利亞的一條生命線，但它至今仍然粗糙得像是俄羅斯的毛氈而不是像中國柔軟的絲綢。

俄羅斯的夏天和往常一樣，夜幕總是很晚才會降臨火車窗外的森林裡。沒有很多事情可以做：尋找地平線，喝茶，沿著車廂裡的走道慢跑，閱讀。腦袋變得一片空白，句子也變少了。在西伯利亞鐵路火車停靠的幾個車站裡只偶爾出現少許亮光。我隱隱約約注意到一些寂寞的旅客站在月台邊緣上猛吸著香菸，他們在等候列車長吹哨子催促他們上車。這些西伯利亞鐵路上的火車站拒人於千里之外，它們響徹天際的擴音器廣播，冰冷的女聲，不論是夏天還是冬天都是一成不變。

我的目的地是這地區的首府赤塔，火車準點在當地時間午夜前四分鐘抵達。如果暫且不去理會美麗的五彩燈光，在華麗的舊車站大樓上仍然可以看到它在二十世紀最初幾年的輝煌與壯麗。這個車站的歷史可以追溯到第一批行駛在橫越西伯利亞鐵路上開往東方、亞洲、太平洋的火車和眾多旅客的時代，不論是在火車上還是只用手指著地圖，都會認為俄羅斯這個國家前途光明，而中國的榮光留在過去。

第9章 劍蕨後面的圖書管理員

赤塔—阿塔馬諾夫卡 Atamanovka

在我搭乘的路段上，從莫斯科到海參崴，同樣的景象已經重複一百次了，幾乎像一組系列畫。在赤塔也一樣：在任何一個蘇聯遺留下來的首府裡，列寧雕像周圍的空地看起來都像市中心。在革命者的視線裡，地方當局位在廣場的一側，西伯利亞軍區的宿舍位於另一側。加上羅迪納劇院，一個有水療中心的賭場，還有鐵路公司宏偉的管理大樓，圍成一個完整的列寧廣場：鐵路和軍事使這座城市變得偉大，也讓市民感到自豪與驕傲。

赤塔列寧廣場上的列寧雕像

我在列寧半身像下面等薩沙。我早到了幾分鐘。我認識薩沙已經很久了。二十一世紀最初十年結束前，我花了一個夏天在赤塔的地區檔案館裡做研究。我當年到達後不久，薩沙馬上就聽說在赤塔有一個德國人正在灰塵中解放文件。有一天下午，他在檔案館門口等我。很用力地和我握手，向我打招呼，好像我們是已經認識很久的老朋友一樣。不知道是不是哪個單位派他過來的，但是在俄羅斯我們很難會確切知道，可是我們都對該地區歷史和與中國的關係感興趣，讓我們到今天一直保持著聯繫。

我的目光掃過廣場。短暫的夏天使得這裡的女孩比莫斯科的女孩更大膽地減少身上的穿著，細跟高跟鞋更是無所顧忌，人們慶祝節日也比在遙遠的首都更加響亮開放：新婚夫婦在列寧的雕像前面排隊等候合影留念，並且在花崗岩雕刻的巨像前長吻。旁邊有幾個小孩餵著羽毛髒亂的鴿子，老婦人們在叫賣葵花子。萬物聚集，每個人都出來趕熱鬧，因為夏季太短。汽車喇叭聲穿過街頭巷尾，又有一場婚禮即將要舉行。

我的手機響了，一則簡訊：「我遲到了。A. P.」我決定再過半小時後回到列寧這裡來。我漫步穿過閱兵廣場，整個區域的花圃都精心清理得很乾淨，即使是公園長椅剛上漆的板條也閃閃發亮。但是在幾公尺外，城市的優雅景象就消失不見了：我環顧寬闊廣場四周的空地，卻看不到一般都會寫著「乾淨，很容易」的垃圾桶。街道上到處是坑洞，公共座椅只剩下骨架。很可能是因為普丁統治下的俄羅斯人喝的伏特加只有葉爾欽執政時期的一半，因為總統提高了稅收，禁止夜間販賣，還變本加厲地禁止在公共場所消費酒精飲料。然而時間在赤塔似乎靜止了：直到今天，在某些社區的房屋正面牆上還高高掛著賣酒商店的「二十四小時營業」看板。爆裂的啤酒瓶在結霜的人行道石板上閃閃發亮，而在炎熱的正午時分，幾個男人正踉踉蹌蹌地穿過街道。

滿眼淒涼的景色，連白樺樹都垂下了枝葉——冬天對垂柳來說太嚴酷了。如果像現在一樣，炎熱的八月太陽底下突然變了天，雨水沖走夏日的氣息，年輕小夥子們就能一手拿著手提包，另一手拿著煙蒂，去解救了他們仰慕的人，因為水坑深及膝，穿高跟鞋也無濟於事。穿過荒涼的小巷之後，我一點都不驚訝地區性的電視台不斷播放著孩子們餵鴿子的場景。在螢幕上這個幾公頃大小的廣場看起來好像是在不毛之地中的珍貴寶石，這就是赤塔僅能有的幾個鏡頭，其他什麼都沒有。

俄羅斯歐洲部分的人在聽到赤塔時總是嗤之以鼻，我已經經歷過好幾次了。他們想到的是漏氣的區域供暖管、棕褐色的自來水、廢棄的汽車和一排排金牙的青少年。傲慢的俄羅斯人很可能會被誤認為中歐人，當他們聽到「俄羅斯」這個詞的時候，脊椎上會出現一陣寒顫。對許多莫斯科人而言，赤塔就是落後的縮影。赤塔，一個經濟和社會戒嚴狀態，是陰鬱的一九九〇年代裡犯罪及混亂的暗號或代名詞。

普丁最出名的政治犯米哈伊爾．霍多爾科夫斯基（Mikhail Khodorkovsky）就曾被囚禁在赤塔後面幾百公里處，距離中國幾公里的外貝加爾邊疆區東部的鈾礦城鎮克拉斯諾卡緬斯克（Krasnokamensk）。在古老俄羅斯就曾有把最危險的政治對手放逐到帝國邊緣的外貝加爾邊疆區去強迫勞動的史例。早在一八二六年，沙皇就把十二月黨人運動的關鍵人物發送到尼布楚附近去了。然而伊爾庫茨克十二月黨人博物館所美化的浪漫氣息並沒有在這裡散播開來。不知何故，外貝加爾邊疆區就是一個流放地域，這種形象已深深烙印在俄羅斯人的腦海中。有趣的是，大多數在莫斯科講故事的人甚至都沒來過赤塔，他們對這個城市的認知充其量來自他們曾經在這裡服過兵役的兒子、丈夫或父親的軼事。

我的手機又響了起來：「我被耽擱了。請到普希金圖書館來，地址你知道的。A. P.」我穿過一個又一個十字路口，急步越過古老的街道排水網向東趕過去。疾馳而過的汽車把積在街道上的雨水噴濺到破爛不堪的人行道上。在十九世紀中葉，一個被放逐到赤塔的聖彼得堡十二月黨人設計了這個城市的整體建設，這些設施仍然沿用至今。棋盤式的街道引人矚目，東西軸線一度都以西伯利亞的河流命名，南北軸線則以俄羅斯城市名稱來稱呼。但是這種貴族風格的遺產所剩不多，甚至比在伊爾庫茨克還要來得少，例如在阿穆爾河街上還有一些裝飾華麗的貿易商行和旅館外牆，能夠讓人想像到在世紀之交淘金狂熱的盛況。但是在圖書館功能性建築的前面，歷史悠久的市中心早已像是過眼雲煙消失殆盡，座落在混凝土澆鑄的社會實用主義之間的沒落木造房屋令人想起，在一百年前，繁榮與富裕從來就不是公共財產。

當大廳的門房小姐看到我的舊圖書館證件上的照片時，露出了滿臉難以置信的表情。她的手在擺在她前面的糖果盒子裡攪動，露出猶豫的樣子。「這是你嗎？」她終於問道。「好的，亞歷山大·彼得羅維奇在中國閱覽室裡，二樓。」這個省立圖書館裡的時間也停留在蘇聯末期：鋪著油氈的地板吱吱作響、貼皮木頭做的書架、卡片目錄，陳舊的氣味，粉蠟筆色的牆壁上掛著嚴肅怪異的人像，只有幾個巨大的蘇聯室內植物景觀緩解了整體的沉悶。當然還有一個出名的禁書庫（Spezchran），一個收藏禁書的儲藏室。除了新的天花板和幾台使用磁片機的電腦之外，這地方看起來就像是一個封塵完好的蘇聯。

薩沙的大書桌隱藏在巨大的劍蕨後面。一個柑橘黃色領結在他的牛仔夾克領子上發亮。我認識薩沙時他還是這裡的閱覽者，幾年前還被困在許多狹窄的閱覽者書桌後面。不過他現在已經是圖書館外國文學作品部門的負責人了。隱藏在棕櫚樹和仙人掌的第二道樹籬後面的是薩沙的同事，他是一個圖書管理員，好像早已超過了在德國已經可以退休的年齡了。這個老人沒有理睬我們，眼光凝視著一本書的泛黃書頁。他和薩沙不同，因為他的藍色外套和沉重的眼鏡鏡片使他看起來好像是圖書館的收藏品。有兩位圖書館員，這在俄羅斯也是極為不尋常。

薩沙總是戴著貝雷帽，而且也總是結著五顏六色的領結或領帶，使得他的外表不符合圖書管理員的經典模樣。同樣的，他的職業養成過程也完全不同於一般的藏書管理員。他的職涯始於開放政策和經濟改革年代，他是一個在俄中邊界鐵路最後一站外貝加爾斯克（Zabaykalsk）的對外貿易協會聯盟的蘇聯代表。當時莫斯科和北京正好再度謹慎地在恢復經濟關係。薩沙從一九九〇年代以來就一直住在赤塔。他曾擔任當地報紙的記者，揭發了地方上的貪污腐敗。但是他慢慢地轉換跑道，就在二〇〇八年高加索五日戰爭以及二〇一四年索契（Sochi）冬季奧運會之間的某個時候。他在體制中站穩了腳步，進入統一俄羅斯黨的地區支部機構裡往高處爬，到了二〇一六年他成為娜塔莉婭．日丹諾娃（Natalia Zhdanova）女州長領導下的內政部長。他們從學生時代就已經認識了——同班同學可以作為社會階層流動的保證。

從遠處以及在有時令人不安的近距離社交網絡中，我可以看出薩沙改變理念的心路歷程。最初他在俄羅斯的社群網站 VKontakte（臉書的俄國山寨版）上發表房屋骯髒後院和酗酒者在百貨公司前醉後清醒的照片。但是不知道從什麼時候開始，他只發布在國家組織的遊行中人們面帶笑容的照片：揮舞著白藍紅三色俄國國旗，戴著滑稽皮帽的男人，他們在慶祝哥薩克文化在為教會和祖國服務中復興，或者一群年輕的女學生儘管頂著巨大的髮飾，仍然正襟危坐地傾聽著年老退伍軍人講故事的畫面，這讓我想起當年自己身為學校先鋒組織[9]成員的日子。薩沙有時候也會散發反對派人士集會的照片，通常是在郊區某個地方人數不多的集會，還會為照片加上一些挖苦刻薄的評論。

就在社會和經濟困頓引發的民情憤慨即將失控的情況下，克里姆林宮用新的傀儡取代了日丹諾娃州長。半年之後的二〇一九年三月，薩沙辭去了他的職務。他在 VKontakte 上寫道：「過去的兩年是一段有趣又艱難的時期。我打從心底感謝我在行政部門的同志。我們是一個優秀的團隊，而且一起實現了許多重要的目標……一切都將會好起來的！」

一切都會好起來？在赤塔漫步卻告訴我情勢變得更糟了。當地的黨管幹部和莫斯科的政治領導階層都從未認真對待市民嚴峻的生活條件。

沒有一樣東西是好的。從網路和住在這城市的熟人讓我得知薩沙在他的黃色領結以及他的和氣性格之外的另一張臉孔。如果深入探究很快就會發現，薩沙在列寧廣場的地區管理部門任職期間，曾在當地媒體上毀謗那些對州長不利的人。薩沙仿效沙皇時代的通例以筆名發表，化名為卡普・弗拉索夫（Karp Wlassow）批評一位女性建築承包商想利用公寓業主當人

9 東德學校內的課外活動組織，具有政治教育意圖，通常在週三下午聚會活動。

質來逼迫政府釋放區域補助款。但是當弗拉索夫被爆時，而且當後者也知道誰是那個幕後黑手時，薩沙不得不打包走人。現在換成其他記者指謫他：「這不是很小孩子氣嗎？弗拉索夫就是那種有自卑情結的人，就像是在權力者面前爬行的動物，卻又自以為是天才。」一位網站用戶評論說：「新州長如果不甩開這個爛攤子，自己也會墮落腐敗下去。」只有非常天真的人才會認為新州長會排除所有的裙帶關係。

我坐在那張寬大的辦公桌前面，面對著被政府機關掃地出門的人。從前薩沙還在政府機關工作時，他充分利用局勢讓自己獲得最大的好處。如今他在普希金圖書館工作，彷彿一輩子從沒做過其他事一樣。

中國水墨畫的扇子和捲軸裝飾著俄羅斯粉色的牆壁，前面有一隻熊貓和一隻棕熊伸出爪子。只有一位使用者在閱覽室走動，他讓我想起沙特《嘔吐》裡的自學者，像個怪人一樣把所有書籍按照字母順序閱讀一遍。中國閱覽室裡的書架上擺得滿滿的書，中華人民共和國捐贈了許多出版物，在陳列櫃中很顯眼地展示《習近平談治國理政》的俄文譯本。薩沙認為這本書很值得一讀。封面上的中國國家元首和在辦公桌後面安全距離外的薩沙，兩個人都對我微微一笑。我們喝著普洱茶，繞開不談他過去幾年的政治生涯，彷彿什麼都沒發生過那樣，彷彿一個無所畏懼的記者未曾繞經政府辦公室，就突然變成了唯命是從的圖書管員。

我們踏上較厚的冰層並且思索著赤塔的歷史。因為想要了解三十多萬人辛苦現況的人，就必須要和薩沙這樣的人交談，並且要研究這座城市的過去。赤塔直到十九世紀初期都處在尼布楚的陰影下，只是一個微不足道的哥薩克車站。隨著升格為省行政中心並在鐵路啟用之後，居民人數在幾十年內增加了許多倍。當時巴比倫式的混合族群發展成為各種想得到的宗教建築爭相成立的寶地，其中最古老的代表是十二月黨人教會，它隱藏在一座後院裡面，由於它厚實的橫梁，看起來更像是一座碉堡。

就像那面帶慈父微笑的中國國家主席不請自來地向世界宣揚他的國家治理哲學，薩沙也同樣喜歡保有他在俄羅斯邊境地區可以掌控的詮釋權。他不斷地推著他的老花眼鏡，撫弄他短短的白髮。一些與薩沙打過交道的莫斯科人可能會因為他從政的過去而感到不舒服。雖然我無法評價他，不過我仍然想辦法和他聯絡，因為我想要了解赤塔為什麼會變成今天這個樣子。

鐵路在一九〇五年和一九一七年俄國革命的歲月中給這個城市帶來了動亂，赤塔的鐵路工人也是熱血的革命者，加劇了動盪。當內戰蔓延到東西伯利亞時，赤塔崛起成為所謂的遠東共和國的首都。這個由布爾什維克創建的緩衝國家，其宗旨在於防止蘇俄和日本發生直接的衝突。當俄羅斯還只是一塊由紅色和白色拼湊而成的地毯[10]時，日本皇軍就已經將貝加爾湖和太平洋沿岸之間的廣大領土踩在鐵蹄之下。在西伯利亞干涉戰爭（一九一八至一九二二）

之後，莫斯科毫不猶豫地斷然解散了這個遠東共和國，並將其併入俄羅斯蘇維埃共和國。

史達林大規模的強制工業化最初跳過了赤塔。只有在第二次世界大戰期間，蘇聯領導才趕在軸心國家向前推進的軍隊到來之前，將軍事生產從歐洲省分撤離到烏拉山以東的大後方去，這時赤塔才有了機械工程聯合生產集團以生產用於北極地區的重型設備，自製冷卻機和壓縮機，另外還有一點輕工業。雖然在這些公司的生產線上有數以千計的工人，但是如果和西伯利亞的大型工業城市相比，赤塔第二產業的比重遠遠低於全國的平均水準。赤塔仍然只是一座軍事和鐵路工人的城鎮。

一九九一年十二月底，當世界帝國悄無聲息地離開舞台，起初的情況非常糟糕。當五十萬士兵從其他蘇聯加盟共和國、東歐和蒙古撤退，而且現役部隊同時大幅縮編，軍隊陷入了一團混亂。鐵路公司這個廢金屬的巨人裁減了數千名員工，蘇聯計畫經濟裡微薄的補貼款在一夜之間枯竭。在葉爾欽領導下，半成熟的工廠私有化政策使得聯合生產集團的工人在一夕之間失業。蘇維埃帝國沒落讓許多俄羅斯人感受到的幻肢痛，到如今仍然煎熬著赤塔人。

然而這地區在後蘇聯時期急遽衰落也歸咎於它的地理位置。遙遠且人煙稀少的邊陲地區雖然有鐵路和飛機航線，卻仍然處於低度開發狀態，在今天，一平方公里還不到三個居民。由於其邊界位置，西伯利亞東部長期以來也被認為是戰略上的瀕危地區。此外因為土地廣袤且冬季酷寒，使得歷史上拿破崙與希特勒的軍隊在保衛祖國的偉大戰爭中喪失了戰力與理智。俄羅斯的地理擴張讓它到今天成為歐亞大陸的地緣政治樞紐，而在赤塔，這一點更多是詛咒而非祝福。

現在這裡只剩下自然資源：人們在這裡開採黃金和白銀，還有錫、鉛和鈾等礦產。迄今為止，外貝加爾邊疆區幾乎不生產或精煉，原物料反而都被便宜地轉售到國外去，尤其是中國。但是成品，甚至一大部分的糧食卻必須以高價進口。在赤塔超市的貨物陳列架上，來自這個地區的馬鈴薯卻被認為是稀有品種。因此就算國境已經開放，邊陲位置上的赤塔仍然處於劣勢。自從蘇聯解體以來，許多此地居民便覺得天高皇帝遠。黨管幹部已經與現狀妥協，而政治菁英似乎並不關心一般的老百姓。

但薩沙沒有。即使暫離跑道，在政府機構任職期間依然腳踏實地。他用簡單的經濟數據說明赤塔居民的情況：一張到首都的五天火車臥鋪車票，硬鋪的費用相當於一百歐元，軟鋪的價格為三倍。這種價格的旅程和機票是大多數赤塔居民負擔不起的奢侈品。到中國邊境的車票則是四十歐元起跳。

「我的很多朋友和同事都去過紫禁城，但是只有極少數的人曾經親眼見過克里姆林宮。」薩沙冷冷地說，並且接著提出了一個問題：「如果可以用更便宜的價錢到黃海或是在中國的熱帶島嶼海南去度假，那他們為什麼要去索契呢？」薩沙揚起他的黑眉毛，並且開始深入探討他的同胞的認知地圖。他的兩個孩子早已經長大成人，如果當時他們住在這裡，一定會到

10 俄羅斯的國旗是白藍紅三色旗，在此還缺了一塊藍色，表示俄羅斯還沒有完全統一。

北京去讀大學。是的，當然，他們完成學業後也沒有回赤塔。越來越多的邊疆青年到哈爾濱、長春或北京上大學，那裡目前應該有數萬名俄羅斯人。薩沙說，獲得中文的語言能力要比在家鄉大學裡學習物理或社會學要來得吃香。然而，在赤塔要把文化能力創造成資本仍然是一門藝術。

按照俄羅斯的標準，薩沙是一位老中國通。像伊凡這樣普通的群眾認為中華人民共和國不只是遠在鐵絲網後面，甚至是另一個星球上的國家，薩沙就已經接觸到鄰國的語言、文化和人民了。自一九六〇年代以來，赤塔教育大學一直在培養中國專家。從這裡畢業的學生起先只是在做敵情觀察的工作，那時候兩個共產主義強權國仍然處於張牙舞爪的敵對狀態，在遼闊的邊界上重兵對峙。薩沙在一九八三年取得了漢學系文憑。「那還是安德洛波夫的領導時期。就是那一年，莫斯科又重新派遣學生和旅遊團到中國去，是由中央委員會精心挑選的。」薩沙開朗地回憶道。他的視線落在牆上那對熊的身上。今天在赤塔的街頭張貼著中文語言學校的廣告，甚至一些小學生也在學習中文。中華人民共和國在這裡是未來的代名詞，也是因為在家鄉沒有其他的替代品。

薩沙說，情況並不是一直都是這樣。尤其是一九九〇年代中國人毫無節制地湧入，因此重新激起沙皇時代仇視中國人的成見，在那時有幾十萬中國人居住在俄羅斯東部。「黃禍」的口號在俄羅斯有著悠久的歷史。那是殖民時代的名詞，在歐洲、北美和俄羅斯被用來煽動對亞洲人的不滿，特別是針對中國人。修建鐵路的工人大部分來自中國。一直到蘇聯早期的年代，西伯利亞的城市幾乎都有唐人街。關於中國移民的辯論，也就是那些在沙皇末期已經是新聞界所熟悉的排華、恐華言論又在一九九〇年代出現。在這兩段時間裡，中國人被描述成走私者、偷獵者和黑手黨，最重要的是中國人像是一群違法亂紀的害蟲一樣侵入我們的家園。也不斷有謠言說中國人帶著疾病和毒品四處亂竄。

即使在蘇聯時期，雖然當時國內僅留有數百名中國人，但是對中國移民的恐懼從來沒有真正消失過。「你有聽說過嗎？」薩沙拉扯了一下他的領結，告訴我一個在他年輕時候流傳的老笑話，與害怕「外來滲透」有關：「蘇聯與中國交戰。第一天就有一百萬中國人自願投降進入蘇聯俘虜營。第二天再來一百萬，第三天又一百萬，第四天蘇聯就投降了。」透過棕櫚葉的縫隙我看到了薩沙的同事，那個年邁的圖書管員，他的臉龐上掠過一絲疲憊的微笑。

二十世紀中日兩國的軍事衝突給赤塔人留下了難以磨滅的深刻印記。他們似乎仍被單獨監禁著。歐洲的「前哨站」以及亞洲的「俄羅斯堡壘」的神話，已經在歷史上根深柢固。但是赤塔今天似乎比其他城市更像「被遺忘土地」上的前哨站，更像是居民在呼救的「被征服的堡壘」。俄中關係史上首度出現人口統計和經濟等重要因素都對莫斯科不利。與中國接壤的俄羅斯疆域相當於除了俄國以外的整個歐洲，但人口只有大約六百萬，自蘇聯解體以來已經流失了一百五十萬居民。相對的，中國東北地方人口已經超過了一億三千萬，而且每年還再增加一百萬。

我想從薩沙那裡知道今天對中國的恐懼又是如何。「當然，怨恨依然存在。但那是民族主義者助長的民粹主義，一種玩弄舊日老敵人形象的危險民粹主義，藉以分散對自身無能的注意力。」薩沙心平氣和地說，好像他從來就不曾是利用這些偏見的政治機構成員之一。「每年都有超過三百萬俄羅斯人和中國人來往於邊界。」雖然有一些中國的愛國人士在今天仍然在談論「喪失的領土」，有些人甚至認為中國的領土應該遠至貝加爾湖，這或許是大規模移民，也或許是中國的祕密擴張，但許多俄羅斯人仍將其想像為成千上萬隻勤奮且唯利是圖的螞蟻入侵人煙稀少的邊疆地區，因此並不感覺到擔心。「人口統計上的定時炸彈現在是，並且仍然一直會是一個幽靈。今天哪裡還會有中國工人被我們吸引過來？我們的經濟已經衰落式微，是一場悲劇。中國本身擁有巨大的未開發地區，那裡的工資正在快速上漲。」中國人雖然是東西伯利亞最大的外國人群體，薩沙繼續彙報，但他們在總人口中所占的比例，就算是一九九〇年代中期，中國小商販和建築工人在赤塔無處不在的那個時期，還是明顯地保持在百分之五以下。

直到普丁主政的早期，建築業仍緊緊握在中國商人的手中。俄羅斯人驚訝於中國人可以把房屋按兩班制節奏建造。甚至列寧廣場上的鋪路石塊也是來自鄰國：染上綠色和紅色的混凝土磚上刻著製造商的名字「萬里」，在中國是無限遠的同義詞。

由於勞動力來自進口，在以前就已經有按件計酬的工作了，雖然現在的時空已經改變。一九四五年後，日本戰俘在列寧廣場上辛苦地參與西伯利亞軍區氣勢磅礴的總部以及赤塔代表性建築物的建造工作。超過五十萬戰敗的日本人在戰後奠定了蘇聯的基礎，進入礦坑開採煤礦或鋪設鐵軌。只喝稀薄燕麥粥而枯瘦如柴的最後一批戰俘，到了一九五〇年代中期才從西伯利亞的戰俘營返回他們已經變得陌生的家鄉，有十分之一的人再也見不到故鄉。史達林時代的大型建築無聲地紀念著他們苦澀的奉獻。

與日本戰俘不一樣的是中國季節性工人自願前來此地，但是俄羅斯看向東方的眼光從那時候開始一直到現在都一樣無視於他們的貢獻：他們被刁難折磨和嘲笑，有時甚至被毆打。我很少看到他們出現在建築工地圍欄之外的俄羅斯世界裡，只有他們的上級和那些負責稅務問題和移民文件的幕後操縱者住在酒店裡。這些人的手很柔軟，面部皮膚光滑。新的住宅區閃閃發光，正是這個時代像磐石一樣的見證者。

二〇一五年夏天，當地方政府宣布有一家中國農業公司以象徵性的價格承租了在額爾古納河邊的一塊土地為期四十九年的時候，在赤塔掀起了一陣抗議中國經濟擴張的浪潮。這家公司從那時起就一直在一塊面積跟香港一樣大小的土地上（以前是一片荒地）種植動物飼料。

薩沙總結說，因此今天許多俄羅斯人感到自己與其說是在人口統計學上被邊緣化，不如說是在經濟上被欺騙了。一個很普遍的偏見是說中國人從俄羅斯人手上搶奪了國家的天然財富，像是農田、石油、木材、魚，甚至還有西伯利亞虎，而且還向俄羅斯傾銷劣質的廉價商品。這些論述中其實也潛藏著因為蘇聯解體而失去大國地位的失落感：「國力衰退使我們所有人都陷入了深刻的身分認同危機，」薩沙補充道：「舊制度被破壞，烏拉山以東地區生活水準急遽下降的情況總是比俄國的歐洲地區來得嚴重，這些才是黃皮膚凶神惡煞回歸的重要因素。」

只有少數赤塔居民在經濟上過得稍微好些。瑪麗娜，我認識她也已經很久了，她並不屬於這少數人。在繼續旅程之前，我搭乘通勤列車到距離赤塔幾個車站遠的鄉間小屋郊區阿塔馬諾夫卡拜訪她。在一年要冷三個季節的日子裡，她和母親、叔叔及兒子共用一間在赤塔的兩房公寓，乘坐無軌電車從列寧廣場來這裡大約需要半小時。瑪麗娜跟很多人一樣，同時有好幾份工作以維持生計。她在音樂系主修鋼琴，因故輟學之後在選舉委員會擔任遞送員，還在一個宿舍裡打雜。她母親是一名幼兒園老師，每個月賺一萬二千盧布，大約一百四十歐元。這樣的收入在城市裡很微薄。在城裡搭公車只要三十歐分，但一公升牛奶卻要一歐元五十歐分。

瑪麗娜的叔叔直到退休都在工地裡擔任工頭，如今在市政府的自來水公司當保全，每週工作兩天，二十四小時輪班。其餘時間，這位精力充沛的退休人士在阿塔馬諾夫卡的耕地上種蔬菜。夏日短暫，瑪麗娜在狹窄的月台和在尼布楚之前和石勒喀河交會的音果達河（Ingoda）之間的那塊地種植甜菜、胡蘿蔔、洋蔥和大蒜，為漫長的冬天儲備食物。每一寸土地都用來生產，就像在戈巴契夫時期，幾乎沒有任何空間可以用來種花。人們在電視上談論俄羅斯的回歸，是的，這裡可能隨時會爆發革命，瑪麗娜對此深信不疑，彷彿想證實首都那些傲慢記者的陳腔濫調。她很想搬到俄國的歐洲土地上去，但事情沒有那麼簡單。

「赤塔是一座沒有未來的城市。氣候惡劣，經濟不景氣，基礎建設很差。這裡的人生活得很清苦艱困。」瑪麗娜黯然地說，住在赤塔的人比住在莫斯科或葉卡捷琳堡的人死得早。「在俄羅斯別的地方，由於政府對家庭住房的補貼、兒童福利金，並且大力宣傳健康生活方式，使得人口結構發生了轉變。」相反的，自蘇聯時代結束以來，外貝加爾邊疆區由於出生率下降以及人口外移，導致居民人數減少了四分之一，大約少了一百多萬人。

即便是過早來到的秋老虎，珍貴的暖陽為中歐人緩解了生活上所有的嚴酷，但是赤塔仍然停留在後蘇聯到前普丁的過渡時期狀態。在此期間，酗酒者和網咖形塑了許多俄羅斯城市。有時在我看來，赤塔的民眾好像對賺錢有著某種恐懼感。儘管世上已有了智慧型手機，但是「聊天俱樂部」仍然一直存在，不過這個俱樂部只能在一部電腦上運作，其他五部電腦都「壞了」處於待修狀態，但是每天打開的都是另一台電腦。在像「金龍」這樣的中餐館或「哈爾濱」咖啡廳裡的服務都不友善（這裡的中國人大概都學俄羅斯人）。一個幾乎不從事生產的城市，人們就只能自求多福。我沒有在俄羅斯其他地方的街上看到比這裡更多的私人保全人員。每一家雜貨店，每一棟較好的公寓房子，都有保全把守維護安全。公寓門的鎖比裡面的房間數還要多。這是一座尋求防護自己的封閉城市。天黑後，汽車在喧鬧音樂中像是賽車般橫衝直撞。在城市中走路穿過黑暗小巷的人都很了解莫斯科人在警告什麼。行人總是要提防成群結隊的年輕人，以便在必要時還能來得及改變方向。儘管如此，這個城市的謀殺統計占據全國頭條新聞的時代已經結束了。

赤塔沒救了嗎？不會的，這裡有的是錢，是的，甚至還不少呢。不然為什麼還有人要經營賭場？否則為什麼在街上除了日本二手車（方向盤在右邊），還有許多來自歐洲的新式豪華轎車在崎嶇不平的道路上疾駛？為什麼還有這麼多起重機在城市上方旋轉？儘管員工的薪水微薄，在這裡一定有很多人可以支付每平方公尺要價兩千歐元的公寓，當然是指首次入住的新屋。在光鮮亮麗的少數人裡還隱藏著很多東西：俄羅斯這個省分的金融業正出現令人難以置信的榮景。大量廣告以及擁房貸款優惠相得益彰，廣告用語諸如「一小時內完成信貸」或「每個月利息只要百分之二」。

在赤塔滾動的盧布當然是老實賺來的，國家電視台上不斷這樣告誡百姓。奧西波州長每週會邀請人們參加地區廣播公司的公民時段，與他們對話。很少有人表達不滿，一般民眾談到上層「結構」時措辭謹慎，腐敗這個名詞似乎是個禁忌。

並不是所有地方的氣氛都是這麼低落。火車貨運站裡充滿著活絡的榮景。從小山丘上往下看向火車軌道上密集的雙邊貿易：數公里長的貨運列車經過這座城市，正在前往中國的途中，其中一列是俄羅斯石油公司六十個油罐車組成的長龍，另外一列裝載著軍事裝備：榴彈砲、坦克、運兵卡車。其他的一些除了原油之外，還裝載著木材、一些酒紅色的白俄羅斯收割機。往反方向前進的列車上則滿載著大量的貨櫃，貨櫃上標示著中國海運集團的字樣。這個景象是否意味著一帶一路確實存在？目前，火車的貨物僅僅經過外貝加爾邊疆區。或許在不久的將來會有人在這裡收取過路費？

第10章 草原邊上的購物天堂

外貝加爾斯克 Zabaykalsk—滿洲里

在赤塔停留了兩個星期，我被令人興奮的檔案室文獻深深吸引住而拖延了出發時間，現在終於回到前往中國的路上。來往於莫斯科與北京之間的國際列車每週只通過一次在外貝加爾斯克的俄中邊界。車票在幾個星期以前就已售完，所以許多旅客去搭乘需要轉車的列車。從地區首府赤塔到俄羅斯邊境車站外貝加爾斯克的四百六十二公里路程，達斡里亞號要行駛十六個小時。貨車優先。赤塔到外貝加爾斯克的夜行列車總是客滿，旅客大部分是中國人，

彷彿有數以百萬計的人中國人占領了西伯利亞。

顯然達斡里亞號上的一些人並不清楚，有些旅客會說兩種語言。火車還沒離開赤塔車站，在我的車廂的俄羅斯乘務員就已經對著兩個中國人發脾氣，因為他們沒有買床單就隨意地躺在床墊上。「未開化的民族！」一個俄羅斯退休人士環顧四周，然後低聲說：「你們看呀，整列火車到處擠滿了隨地吐痰和大聲講話的中國人。」中國乘客的談論則有意識地流露出一種對自己祖國經濟發展更有活力的信心，有些人則是滿意地比較起自己的和俄羅斯同車旅客的手機。我的隔壁鋪位是一位來自長春的中國人，當他察覺到我不是俄羅斯人時就說：「俄羅斯人只會喝酒。但是工作呢？」經濟潛力也反映在高級車廂的旅客比率上：乘坐天鵝絨位子的中國旅客和俄羅斯人一樣多。在離開赤塔一個小時後，鐵路線一分為二：往東方向的是大家所熟知的沿著黑龍江駛往海參崴路線；我搭的火車往東南方向去，沿著俄中邊界到外貝加爾斯克之後，轉到滿洲地界的滿洲里就連接到中國的鐵路線上。

到了第二天的清晨，窗外風景變得不一樣了，不再是我在昨晚黃昏告別的一片由森林覆蓋的丘陵地：草原再度出現，一望無際。沒有樹木，連灌木叢都不曾出現在火車遠遠投射到草原上的巨大陰影裡。這時候我不由自主地想到了俄羅斯作家契訶夫（Anton Chekhov），想到他到太平洋庫頁島去旅行的路上，對這片優美風景的驚嘆：「在外貝加爾斯克發現我所希望的一切……白天騎馬馳騁在高加索，晚上穿過頓河草原，早上你從沉睡中醒來時，就已經可以看到烏克蘭的波塔瓦（Poltawa）——穿過外貝加爾邊疆區整整一千俄里的土地盡是無際

從赤塔到外貝加爾斯克列車的中國乘客

無邊的壯麗。」在世紀之交，俄羅斯建設了一條從赤塔經滿洲到海參崴的殖民鐵路，連接了當時仍然人煙稀少的外貝加爾斯克邊境地帶與俄羅斯的歐洲部分，以及太平洋和長城以南的中國心臟地帶。

早上九點鐘剛過，火車就在刹車的吱吱聲中停靠在外貝加爾斯克車站。許多乘客不走行人穿越道，而是直接穿越柴油車前經過浸泡廢油處理過的軌枕。反正火車也不繼續開。俄羅斯到此突然到了盡頭，不過還是要再次喚起。代表俄羅斯的顏色在這裡最後一次迴光返照：車站正面牆的木梨黃，候車室漆上土耳其綠以及柵欄的鐵鏽紅。建築風格近似烏法（Ufa）和蘇爾古特（Surgut）。

只有中國人與俄羅斯小鎮的形象不太相符。早上他們從赤塔搭火車抵達時，外貝加爾斯克是一座沒有俄羅斯人的城市。只有非常少數的旅客會停留，他們只有一個目標：中國。火車站前面有一條小街道。公車、定期計程車、小型汽車，每個都擋住了其他人的去路。擋風玻璃後面的紙板卡上用俄文和中文寫著「滿洲里」。行李已經裝進後車廂了，還有九公里就會抵達另一個世界。

開闊的土地自古以來就是個入侵的缺口——蒙古人和哥薩克人從這裡入侵中國。西伯利亞在這裡與蒙古和滿洲接壤，在今天多半是貿易商穿梭於這座大門。高低起伏草原上的山丘將俄羅斯前哨外貝加爾斯克與中國邊陲重鎮滿洲里分隔開來，每天有難以數計的人群搭乘公車、吉普車和小貨車絡繹於途，來往於邊境的兩邊。在和平時期，國界兩邊的小鎮像是針孔，人群和貨物經此穿梭往來於蘇聯和中國之間；在政治對立時期，這裡則是一個封鎖隔離以及軍隊集結的場所。取決於大環境的政治情況，火車不是向前直行就是停在車站裡。

我暫時留在外貝加爾斯克，想看看這最後幾公尺的俄羅斯土壤。我搬進「露西亞」旅館，位置在紅軍戰士路的另一端，從火車站快走大約五分鐘可以到。旅館櫃檯的女服務生好像是屋裡唯一的女性，分配我到一個已經有房客的大房間裡的一張床。我進一步要求一個比較能保留隱私的房間，她渾身一股濃濃的甜味香水，用道地俄羅斯女人的嚴厲語氣拒絕了我。她說，我應該要很慶幸還有一張床空著。哦，對了，目前也沒有水。「熱水嗎？」我心存疑惑地問。「冷水，在夏天反正不供應熱水！」

和我同房的人正聚精會神地盯著電視螢幕。房間裡貼著印著小花朵的壁紙，鋪著波斯地毯，桌上擺著一部撥盤式電話機，還有玻璃壓製成的枝狀吊燈。電視螢幕上出現兩隻正在交配的犀牛，因為桿狀天線的收訊效果很糟，所以犀牛無聲地在雪花飄飛螢幕上浪漫冬季景觀中上演著春宮劇。有別的客人來到房間裡，這個男人看起來一點也不驚訝。唯一讓他困惑的是我的口音。「你是間諜嗎？」他問，他說他叫做亞歷克西，並且對我伸出手。「反正你不會相信我的傳奇故事。」我回答他。不論如何，亞歷克西認為德國人實際上來自波羅的海地區，我認為這是一種恭維。亞歷克西，我意識到，即使給他一小瓶著名的 Sto Gramm 伏特加，他也不會背叛他的祖國。

亞歷克西的護照內頁在電視桌上飄動，證件上蓋滿著中國和俄羅斯的簽證，紅色和藍色墨水在簽證周圍舞動：這是他一生的航海日誌。這已經是他的第六份文件了，來自西伯利亞的克拉斯諾亞爾斯克的亞歷克西說。他在二十年前開始在這條國界上賺錢討生活。

這是他住在第十七號房的第二個星期。他不得不繼續和俄羅斯官員談判這麼久的時間，就在昨天，他們放行了中國的拖拉機。他蒼白疲憊的臉與他結實強壯的身材完全不相符，而且在我們房間的節能燈泡光線裡更顯現他臉部的蒼白。如果十二輛農用拖拉機明天能跟著俄羅斯鐵路車廂向西，亞歷克西也就能搭火車回家了。這些農機是他在離邊界三個小時火車路程的海拉爾買的。

大聲的敲門聲打斷了亞歷克西的故事。「你需要一個小姐嗎？」門後傳來一個男人的聲音。「再過一會兒再來，」亞歷克西大聲喊道，「我們這裡有兩個人。」皮條客已經走了，以同樣禮貌的態度在別的房門前面招攬客人。「到處都有妓女，」亞歷克西說，並且關掉電視，「這裡和滿洲里那裡都有。你想要的任何類型都有：金髮、黑髮、高的、矮的、燕瘦環肥，統統有。」中國人比較謹慎一些，他們會把名片塞進門縫裡，也不會上午就來。

「這個貧困地區的大筆鈔票都是在這裡賺來的。」這位機械工程師繼續說。亞歷克西並沒有說出他必須要支付多少關稅和賄賂款，他把這些當作商業機密。海關官員住在草原山腳下的一個別墅區裡，百姓稱之為「聖塔芭芭拉」（Santa Barbara），但我想到的是萬德利茨（Wandlitz，位於德國布蘭登堡）。它是用紅磚砌起來的證據，證明有一些人在俄羅斯境內大賺強勢的外匯貨幣。

外貝加爾斯克另外兩家旅館「水晶」和中國人偏愛的「金蓮」裡面所住的幾乎都是中間商、黑市商、仲介。過高的價格和差勁的設備和服務並沒有嚇跑客人，所有的房間都住滿了客人。

在這片窮鄉僻壤要弄到一份午飯就像一場漫長的冒險。一群中國人在車站自助餐廳用免洗碗裡的雜拌湯暖手，厚厚一塊白色美乃滋漂浮在湯上。緊接著是糖煮水果湯，但裡面只有一粒杏子乾——中國人的胃是很能容忍的。

調車轉轍軌道上的車廂發出吱吱喳喳聲，塵土飛揚的外貝加爾斯克都是回音。遠遠超過一半的俄羅斯和中國之間的陸路貨物運輸都從這裡過境。外貝加爾斯克約有一萬多居民，青少年和老人占了絕大多數。他們仔細審視每一個陌生人，有時神情憂鬱，有時咄咄逼人。沿著西伯利亞大鐵路去北京的遊客很少會在中途來到這裡。無家可歸的流浪漢尼古拉在露西亞旅館前面的階梯平台上徘徊閒蕩。有時酒店客人會為他買啤酒和香菸。尼古拉穿著褪色的奧運T恤，上面印著「北京二〇〇八」。在他的左手上有六個字母的刺青Wostok，唸起來像是流放，卻是「東方」的意思。

蘇聯解體後，俄羅斯一直努力想要解決的是俄國東部所面臨的結構性問題，問題表現在憂傷的草原定居聚落裡。這些聚落緊鄰著鐵軌，連綿延伸數公里，情況遠比赤塔那裡明顯。只有電信集團的廣告標示著新時代來臨。在戰後用石頭和木材所蓋的低矮軍營裡有此地唯一的柏油路。投資公司破產後，在車站旁邊留下了一棟十層高的爛尾大樓。乳牛在區政府門前優閒地吃草，赭色的列寧銅像在那裡無奈地苦等訪客。不過有一個新的學校大樓頗引人注目，好像是地方政府唯一值得一提的投資案子，但這也是不得不做的投資，因為舊的中學校舍被大火燒得一乾二淨。

喝了兩杯杏子水果湯之後，我在外貝加爾斯克的鐵路員工俱樂部裡見到了薇菈。這個俱樂部隱藏在陳舊文化館一樓的一個小房間裡。

今天來參觀這個有點發霉的文化中心的遊客都好像進入了時光隧道，被彈回到布里茲涅夫的時代：無光澤不透明的展示櫃，磨損的鑲木地板，鋪上紅天鵝絨的牆壁布告欄，上面貼著用厚紙板做出來的字母。我湊巧就是要在這個蘇維埃群眾教育工作中心了解這個古怪荒謬地方的歷史。在赤塔的時候，薩沙就把薇菈的電話號碼告訴我了。他們倆早在八〇年代，薩沙在外貝加爾斯克的蘇聯出口局工作時就已經認識。漆著天藍色油漆的鐵路員工俱樂部的空間裡有兩張「我們的老兵」巨大壁報，上面畫著勞動及作戰的前輩。壁報前面的一個低矮架子上有一個蘇聯徽章、各式各樣的勳章、一架紡紗機、兩張天鵝絨旗幟、手鼓和一個蘇聯的人民收音機蒙在灰塵裡。

薇菈的頭髮是火紅色的，她在這個堆滿破舊廢棄物的房間裡像個展覽標本一樣僵硬地站著等我，所以我沒有馬上看到她。這個矮胖的女人一定已經八十多歲了，但是她精力充沛，穿著整潔的夾克，三枚勳章在夾克的翻領上叮噹作響，她為了這次見面把自己打扮得漂漂亮亮的。她的生活就和許多邊境居民一樣。這位退休的女士見證了整個風雲變幻的過程，她自己的生命就是這個地方跌宕起伏的倒影。她也曾經捲起袖子，協助建立這所文化中心。那是六〇年代的事情。「天啊，時光荏苒過得飛快。」她凝視著藍色的房間低聲說道。

薇菈十七歲的時候先從烏拉爾搬到赤塔，然後再搬到外貝加爾斯克，開始了兩個世界之間的生活：一個世界在調車機車上討生活，一個世界和柴油味打交道。來來去去，每天兩越。即使在共產主義巨頭們起衝突的那段時間裡，邊境實際上是關閉的，薇菈還是定期把火車護送到滿洲里去。蘇聯鐵路職員中允許開火車前往中國邊境車站的人為數不多，薇拉是其中之一。薇菈在那裡遇到那些突然間連地方報紙都不再提及的人，因為遙遠的莫斯科中央委員會宣布他們是敵人。在那時與中國鐵路工人接觸很緊張，而這些接觸都在監視之下。說錯一個字，一個微笑，他們的敵國同事就會因此受到嚴厲懲罰。今天，當邊界再度開放，她又混在成千上萬的「螞蟻」潮裡，把筆電、化妝品和愛迪達運到俄羅斯，不再經由鐵路貨櫃，而是搭乘公車，把物品裝在塑膠袋裡。「中文？不會，一個字都不會，沒關係不重要。」薇菈把手疊在一起說。反抗和驕傲就是邊境生活的同義詞。「中國人都會說一些很破的俄語。」

我不由自主地想到在中國恩和的半個哥薩克人伊凡，想到他農民視野的世界主義，想他的雙語能力、鄉野色彩的圓滑世故。伊凡和薇菈的生活竟會有這麼戲劇性的差別。中國對薇菈而言依然陌生，就像對鐵絲網另一邊的滿洲里中國人而言，俄羅斯就像繞行在另一個星系裡。和她同一世代的邊境居民幾乎都不是這裡出生的，更少有人會說鄰居的語言。國家利用課本、報紙和公告將政治正確的地理、歷史、文化上甚至精神上的思想世界灌輸到新居民的腦袋裡。一直到今天，他們的忠誠與國家邊界完全一致。社會主義者心中的邊界有時是和平邊界，有時是鐵幕，和散居在中國額爾古納河畔務農的俄羅斯少數族群的邊界有所不同。在一戰結束後，當命運之神將年輕的薇菈從烏拉爾帶到達斡里亞草原，越過邊境已經受到嚴格管控。如果仍有可能與鄰國接觸，就會受到監視。

「這風景多麼荒涼啊，當我抵達這裡時心裡這麼想。既沒有樹木也沒有灌木叢，幾乎沒有房子。」薇菈來自斯維爾德洛夫斯克州（Sverdlovsk）的一個村落，村裡有清澈的湖和美麗的白樺林。五〇年代中期，她從赤塔鐵道學院畢業後就馬上搬到這個草原的邊境來。「外貝加爾斯克當時叫做奧特波爾（Otpor），只有兩千名居民。直到二〇年代還只是蘇聯鐵路在到達中國之前最後一公里之處，一個不完整的半個車站，大概只有二十多個居民。」

奧特波爾是「反抗」的意思，是當時為了與日本傀儡滿洲國對抗的政治氛圍下所產生的時代精神。和許多新居民一樣，薇菈以未婚少女的身分來到這裡。他們都是從蘇聯大聯盟裡某個地方派來的年輕人。她和五個同事一起住在為數不多的宿舍裡的一個房間裡。「我非常幸運，那時大部分的人還住在停放在火車軌道上的貨車車廂裡，」她的聲音帶著一絲自豪，「當時只有一間公共浴室，想買食物的人得等待每星期兩次的行動商店，一輛載有蕎麥、洋蔥和蘿蔔的火車廂。」

我問薇菈，那時候的生活是怎樣，在兩個兄弟民族邊界上的生活為何如此艱難？「背後有戰爭，未來在眼前：火車站的紅色橫幅宣告著永恆、親密的友誼。我們用音樂伴奏和熱烈掌聲接待了代表團。邊境上總是忙進忙出，每天都有幾列貨運列車駛往中國。」薇菈臉上帶著嚴肅的微笑說道。她四十年來都在處理車廂的業務。「非鐵金屬、汽車、農業機械、軍事設備、木材、肥皂，當時沒有一件東西不是在援助我們的兄弟！」她的聲音仍然強勁大聲，彷彿在給軌道另一邊的調度車輛的員工發號施令。

建於一九五〇年代中期的客運大樓讓居民們感到很驕傲，不論是昨天還是今天都是，薇菈聲稱。即使是今天，這種偽希臘式的誇張風格仍然比鐵路工人的住宅顯眼，並與簡樸的小鎮環境格格不入。只有建築物塔樓上的俄羅斯雙頭鷹見證了新舊時代。「畢竟車站是蘇聯的名片，如同今天白俄羅斯的布列斯特（Brest）。前往莫斯科旅遊的每個中國人，每個朝鮮人，每個越南人，都在我們這裡第一次踏進蘇聯的土地。」他們一向是在五一假期之前重新整理路邊的花圃。草原氣候惡劣，觀賞植物只能活過一個季節。「車站大樓裡有一個紀念品小店，自動的行李存放櫃，候車室裡也擺了來自匈牙利的新款軟墊家具。自七〇年代以來，海關查驗室配備電影放映系統。當火車在更換車輪軌距的大廳裡停留時，旅客們必須要有某種方式來消磨時間。」薇菈興奮地說，她沒有放過任何一個細節，無論是多麼微不足道，她都搬出來講。直到今天，所有在俄羅斯寬軌上行駛到外貝加爾斯克的火車都要被頂起來，用新車軸來替換舊車軸以適用於從滿洲里開始的標準軌距。現在這項工作跟以前一樣需要兩個小時。薇菈在退休後仍然是一個熱情的鐵路公司員工。她布滿皺紋的臉孔透露出女性的毅力，她可以轉動火車剎車系統上難以轉動的輪子，這或許可以理解為一種婦女解放，即使這個詞從來不曾從她嘴邊出現過。

「那一九六九年呢？」我突然問道。薇菈抬起頭來，顯得有些猶豫不決，因為她似乎突然明白自己在跟誰打交道。這是她一生當中第一次對外國人講述，她有些猶豫地說。「你應該不會是間諜吧？」她臉色蒼白地反問，然後我們兩個都笑了。又一次同樣的指控。「在三月的一個早晨，信箱裡出現了給我們丈夫們的動員令，將近有一個月的時間我們活在戰爭戒嚴的狀態下。」薇菈回憶著和中國的衝突。在邊境上的小鎮外貝加爾斯克一直很容易感覺到兩個首都之間政治氣候的變化。在政治的冰河時期，這個地方會被邊緣化，淪為軍事要塞和火車終點站。瞄準滿洲里的蘇聯照明燈把夜晚變成了白晝，紅軍的噴氣式飛機低空轟鳴著掠過邊界。在文革期間總是會有偶發事件。「有一次他們要我將北京莫斯科特快列車送往外貝加爾斯克。但是紅衛兵在滿洲里扣押了火車和車上的工作人員。他們在車廂外面塗上了像是『打倒蘇聯！』這樣的標語。」薇菈表情嚴肅地說，明顯看得出，她仍然被半世紀前在眼前上演的可怕景象所震撼。那個時候在國際列車上的旅客幾乎都是朝鮮人和越南人，只有機組人員是來自蘇聯和中國。

兩個共產主義國家之間的帷幕並不是在一夜之間拉開的，這和歐洲大不相同。中國和蘇聯小心翼翼地重啟官方訪問，但大多只有三五名團員，而且也都嚴格地遵守正式議程，復興了一九五〇年代所實行的友誼儀式。在八〇年代末才完成了給跨界合作帶來突破的協議：因為兩國之間的貨幣不可以自由兌換，所以地域性的邊境貿易都是以物易物為大宗。在外貿方面，蘇聯以原物料交換在建築工地與農田裡工作的中國工人。

「那邊的食堂和體育館都是中國的建築工人蓋起來的，」薇菈用一個例子向我解釋這些發展經過，「真的超級快就蓋好了。那時中國人比我們先進得多，他們早就解散了他們的人民公社或是集體農場，不管他們是怎麼樣稱呼的。工匠和農民突然開始考量利潤。有人在這裡種西瓜，我們都認為這個人瘋了。在我們這裡連作夢也根本不會有人想到這個主意。如果我們可以搞好我們的蘿蔔，就已經很高興了。」但是中國水果鮮嫩多汁，對於化解敵對的形象發揮了奇效。薇菈回顧著往事。

直到一九九〇年代初，外貝加爾斯克還是被圈圍在軍事禁區內，不論是外國人還是俄羅斯人，必須要持有通行證才可以來到這裡。自從公路收費站建好之後，規則突然改變了，從此再也沒有人在意過去一成不變的規則。由國家組織起來的民族友誼已經過時了，在賀電之後，接踵而來的是運動鞋和尼龍襪。蘇聯不復存在，現在俄羅斯面對的鄰居，除了名字以外幾乎認不出其舊有面貌。

我問薇拉，這個轉折對外貝加爾斯克人來說意味著什麼？沒有辦完通關手續的貨車塞在調車場上。「剛開始時十幾輛，很快就是數百輛。當時大家都上了火車，有當地居民也有移民，大家都在搶奪，直到軍隊介入為止。」事情的開端是人們厭倦了單調的生活。「在赤塔，商店櫥窗是空的。但是我們這裡連櫥窗都沒有。」那個時候人們會掠奪所有東西，從避孕套到皮夾克到卡式錄音機。「那時發生了槍擊事件，死傷慘重。莫斯科頒布了戒嚴令。」

但是人們的生活很快就恢復到正常軌道。外貝加爾斯克的許多居民無論是在此地出生，或是年輕時被調職到這裡，他們原本有機會對另一邊做些瞭解。搭車到「另一邊去」很快地就成了例行公事。今天大多數人都很熟悉滿洲里，知道哪家理髮廳特別細心認真剪頭髮，哪個輪胎經銷商的價錢好。對生活在蘇聯帝國邊緣的人所加發的薪酬津貼已經取消了。許多以前曾經以保護邊境討生活的人，在開放之後的賺錢方式是儘可能在國境上往來穿梭。然而，迄今為止，幾乎沒有一個俄羅斯人會說可以令人接受的中文。就像以前在恰克圖一樣，不論是在市場上還是在餐廳裡或者在妓院，講的都是俄語華語混用的商業語言。

薇菈自一九九〇年代中期退休之後，多年來一直都定期前往滿洲里。那是「擺梭」的年代，人們這麼稱呼不斷越過邊界的走私者。她已經習慣長時間的等候，也不會因為中國人團體旅客排隊時的推擠而感到生氣或不耐煩。「我每星期去一次，海關不允許我經常出境。他們擔心我們再也不會在自己家鄉採購了。」薇菈這樣推測地說。

多年來她以「駱駝」的身分補貼養老金，民間這麼稱呼那些受僱於中國幕後主謀者的俄羅斯搬運工。他們背負超過官方允許放行的重量，因為這些人都和當地海關有所來往。「我們的口袋總是鼓鼓的，來回都是如此。」薇菈帶著神祕的微笑回憶道。「我們把數公斤重的戈比運到中國去。中國人把這些硬幣熔化成黃銅出售。」當時仍在流通的俄羅斯硬幣，其物料的實際價值要比其面值高過數倍。

如今她已經很少去另一邊了。「這種小型邊境交通基本上減少了，再說要做這種苦差事，我已經太老了。」薇菈感慨道。儘管中俄邊境收費站已經設立了三十多年，但她確信，兩國之間的實際邊界並沒有因此消失。許多居民的心中仍然有障礙：「我們俄羅斯人今天還在吃我們的俄羅斯餃子，中國人吃他們的點心。」

我想自己去看看實際狀況，所以我搭上了公車前往中國。在外貝加爾斯克去滿洲里的半路上，海關辦事處封鎖了山丘上的自由通道。我們看到一個舊的碉堡掩體、金屬柵欄和帶著刺刀的年輕俄羅斯士兵與德國狼犬，這幅景象告訴我們，我們正在接近邊界。前面有三層鐵板，邊防警衛指揮越來越多的車輛進入封鎖區域裡。這裡再度呈現出俄羅斯嚴厲的一面，毛玻璃的海關小屋和許多不信任的問題。澈底的搜身，對某些中國商人從頭到尾仔細檢查，並檢查護照和行李。此時風把印著中文的五顏六色購物袋吹到海關旁邊乾枯的灌木叢中，有些被卡住，有些則繼續隨風飄向俄羅斯的國境。

我必須要把時鐘回撥一小時，以配合中國的標準時間。在草原丘陵另一邊的短途旅程好像是一趟進入未來之旅。中國邊境大廳的屋頂結構是模仿寶塔的形式建成的，面牆反射出黑藍色。裡面有一家餐廳和免稅區，牆上貼著標語，和在中國各地一樣，也貼著有員工姓名和照片的告示牌。在中華人民共和國境內也必須蓋章、填表，簽字和公證，畢竟移民卡是用英文寫的。如果還有問題就由穿著制服的軍官用中文提問。友善的困惑，幾名官員現在站在那位既不是俄羅斯人也不是中國人的旅客面前，這名旅客懂得兩國的語言，單槍匹馬，更討厭的是還帶著兩本護照遊走於世界各地。這邊官員的不信任程度不像俄羅斯人那麼明顯。當我的行李通過掃描器時，唯一令人起疑的是我帶的書。一位檢查員一頁一頁、一本一本地翻閱這些書籍。「一切都沒問題，你可以通過了，從這邊走！」一個士兵打開柵欄。他戴著白手套。這個區域杳無人煙。經過兩個小時的出境和入境檢查後，我到了另一邊。

把世界分開不一定要靠海洋、山脊或寬闊的河流。平緩山丘上的俄中邊界只有一道生鏽的柵欄、清除的雷區和在地圖上一條粗粗的紅線，但是外貝加爾斯克和滿洲里之間卻有著天壤之別。

從前往滿洲里的途中可以看得出來，中國的經濟主導地位威脅著俄羅斯邊陲地區。右邊可以清楚看到邊境上的鐵路關口，以前曾經每星期有一班國際特快車經過。同樣過分清楚的是，儘管邊界完全開放也無損它的象徵意義。中國以巨大的凱旋門標示邊界，通過這裡的柴油車頭嗡嗡作響，展現出完全的自信。像一個俗氣不堪的婚禮蛋糕，由一座玻璃裝飾的橋將兩根誇張的灰色柱子連接在一起。俄羅斯的大門卻一點都不引人注目，藍色背景上用樸素而高大的白色西里爾字母寫著「俄羅斯」（Rossiya）。兩座大門曾經一樣高，甚至曾經只有俄羅斯那邊有邊境大門。

滿洲里這個新興城市勢不可擋，一寸一寸地向國境方向擴展，直逼俄羅斯。地圖已經標示了根本沒有房屋的街道，連房屋的地基都沒有出現。一切似乎都只是時間的問題，或許只要幾個月房子就可以蓋好。滿洲里有三十萬居民，德語還稱為Manjur，是中國最大的邊境城鎮之一。

一條光滑如鏡的六線柏油車道通向新的機場，從這裡起飛，兩小時內就可以到北京。

機場在中國各地如雨後春筍般湧現，尤其是在國家邊界上。除了一架成都航空公司的波音和一架來自烏蘭巴托的匈奴航空公司的渦輪螺旋槳飛機之外，還有一架里爾噴射機在飛機跑道上。中國在陸地、海上和空中的基礎設施上投資數十億，以便將邊陲的外圍地區與心臟地帶更緊密地聯繫在一起。

左手邊是通往城市的高速公路起點。幾分鐘時間就可以到達市中心。滿洲里的天際線令我震撼，這裡摩天大樓拔地而起，塔式起重機層層堆疊。有些住宅大樓有三十層樓高，頂端是金色的圓拱和洋蔥塔。從近處看，所有的屋頂和梁柱都像後現代式的歐洲幻想輔以蘇聯建築的華麗裝飾。通往市中心的主要幹道的兩側廣告牆上寫著毛澤東語錄：「滿洲里是祖國邊疆的重要城市，是中蘇貿易的重要陸運口岸，對新中國的建設，鞏固國防均有重要作用。」這位中華人民共和國的國父在一九四九年前往會見史達林的途中，曾經駐留在這個邊陲重鎮。

沒有地方能比滿洲里從莫斯科和北京之間的聯盟受益更多。直到八〇年代初，滿洲里還不過是中國版的蘇聯外貝加爾斯克，只是一個有火車站的軍事前哨站，居民靠大規模的粗放畜牧和附近的煤礦維生，他們自己也是從火車頭還是燒煤炭的那個時候跋山涉水遷移過來的。

擴音器的聲音在市中心奪取俄羅斯客戶的青睞。寫著西里爾文和中文的霓虹燈招牌照亮了整排的商店街。有人在「老集市廣場」前塞了一個大購物袋給我，這是一個相當不錯的購物中心，看起來一點也不「老」。一個帶拉鍊的塑膠袋，那個男人說這是送給我的禮物，然後拉著我的袖子，要我進去這個購物天堂。

我逃離了這個渦輪資本主義的混亂和紛擾，然後穿過橫跨通往南區的寬闊軌道上的人行天橋。我甩掉了所有玻璃幕牆，這些俄羅斯消費天堂的中國夢。但即使在人行道上，仍然有各種推銷產品、討價還價和販賣的行為。街頭小販以跳樓價格販賣塑膠玩具和毛澤東時代的翻領別針。本地下班的居民騎著嗡嗡作響的電動車穿梭在一條條貨攤之間所留下來的狹窄小路趕回家去。把車子推過橋又太長了。在橋底下等待的貨運車大約有二十條軌道，都裝載著西伯利亞木材和石油，不同方向的列車上則裝載著車輛與家電產品。

在鐵軌的另一邊沒有修剪整齊的樹籬，沒有鋪柏油的馬路，也沒有遊客。橋底下鳴鳥啁啾，鬥蟋蟀唧唧地叫。退休人士提著籠子，以內行人的術語交談，交換著鳥和蟋蟀。穿越過水泥斑剝行人天橋的人，像是大步走進另一個還不到百年的城市。

隨著鐵路從一九〇三年開始運行固定車班起，幾年內便形成了俄中之間的巴比倫，歷史充滿了變遷：首先是俄羅斯在滿洲的殖民前哨，然後是日本傀儡國滿洲國的邊境站，接著是當時的蘇維埃援助兄弟之邦中國的中心，到了最後卻變成了中國對抗蘇聯的堡壘。

在這裡，鐵軌的南邊，我仍然可以看到舊殖民城市的痕跡，它們是某一個時代所遺留下來的極少部分殘餘，當時滿洲里仍被稱為滿洲利亞，是一個跨行歐亞長途列車的轉乘站。有一個裝飾著很多華麗雕刻的水塔矗立在後方。在它前面，沿著火車軌道應該大約有二十多間綠色和黃色的木造營房和用粗石建造的排屋，情況和赤塔很相似。前院種著大蒜和馬鈴薯，某處堆放著乾木柴。後院裡有許多老舊的墓碑斜斜地靠在牆上，墓碑上刻著西里爾文和希伯來文：拉比・亞力耶・萊普・巴・莫舍（Rabbi Arieh Leib bar Moshe）一九二一年逝世，艾布拉姆・格施維茨・諾塔諾維茨（Abram Gerschewitsch Nawtanowitsch）逝於一九二五年，梅納亨・孟德爾・巴・艾布拉罕（Menahem Mendel bar Abraham），於一九二六年去世。一些房子裡還有燈亮著，其他房子的窗戶玻璃在很久以前就已經被破壞殆盡了。俄羅斯海關官員和鐵路員工在上個世紀的頭幾年裡曾經住在那裡。

體積龐大的水塔後面隱藏著裝上新哥德式窗戶的建築，是這個城市的第一家醫院。在滿洲大瘟疫之後，俄羅斯才蓋了這家醫院。在一九一〇／一一年的冬天，在達斡里亞草原上獵殺土撥鼠的毛皮獵人感染了鼠疫，在幾個星期內就沿著鐵路線把瘟疫傳染到整個滿洲。疫情像乾木所引發的森林大火那樣迅速席捲全國，奪去了數萬人的生命。從此以後俄羅斯民眾都認為擺放陷阱的中國獵人是萬惡之源。在中國部分的滿洲里在當時根本就沒有衛生設施，因此當時的俄羅斯記者挖苦地說：「後院臭氣熏天，市集也像是一座污水池。」哥薩克人封鎖了中國人居住的社區，隔離那裡的居民，並在幾天之內就把他們押送出城。

很快的，許多旅客預言，這座中國領土上的俄羅斯鐵路城市的黑死病會造就白紅藍（指俄羅斯）的未來，不少人夢想著滿洲是一個「黃種人的俄羅斯」。一九一二年夏末，市政府的領導們為了紀念對抗法國的博羅金諾戰役[11]一百週年紀念，給一座建造在一個狹小空地上

11 發生於一八一二年九月七日，拿破崙戰爭中規模最大的一場交戰。

的沙皇亞歷山大一世半身像舉行揭幕典禮。一年之後，當羅曼諾夫王朝在位三百年，在整個帝國舉行儀式慶祝，滿洲利亞的公民要求在遠方的聖彼得堡政府允許將其命名為羅曼諾夫斯克（Romanovsk）。

從歐洲到亞洲的過境旅客，從波羅的海到太平洋，從莫斯科到亞瑟港，也就是今天的旅順口，要在滿洲里從俄羅斯國鐵轉車搭乘中國東方鐵路的班車。從這裡開始繼續前往亞洲之旅的所有俄羅斯火車上四個等級的車廂裡都臭氣沖天，夾雜著髒靴子、農民煙草、廉價伏特加和大蒜的臭味。

很多旅客把第一次世界大戰前幾年的滿洲里和美國大草原上的一個邊境小鎮做比較。住在這裡的居民有時候是五千人，有時是一萬五千人。被驅逐出境的中國人早就回來了。每個工作勤奮的俄羅斯人口統計學家對這個地方的人口數目估計都一定不會成功，更不用說去精確地計數，因為這裡的許多居民只住一個季節，或是他們根本不想出現在任何統計數據裡。

在滿洲里建城的早年，這裡沒有任何女眷。任何有錢或能騙得錢財的人都無需意志消沉，因為「茅利塔尼亞」劇院的雜耍表演會提供消遣和娛樂。俄羅斯人、中國人、蒙古人、波蘭人、猶太人和日本人在市集周圍的酒廊、餐廳和食堂裡喝著摻了水的烈酒。咖啡館的歌唱表演者不僅演奏音樂，還讓當時梅毒和淋病病例增加速度比人口數還要快。

內戰使滿洲里成為數以萬計來自於沒落的沙皇帝國移民的轉運站。難民列車的車隊停在備用的側邊軌道上——當時有一半的城市人口住在車上。貨運火車上不分日夜傳來狂怒的口琴聲，嗚咽孩子們的哭叫聲，女人的嚎叫和酒鬼的吆喝。每天都有突襲搶劫，入室盜竊，謀殺和殺人事件層出不窮。當夜幕低垂，昏暗的煤氣燈亮起，如果要出門上街，那最好帶著手槍。被勒死的藥劑師，被槍殺的乘客，被強姦的妓女，這些在當地報紙只占一個小角落的簡短報導。

從鐵路北側開始的新滿洲里，我的每一個腳步和每一個行動都被監控攝影機跟隨。城市自稱那裡是一個國際化的現代貿易中心，未來在那裡起步，而不是在外貝加爾斯克。一張廣告牌宣示，國家電視台近日將滿洲里評選為十大最令人讚嘆的一流旅遊目的地之一。海報的背景是一群穿著比基尼參加選美比賽的俄羅斯婦女的照片。每年幾乎有一百萬人越過國境，其中大部分是俄羅斯人，很大一部分人留在滿洲里過夜，吃飯和購物。盧布幾乎只在中國這一邊流動，很少回流到俄羅斯去。

在邊境開放後不久，中國中央政府就加強支持這種非正式的來往交通，北京很快就提出「互市貿易」的概念，就像伊爾庫茨克的大型中國商場一樣。一開始幾乎沒有例外地都是仿冒品。我還記得有一次，一位女售貨員在展示路易威登（Louis Vuiton）皮包把拉鍊拉斷時仍然能夠笑容滿面地面對顧客，當然她很快地又從倉庫裡拿出另外一個皮包補上來。然而那個將

BSOSS品牌人工合成纖維布料的褲子、襯衫、廉價手機或其他產品，故意多出s或少個t做買賣的時代已經過去了。俄國客人不論是來自多麼小的鄉下地方，這些年來也都對品質有更高的要求。

蕾娜是這裡第一家有雙語菜單的餐廳，還有豐盛的俄羅斯美食、餃子和薄餅。一個叫娜塔莎的中國女服務員用俄文接受點餐。我和隔壁桌一位穿著天鵝絨豹紋西裝的女士聊了起來。這位金髮女郎說，儘管炊具和女裝的價格上漲了，而且居民文化程度下降，但是她還是一直搭車過來滿洲里逛街購物。她會說的中文字可以用一隻手的指頭數出來。「不要」是最重要的，這位女人用疲倦空洞的音調說。她和許多其他俄羅斯遊客一樣，心中也深深不信任中國人。對她而言，滿洲里不過是門面誘人，居民的真實性格隱藏在背面：言行不一，難以理解和貪婪。住在西伯利亞的人不會用如此輕蔑的方式來評論其他城市：「每個人都知道這裡很危險。中國人瘋了，他們可以使出任何手段讓你就範。如果你不買任何東西，他們就會威脅你。」她警告我，然後朝廚房的方向大喊：「娜塔莎，付錢！」不過也許這是因為她缺乏跨文化的認知，所以對生意上不同態度產生了誤解。這些商人只是處心積慮地留住客戶，這點她未能理解。這好像是許多俄羅斯人經過七十年共產主義之後所失去的天賦，也許在革命之前就未曾有過，不過還有很多中國人在三十年計畫經濟之後沒有忘掉。

但是滿洲里勢不可擋的崛起似乎也到了界線。幾年以來俄羅斯訪客的數量一直在下降。原因頗為複雜：盧布貶值、西伯利亞各聯邦管區有增無減的經濟困境，再加上各種替代性銷售模式，俄羅斯通過中國網路上的淘寶以及許多其他購物平台的交易也在蓬勃發展中。此外還有新的貨運路線，例如穿越新疆和哈薩克的鐵路線。隨著俄羅斯購物遊客大幅減少，西里爾文的廣告招牌也逐漸在城市景觀中減少了。現在也找不到「三角褲世界」或是「情趣商店」的招牌了。今天商店外面用西里爾字母書寫的廣告看板都是正確的俄語，不再看得到粗俗下流、不雅和可笑的字句。

今天，除了街頭小販和穿著骯髒工作服的季節短期工之外，在蘇中步行區逛街的遊客主要都來自國內。去年就有六百萬中國人來滿洲里體驗所謂的歐洲風情。來自北京、上海或廣州的遊客看到一個色彩柔和、由俄羅斯與蘇聯所啟發的主題世界，這裡主要是服務中國人，是一個商業化的中國變體，位於家鄉安全懷抱裡的「俄羅斯」。這些旅客來自中產階級底層，微薄的財富無法讓他們出國旅遊，但是他們想要體驗異國文化且不必申請護照。有些人喜歡在晚上到香格里拉大酒店頂樓的景觀餐廳放鬆。我今天也是。在接待大廳酒吧裡，視野可以自由無阻地掃過城市公園的上空，這個城市萬家燈火，到處閃閃發光。大廳裡蕩漾有點突兀的鍵盤自動伴奏音樂。

羅廣（俄文名遼沙）經常光顧頂樓的景觀餐廳。他是一個高大魁梧的北方華人，帶著兩個來自哈爾濱的老同學。這三個人覺得，中國已經是中俄競爭之中的贏家：「我們的政府將稅收投資於基礎設施。相反的，俄羅斯有太多義務。退休人士要求更多退休金，軍方吞噬了數十億美元。難怪那邊的道路上到處是坑洞。」遼沙用低沉的聲音說。這個人對邊界的兩邊都很了解。幾年前他在俄羅斯賺到了足夠的開店資金，可以在給俄羅斯遊客採購的「新世紀」購物中心裡開一家紡織品小商店。

一位俄羅斯女歌手開始在舞台上演唱《莫斯科郊外的晚上》[12]。遼沙不再講授他的生意經，而是專注看著將聚光燈投射在舞台上的圓錐體：

長夜快過去，天色濛濛亮，
衷心祝福你，好姑娘。
但願從今後，你我永不忘，
莫斯科郊外的晚上。

《莫斯科郊外的晚上》對中國人來說是五〇年代中蘇蜜月期的頌歌，每個白髮蒼蒼的中國人到今天都還會哼唱。但是這個公開讚頌的國際同志友誼在這俗氣旋律裡所包含的意義，如今已經變了調。

因為音樂聲音太過吵雜，所以我們現在已經沒有辦法交談了。後來我還聽到遼沙和他的朋友拉開嗓子大聲嘲笑這個跨文化演出，談話被單調的和弦打斷，斷斷續續地傳來我耳邊：「……兩公尺高的布里亞特變性人……赤裸裸的脫衣舞孃掙脫了鎖鍊。」談論著昨夜的吹牛片段。遼沙和他的朋友們離開了。我從觀景窗戶向外看著夜晚的燈光。我請服務員拿帳單來時，不禁想起拉斯維加斯。拉斯維加斯和滿洲里一樣，也曾是個位於無人之地的某處，只有流氓和不法之徒聚集。今天賭場和夜總會林立的賭城大道成為保守的美國中一個匿名的區域。「讓拉斯維加斯發生的事情留在拉斯維加斯。」遼沙和他的伙伴今晚還要做的事情，也同樣會留在滿洲里。當我要離開時，一個年輕的中國女孩蹣跚地走到我的桌邊。我所聽懂的是，她出生在這裡，但從來沒有和俄羅斯人說過話。她沒有化妝，微微的醉意給了她勇氣。她以我為背景拍了一張自拍照。我祝她今夜做個好夢。

第二天一早在滿洲里與國境邊界的半路上，我突然了解到中國如何想像中俄關係的未來，又為什麼每年都有數百萬中國遊客來到草原朝聖，因為在那裡出現了一個異乎尋常的主題樂園，一個貧瘠草原土地上的俄羅斯小人國。這個遊樂園還透露了另一項證據，顯示城市規劃者如何以俄羅斯與歐洲為舞台，成功營造出一種明顯的中國氛圍。遊樂園裡的主要景點是一個命名為「套娃廣場」的戶外空地，正中央是一尊色彩鮮豔的俄羅斯娃娃，大約有三十公尺高。根據一個告示牌上的說明，這是全世界最大的俄羅斯娃娃。娃娃腹部是由金屬板和鋼筋混凝土建造的，裡面是一家北方鄰國菜餚的餐廳。在娃娃周圍繞著一連串熊貓和用其他異想天開圖案裝飾的法貝熱彩蛋。

在巨型俄羅斯娃娃的西邊，散發冰藍色光芒的宗教建築引起我的注意。這棟建築建於二

12 又名《莫斯科之夜》，蘇聯時期知名的歌曲，文中採用一九五七年由中國音樂家薛範翻譯的中文歌詞。

中國內蒙滿洲里俄羅斯主題公園裡新建成的東正教教堂

〇〇七年，第一眼看起來讓人以為是俄羅斯東正教的教堂，卻是一座俄羅斯的藝術博物館，展區內有各式各樣的展覽品：列寧和史達林的半身像、蘇聯相機、沙皇時代的明信片和茶具。除了《窩瓦河上的縴夫》之外，還展出其他塗繪或是彩色複製的大幅粗俗油畫之類的沙龍掛畫。牆壁、天花板和石灰泥牆上裝飾著巴洛克風格的宮廷女性，胸部越大越能引起遊客的興趣。在這裡我又遇見了新中產階級。「再拍一張。」一名解放軍士兵毫不拘束地對他的軍官同事喊道，他像一個青春期男孩那樣燦爛地咯咯笑。他們兩人戴著耳機，透過一個專業導覽來了解俄羅斯人在文化上的成就，但是他們幾乎只專注在牆上的裸體女士身上。一個士兵咧嘴大笑，抓住畫布上女人的胯部。他的同伴按下了照相機快門。中俄友誼就是這樣吧，軍官戲謔地說。

在視線可及之處，草原上站著一座縮小版的克里姆林宮和一座德國國會大廈模型，連同縮小版的玻璃穹頂（由建築師諾曼・福斯特所設計）。就連中國人也知道這張具有象徵意義的經典照片，照片中兩名紅軍士兵在柏林上空升起了紅色旗幟——鐮刀與鐵鎚取代了納粹標誌。在歐洲戰爭結束後的三個月裡有超過一百五十萬的蘇聯士兵穿越邊境到滿洲。在兩個星期之內，他們迫使日本人投降。在滿洲里市中心高大方尖的蘇聯紀念碑周圍的公園（不是仿造的！）在今天又受到細心維護。紅軍士兵在滿洲犯下燒殺擄掠以及強姦婦女的罪行都被塗抹掉了。很少有遊客會去那裡。他們的相機鏡頭更喜歡伏爾加格勒（Volgograd）「祖國母親在召喚」紀念碑的粉筆白色複製品，它矗立在幻想的場景中，高高聳立在德國國會大廈和克里姆林宮附近的雕塑公園裡。原本高舉的劍在這裡被塑造成下垂，象徵性地表示許多中國人對俄羅斯的想像：被打敗的英雄國家，經濟上的侏儒，人口不斷減少且老齡化。還有許多漂亮的女孩。

第11章 滿洲富礦

大慶

K7058號快車黃昏時在進行曲的樂聲中嗡嗡作響地駛出了滿洲里車站。城市郊區裡低矮的磚砌建築、封閉的後院、被支解的機器零件以越來越快的速度從火車身邊游過。夜幕筆直落下，我只能看到自己反射在玻璃窗上的影像。我放下了達斡里亞草原、西伯利亞森林、中國人對俄羅斯的幻想。只有硬座車廂裡的空調發出如西伯利亞般寒冷的嚎叫。快車不像我從赤塔到外貝加爾斯克所乘坐的搖搖晃晃的俄羅斯慢車那樣，在那麼多車站停靠。十一個小時後，

K7058號列車就應該要到達大慶，這是在東南方將近八百公里處，滿洲心臟地區的一座城市。

滿洲現在分為三個省：黑龍江、吉林和遼寧。這裡幅員遼闊，比義大利、法國和英國加起來還大，從大興安嶺東側開始一直到黑龍江和烏蘇里江。直到十八世紀初，皇宮裡的耶穌會教士用地圖告訴他們這地方在這個國家裡通用的地理名稱以前，歐洲人一直稱這塊土地為東韃靼利亞。這個區域直到十九世紀後期仍然是與中國內地隔絕的外圍領土。滿洲人，清朝統治者，在十七世紀中葉掌權後不久，就拒絕中國人移民到他們祖先的家鄉去。一堵圍牆標誌著這個祖先庇護所的南部邊界，保護他們的狩獵場並壟斷有利可圖的人參生意。人參的根部在源遠流長的中國醫學上一向是高度重視的補品。穿過山海關，長城在這裡從山巒蜿蜒而下，並且通向渤海，許久以來是進入滿洲的重要門戶和唯一路線。這裡資源豐富，戰略位置敏感，處於西邊蒙古、北邊西伯利亞、東邊日本和朝鮮半島，以及中國本土的交界處，加上從南邊可以間接進入太平洋，因此一直都是各方覬覦之地。這些條件使得滿洲在二十世紀上半葉成為東北亞帝國主義的心臟地帶。

在中國，該地區簡單地被稱為「東北」。儘管聽起來很單純，但是它所觸發的聯想卻很強烈。中國人將這個詞與一個荒涼不毛的地區連結在一起，那裡住著像樹木一樣高大的人，天性粗獷，堅韌耐苦。在我登上夜行列車時，一片亂哄哄又大嗓門的東北方言正好給上述這個通俗看法做了很好的註腳。在我坐的車廂裡有五個乘客大聲吼叫，睡在中間鋪位上的同伴稱讚我的中文語言能力，聽起來卻像是咬牙切齒。

俄羅斯和日本則是強調滿洲是個空曠尚未開發的地區，住著「未開化的」民族，和中國人沒有多少共通處，因而認為可以強奪豪取。來自鄰近帝國的威脅日益增長，激起中國皇室放下孤立主義，轉為積極的邊境移民政策。很快的每年都有成千上萬來自中國北方的年輕人來定居，例如伊凡的父親，這個到額爾古納河淘金並愛上一個哥薩克女孩的山東人。儘管如此，到了十九世紀末葉，滿洲地區仍然人口稀少。先是俄羅斯的鐵路帝國主義，然後是日本打破了這個孤立狀態。在短短半個世紀內，滿洲的人口增加了十倍，並憑藉許多新興的城鄉而躍上世界政治地圖。在中華人民共和國建國之年就已經有大約五千萬人在這個地區落戶，而且大部分是漢人。

各國競相擴張的新時代開始了，但是中國以慘敗告終。這個已式微的國家在一八九五年澈底敗給了國力正如旭日東昇的日本，喪失了對朝鮮的宗主權。帝俄自稱其為「中國救世主」，但動機絕對不是無私的。帝俄運用嫻熟的外交手段，確保能夠進入這個在戰略上不可或缺的地區：一八九六年，中國皇室同意在中國領土上修築西伯利亞鐵路支線。橫跨滿洲的租界給予俄國直接的軍事控制權，並且給該國在難以防守的遠東地區一個防禦緩衝區。俄羅斯的戰爭大臣亞歷克塞・庫羅帕特金（Aleksey Kuropatkin）不久就夢想著滿洲成為俄羅斯的保護國，是「第二個布哈拉」[13]。

13 一八六八年，布哈拉酋長國對抗帝俄入侵失敗，於一八七三年成為其保護國。

今天我從滿洲里直接舒適地旅行到大慶，但是這條從赤塔經過滿洲里到海參崴的俄羅斯高速鐵路線在建造時卻遭遇到重重困難。工人之中霍亂肆虐，反殖民的義和團分子在一九〇〇年摧毀了數百公里的鐵軌、無數橋梁和鐵路建築，有些建築物上還掛著上樑儀式的花環。儘管有那麼多困難和阻礙，當時的人們還是有理由慶祝滿洲鐵路是後勤與技術工程上的傑作。其工程和規劃部門主要是俄羅斯人，十多萬建築工人則是來自中國北方的省分。一部分鐵軌是馬里蘭州的工人製造的，費城的鮑德溫機車廠（Baldwin Locomotive Works）交付了第一台火車頭。鐵路公司委託義大利專家興建一條穿越大興安嶺的特別棘手的隧道，今天這列 K7058 號火車仍穿越同一條隧道。從俄羅斯西端的亞歷山德羅夫（Alexandrov）邊境車站經過華沙、莫斯科和伊爾庫茨克到東部終點站海參崴，這段路線自一九〇三年開始營運，包括所有的轉車總共只要兩個星期，比海路的時間少了一半。

許多旅客被火車窗外迷人的景色欺騙了。年輕的義大利報紙通訊記者安東尼奧・斯卡福格里奧（Antonio Scarfoglio, 1886-1969）認為，俄羅斯在滿洲明顯占了主導地位：「中國只出現在車站的美麗名稱，員工帽子上繡的銀色龍身和在鐵路線上工作的臨時工人身上。除此之外中國很遙遠，很難被發現，早在入侵之前就已經逃離了。每個人都會說俄語，罵人用俄語，喝俄羅斯烈酒醉生夢死，吃俄羅斯的食物。」

但是這條鐵路並非純粹是一座通過滿洲里的俄羅斯陸橋，儘管有些觀察家可能這麼認為。鐵路路基匆忙地堆起，但是政治和經濟上的統治並不意味著一定能控制鐵道以外的地區。雖然哥薩克人穿著厚重的靴子，背著刺刀步槍在監視塔上維護鐵路沿線的安全，火車站月台上還是有警衛看守。儘管我們相信填滿整個圖書館的旅遊文學，儘管這些作品經常事實與虛構不分，前往東方的旅行仍然充滿了風險。對許多乘客來說，穿過這條狹窄的鐵路走廊彷彿就像一部西部電影。

正值滿洲金黃色的夏末，波浪起伏的穀物田在這個早晨掠過我的車窗外。編年史家認為在收割前這段時期旅行最不安全，因為小米田的稻稈比人還要高，給滿洲的「紅鬍子」土匪提供安全的藏身所在。他們是亡命之徒的後代：逃亡的士兵，流放的公務員，以及被流放到「中國西伯利亞」的罪犯。

現在在荒涼不毛的地面上不再有成群的小屋，不再有雕花三角牆和彩繪窗櫺的小房子，甚至連樺樹或落葉松都沒有了，不再像是我的西伯利亞火車之旅中車窗外那種近乎無窮盡的單調景象。K7058號列車震天作響地穿過肥沃、精心栽培的滿洲北部平原，一眼望去幾乎都是種植著稻米、玉米、高粱、大豆的田野，偶爾也會見到整齊的村莊和城鎮點綴。

俄羅斯和日本都曾經殖民過滿洲。他們在碎石路基上搭建鐵軌，把中國東北與大半個世界牢牢焊接起來。中國人靠勞力，還有肥沃的黑土以及短暫但潮濕的夏季帶來了有利的氣候條件，再加上因為嚴冬而蟲害少，使得東北地區變成了亞洲的糧倉。該地區的大豆產量曾一度占了全球的三分之二。這種氣候最適合種植大豆，可以做成飼料和食品，作為潤滑油和肥料的基礎原料，因此成為出口的寵兒。這裡不只農業蓬勃發展，南部地區還蘊藏豐富的煤和鐵礦，因此周圍工廠林立。史上前所未有的農業與工業增產，使得一些觀察家夢想著滿洲是個富饒之地，一個看似有無限可能的國度。這種發展的最大諷刺是俄羅斯和日本的工程師建造鐵路幫助中國人，使得滿洲在語言和文化上澈底地中國化。中國東北與西伯利亞不同的是，除了一些大城市以外，不同族群移民的融合程度很低。

到了石油城大慶，我才親身體驗到這個諷刺是多麼真實。大慶是中國城市建設以及豐富自然資源的一個典型例子。自從毛澤東親自立大慶為全中國的模範城市之後，大慶就成為大眾的話題。它的名字的意思是「偉大的慶祝節日」：當黨領導決定建設這座新城市的時候，中國正在慶祝共和國成立十週年紀念。從此之後，所有中國人都知道了這個神奇的地方，在此以前，這個地方大概就像德國人聽到雷克林豪森（Recklinghausen）一樣陌生。

大慶位於齊齊哈爾和哈爾濱之間，這兩座城市分別是中國最北省分黑龍江的舊省會和新省會。大慶現在有一百多萬人口，如果加上合併進來的郊區市鎮，人口數會是兩倍半。如果你今天開車穿過這個石油大都會，經常會找不到都心，因為這裡的居民極度分散。面積是德國薩爾邦（Saarland）的兩倍大，看起來卻更像是無數小城鎮和鄉村的聚集地，各區之間是廣袤的休耕地，油井的鑽油塔不停地隆隆作響，乾巴巴的土地深處泉湧出黑黑的原油，排列整齊的幫浦在田野裡不停地抽汲，甚至在混凝土建築之間也有油井聳立，把黑金從地底擠壓出來。

長久以來，滿洲的農民不知道他們種植大豆的土地是個蘊藏豐富的礦區。在他們粗糙的腳下，在那超過一萬平方公里的土地上，沉睡著中國最大的油田，也是全世界最大的礦床之一。在五〇年代末，如詩的鄉村田園風光不見了：中華人民共和國第十一年，當石油生產盛大開發之際，共產黨挑選大慶為全國原物料資源開採的模範。領導幹部決定了一場「石油大戰」，十萬工人與士兵進軍滿洲平原，中國的領導階層以軍事思維，以絕對的群眾力量，用堅定的意識形態將石油擠出地面。「如果石油工人從喉嚨深處發出怒吼，大地將顫抖和震動」，這是那時候的標語。毛澤東在一九六四年給中華人民共和國工業一句口號：「工業學大慶」。全國人民在教科書上、戲劇和歌曲中讚頌他們的工人是英雄。但是當時的情況極為不利，因為油田開發正好在蘇聯減縮他們的原物料供應，並且撤回他們的技術專家時開始的。

但這與黨的許多經濟實驗不同，大慶絕對是一個社會進步、經濟成功的模型。無數男女以計件工資的方式，用雙腳在地上踩出了最初兩家煉油工廠。一九七四年開始，石油經由油管流到秦皇島，到後來流到了北京。在這個時候，中華人民共和國的石油已經能夠自給自足了。先驅者來自全國各地，只有百分之十的老一輩居民在這裡出生。甚至到了二十一世紀，大慶仍然不是典型的中國省城，也不是傳統意義上的石油重鎮。大慶是所謂的「工農村」，目的是同時有工業及農業的生產，也為都市蔓延做出最佳詮釋。都市規劃者不僅想要用農村的結構來防止都市的暴力，也想忠於周恩來總理的座右銘：「結合工業和農業、鄉村和市鎮，讓生產與人民互相得利。」

然而當我到達火車站時，大慶的一切似乎變了樣，不再具有模範城市的形象了。站前廣場周圍是樸實無華的住宅大樓和實用風格的綠色鏡面旅館建築，只有一張工人階級英雄的宣傳海報令人想起這裡的光輝歲月。在海報旁邊，一群把褲腰拉到肚臍上的胖乎乎黨幹部們在壁報上以笑臉迎著來到城市的遊客。我和我在北京大學時代的老朋友博漢在這幅畫面下會了面。他寫信給我說，我一定要去大慶他父母那裡一趟，他自己也正在這個城市。頭髮還是一樣紮著馬尾，蓄山羊鬍，手裡拿著香菸，跟以前完全一個模樣。

我們在市中心消磨了一整天。因為除了電視塔、寶塔和狒狒籠子之外，沒有其他可看的了，所以我們在城市公園的池塘踩腳踏船。青蛙在池塘裡呱呱叫，小氣泡在水面上爆裂。我們划過池上的浮萍，救生衣底下流著汗水，同時重溫了在北京時的陳年往事：我們談到是怎麼在過年的晚上用鞭炮炸開鼓樓和紫禁城之間湖面上的結冰，是怎麼在太陽初升時被鴿子振翼起飛時的呼呼聲吵醒，鄰居怎麼站在屋頂上引誘他飼養的鴿子回籠，以及我最初為什麼會把他當作瘋子看待，因為他正在揮動著紅色旗幟。我們住在都是單層樓的城中老巷子裡的加蓋樓層裡，那裡既沒有暖氣也沒有自來水。今天博漢住在那許多環路之外那片毫無特徵的住宅高樓裡。我們以前在灰色小巷裡的生活多彩多姿，他在外圍的生活看起來很灰暗。

「我要怎樣在三十六樓找靈感？」博漢陰沉著臉問道，然後踩下了踏板。「望著籠罩城市

啟良和他的工人在中國黑龍江省大慶近郊的家裡

的霧霾嗎？」他跟我敘述他要寫完的電影腳本，劇情要反映七〇年代的中國社會，一齣肥皂劇。傍晚播出的節目，稿費不錯，但是審查制度讓這份工作變得不容易，他嘆了口氣。

博漢的父母住在一個有兩個房間和廚房的簡單房子裡，位於大慶郊區，那裡比浮萍池塘和無線電塔的市中心更單調，而且所有建築都平躺在地面上。車道路邊點綴著幾家雜貨店，十字路口的大眾游泳池發著霉，瓷磚外牆和等待鋪柏油的夏日小徑塵土飛揚，一幅中國的郊區風光。

當我們抵達時，博漢的父親啟良已經坐在擺上豐富菜餚的餐桌前了，他身上的襯衫解開了鈕子，有一股年輕的魅力。博漢、四個工人和我坐在膠合板桌子旁邊的凳子上休息，他的妻子恭敬地在廚房門邊等候傳喚。我們吃狗肉，其中一個朋友不知從哪裡帶來蛤蜊，還有喝不完的啤酒和烈酒。桌子沒有正面，但是每個人的地位排列分明，博漢的父親坐上位，從炕上盤著腿往下看。炕是傳統的起居和睡覺的暖爐，在中國東北每一個鄉間住家裡都不可或缺。他一九〇公分的身高鶴立雞群，完全不需要這個有特權的位置。

從餐桌可以看到外面的庭院，那裡的茅坑散發臭味，磚牆邊堆著罐子和腐朽的梯子，牆後面有一個油泵不停地隆隆作響。隔壁傳來撞球的咔噠聲。在炎熱的季節，撞球場的球桌總是擺在外面的街道上，博漢解釋說。

除了座位安排之外就沒有其他的差別了。他的父親並不講究身分禮儀，對他的朋友很慷慨，時常邀請家族企業的員工來一起吃飯。一架電風扇把油膩的煙味均勻吹送到狹小的空間裡。他的菸抽得比以前少了，父親一面這樣保證，一面讓一盒新開封的香菸繞桌子傳一圈。「當年我還有酒廠的時候，每天都要抽掉三包菸。」

博漢的父親，一九六二年出生，以石油先驅者孩子的身分體驗到模範城市的崛起。第一代的祖父母是在遼寧省長大的，他們已經過世許久，而這座城市長大了。「我剛好在學校蹲了六年，那是個政治動盪的時代。」他粗暴地咆哮。最早的英雄突然變成了敵人。工頭王進喜，人家給他取了個綽號叫「鐵人」，他雖汗流浹背，但總是露出微笑的模樣出現在無數張黨宣海報上，據說因為他曾經單槍匹馬用水泥封堵漏水的鑽井，而被紅衛兵譴責為「國家的頭等政治賊人」。這位擁有特權的人在文革開始時不再符合時代的形象。今天在城西的一座紀念碑還紀念著社會主義的勞動英雄。

父親的青年時期正好陷入這個致命的烏托邦時代，也是自然應該要遵從人類法則的階段：「我們的胃咕嚕咕嚕作響，」他用一種好像突然生病的聲音，和他原本開朗粗俗的天性一點都不相稱，「雖然我的父母都投身在石油生產的工作上。」啟良撫摸他上唇的小鬍子，正在尋找逃脫這個黑暗死胡同的出口。在一段壓抑的沉默之後，他總算想到一個有關一個上下搖擺的輸送泵頭和在它下面吃草的乳牛的陳腐故事。只有我在笑，餐桌上的工人們已經聽過這個故事的殘酷結局不下一百次了。

父親自己的小經濟奇蹟始於毛澤東去世後的時代轉捩點。早在一九八四年鄧小平領導下的經濟改革初期，家裡擁有一部黑白電視機。「當時有一半的社區鄰居都到我們家來看電視，」父親張嘴對著大家笑著回憶道。當他創業開始經營紡織衣料生意後，僅僅幾年內就急速興隆起來。在廣州，在悶熱的南方國度，啟良直接從工廠購買衣服，然後在遙遠的北方賣給小商販。「在九〇年代初期，我們一天賺到的錢比這裡大多數人一個月所賺的還要多。不論是水果還是肉，我們想吃什麼，就吃什麼。」他露出又大又白的牙齒，食慾似乎永不饜足。其他的男人保持沉默。電視機螢幕上閃爍著一些無關緊要的事，每個人都累得打哈欠，對他們而言，早上四點半是新的一天的開始。

但是經濟繁榮時期的熱帶水果和雞爪很快就從餐桌上消失了。大慶經歷了大刀闊斧的改革。儲藏量曾經有一百六十億桶的巨大地下油田已經有超過四分之三被抽乾。那個原油開採量不斷上升，大慶石油占超過全國潤滑劑和燃料總產量三分之一的黃金時代早已不復存在。

「不要被泵油幫浦騙了。」他父親從他睡覺的炕上向下對著我們說。在紅崗、讓胡路和其他地區，泵油系統已經停工了，超過一半以上的小型桿深層孔泵應該已經關閉。「它們像墓碑一樣靜默地站立，許多已經被拆除了。如果我父親看到這一天，他一定不會相信。」他把當地方言的輔音黏在一起用來加強語調。

自從原油價格的波動速度快於幫浦的桿臂時，自從生產成本增加使得利潤只剩下微薄空間時，模範城市之星大慶殞落了。「油田一直是我們生活安定的保障，但是只適用於我父母親那一代，也許對我們來說還是。對於我的兒子，對於博漢，就不是這樣。」在中國讓人有著無限遐想的「油田之子」一詞似乎早已被遺忘。

隨著石油產量的下滑和市場經濟的推動，大慶在千禧年之交重回到酒後大宿醉的氣氛中。臃腫遲緩的國營企業中國石油為了上市而應該進行精簡，十萬多名工人有超過一半的人失去工作。儘管遣散費在中國來說是相對豐厚，但是從前在工作上勞苦功高的人仍然反對。他們的抗議遊行據說是自一九八九學生運動以來在中國最大規模的示威遊行。

大慶只是滿洲眾多案例中一個明顯例子而已，而這裡就像昔日德國的魯爾工業區。在兩次世界大戰之間，日本曾經在這個地區南部建設重工業，為此地奠定了工業的基礎。在毛澤東的紅色中國，東北地區在教育、收入和都市化方面都處於領先地位。但是這一切，從鋼鐵帶和原物料熱潮的富饒之地所留下來的，卻只有油漬污染的爛泥、鏽蝕的大地和破產的聯合企業。國有企業大規模裁員，如撫順露天煤礦、鞍山冶煉城和許多其他的單一產業城市，在化學廚房和坦克鍛造廠裡。現在世界工廠的工作機台都在中國南方。

「你知道王兵嗎？」博漢突然問道，立即把話題轉到電影世界去。王兵是名電影製片，沒有人比他更能夠完整記錄共產主義計畫經濟底下，滿洲鐵鏽地帶遲緩的重工業衰落景況。他二〇〇三年的處女作《鐵西區》以殘酷的現實主義記錄了瀋陽某區在世紀之交的經濟改革後果。現在博漢興高彩烈地說：「王兵沿著一條穿過工業區的舊鐵路線，並讓一個獨眼的廢物收集者講述他的艱難處境。」這個中國最激進的紀錄片製作人在他分為三集的影片中，用令人壓抑的緩慢速度攝影，描繪出一個地區的衰微，對於那些仍然還留在沉悶鬼城中的工人階層家庭來說是如何令人絕望的暴力。「去看看這個影集吧，九個小時就看完了。」博漢眨眨眼要求我。

雖然他父親不是王兵電影中的角色，但他也不是鋼鐵鎔爐旁被解僱的工人或是水槽裡的清潔工，但他在那個時候總是阮囊羞澀。在提到「一九九七」和「亞洲危機」兩個關鍵詞時，他總是會吐出瘋狂的詛咒。他講話時總是有很多淫穢的詞彙，和粗俗的俄語相比不遑多讓。在那個時候他認為紡織品貿易的處境危如累卵，於是把公司以低於市值價值賣出。啟良說：「如果有再多一點點的耐性，那麼我們今天可就多了幾十萬財產了。」他其實不是一個放馬後炮愛講風涼話的人。他帶著妻子和兒子搬到了與朝鮮接壤的丹東。他拿出售公司所得，在那裡投資收購了一家小酒廠。「突然之間客戶蜂擁而來，我們難以應付。對經濟衰退時期的失業者而言，沒有什麼是比燒酒更好的消愁良藥。」但是一個晚上，酒廠失火了，在熊熊大火中化為一片灰燼。「一切都沒了，連瓶子都燒光了。我們沒錢了，也無法給兒子支付學費。」啟良苦笑著。這個人生經驗把博漢磨練得更堅毅。雖然不是名導演，但今天他確實相當有成就。接著他爸爸很快地換了一個話題，並為餐桌上的每位客人切一大塊西瓜。

長期以來大慶一直把俄羅斯當成救命稻草緊緊抓住，然而克里姆林宮並沒有把中國所渴望的東西伯利亞輸油管連到大慶，而是連到另一個鄰國，因為日本以相當有吸引力的融資方式引誘俄羅斯。原本該將來自北方的俄羅斯原油輸送到當地煉油廠的大集油站，就暫時還停留在紙上談兵階段。俄羅斯原料長久以來只能通過昂貴的鐵路運輸送到中國，但是這幾年來有一條俄羅斯輸油管道，從貝加爾湖通到大慶煉油廠。我記得，在我搭乘胡同志的便車到黑龍江時，從他的豪華轎車車上見過這條油管。就這樣，即使最後的幫浦停止運作了，這條輸油管還是挽救了大慶石油重鎮的名聲。

二〇〇三年，這家父母身心俱疲地回到大慶，以打零工賺錢，在幾個月找到了固定工作，就這樣一天過著一天，直到二〇一〇年。做過紡織品經銷商、烈酒製造商和零工雜役的博漢父親，開啟了他曲折創業生涯的新篇章：創辦一家建築公司，在工業設施中安裝輸油管。

大慶的經濟又像上了潤滑油的發條一樣運轉，他的訂單也是滿滿的，啟良說。就業機會不再限於石油業。從幾年前開始，富豪汽車廠（Volvo）的裝配線上不停地生產汽車。在高科技園區裡歷史悠久的石化研究所旁，科學家們開發出新的建築材料和肥料。「我們已經在那裡鋪設了管道。」他自豪地說。

我一來到這個城市時就注意到了，城市的富裕與繁榮一定分配得不均勻。在火車站旁邊一個黯淡的十字路口上，我看到臨時工人坐在凳子上打瞌睡。中年男女們，他們面無表情，苦澀的眼睛沉了下去。手寫的紙板上標示著他們的工作專長：「電工」、「焊工」、「泥水匠」。停在前面的是黑色豪華轎車，還有深色的擋風玻璃，有些掛著白色車牌，也就是警察。「因為大慶一直是全省最多金錢流通的地方，所以也是最多數罪犯活動的地方。」博漢乾巴巴地評論我的觀察。白天我見到一個粗壯的男人把愛著他的人踢到池塘去。在他孔武有力的手臂上有著醒目的花式刺青，在中國被用來做為幫派的標誌，他幾乎快要用手臂把她掐死。東北成為中國西西里島並非空穴來風（西西里島是義大利黑手黨的故鄉），他們像石油大亨一樣富有，儘管兒子和父親都避免使用這個詞彙。

在二十世紀，滿洲這裡的人經歷了各種社會秩序，每隔十年就會發現他們生活在一個新世界裡：作為在晚清帝國邊境上軍閥鐵蹄下的先驅者，作為俄羅斯和後來的日本統治者的僕人，作為內戰的受害者，作為社會主義下的勞動英雄，以及渦輪資本主義中國失業環境下的反英雄人物。在他們人生中唯一不變的只有惡劣的氣候和殘酷的生活。父子兩人對於市中心那種粗俗炫耀的財富只能微微一笑。從來沒有人因為他們庭院裡的三輪車而羨慕過他，啟良眨著眼睛說。

現在他的建築公司雇用了二十多位女性和男性員工，都是拜經濟繁榮成長所賜。「幾年前我還是個小工人，今天我又成為一個小老闆了。」他很自在地炫耀他的舊角色和新角色。但是他保證，現在不再快速地賺取人民幣。「但我們是北方人，不會囤積錢財。只要我們的錢包裡有些錢，就會花出去。」

天色已經晚了。客人們搖搖擺擺地走回家去，博漢的父母也踉踉蹌蹌地走進隔壁房間。我看著貼在牆壁上的德國高奇福克號（Gorch Fock）海軍訓練船的大海報，我想知道德國的訓練船是如何駛入滿洲的荒僻之地。在我的腦袋裡浮現出來的是波濤洶湧的大海。我看向桌子，上面堆著滿滿的啤酒瓶、香菸空盒、啃過的狗骨頭、吸出肉的蛤蜊和喝了一半的湯碗，我醉得以為我在船上，在尋找可以扶著走路的船舷欄杆。博漢沒有像我醉得那麼厲害。他還從炕上的睡鋪上告訴在下方的我，有關於他新劇本中的主角，不過那鐵定和大慶的「鐵人」王進喜無關，不過性格應該是差不多。「他闡明了所有構成中國精髓的美德：勤奮工作、為群眾奉獻。在共產主義者以前就已經是這樣了。」這樣的審查員並不傻，但是回頭來看，他的心是黑的。在所有這些毛主義崇拜人物復活的時代裡，我們必須要用智謀來鬥過這樣一個壞蛋。他關掉了燈，在他講了一連串我根本不想在這裡重提的髒話之中，我漸漸進入了夢鄉。

第12章 俄羅斯的亞特蘭提斯

哈爾濱

火車從大慶開出一個多小時，正疾馳在松花江上的大橋時，我睜開昨晚接受博漢父母豐盛款待之後仍有醉意的眼睛，看向窗外。高聳的住宅大樓堆疊在河流南岸，那裡是百萬人口的大都市哈爾濱。來自蘇格蘭的傳教士韋廉臣（Alexander Williamson）一百五十年前站在雄偉的河岸邊時，周圍的環境大不相同，當時只有森林和沼澤。他當時住在一家名為「傅家店」的客棧裡。客棧主人告訴這位旅行者，前一天有一隻年輕的老虎在客棧前把一頭拴在拖車上

的騍子叼走了。在那個時候，來這裡的人比西伯利亞的大型貓科動物還要少。今天的情況正好相反，老虎只活在河流以北的飼養場。訪客可用定價購買雞、鴨甚至成年的牛隻。在經過圍欄的時候，就可以看到工作人員把動物扔給大貓吃。

黑龍江省省會哈爾濱是個年輕的城市，比大慶老一倍，比齊齊哈爾或海拉爾年輕很多，從滿清統治時期起就是駐軍重鎮，絕不是古老的定居聚落。俄羅斯人於一八九八年在今天鐵軌通過松花江的地方建立了哈爾濱，做為未來跨滿洲鐵路的樞紐和行政所在地，那裡是松花江注入黑龍江的匯流處，雖然並不是最主要的入口。哈爾濱這個名字來自滿語，一種現在已經滅絕的語言，意思是「曬漁網的地方」。哈爾濱很快就不是一個普通漁村，而是一個有客棧的漁村。在鐵路橋周圍不斷地擴張，成長為俄羅斯國界之外最大的俄羅斯城市。哈爾濱現在有十多萬居民，在第一次世界大戰前夕規模就已經超過海蘭泡、海參崴和伯力了。這個被殖民的定居聚落從一開始就是一座俄中混居的城市，只有十分之四的居民擁有俄羅斯帝國護照。華人主要居住在傅家店，純華人的哈爾濱衛星城，現在稱為道外區的地方，大概就是韋廉臣當年住的地方。

過了橋，火車蜿蜒穿過住宅大樓間的峽谷，只被高架道路中斷。車窗外的城市跟一個世紀前的俄國前哨站幾乎沒有共同之處。哈爾濱今天有六百萬居民，如果把人口密集的環城地區的人口也計算在內則有一千萬居民，人口和倫敦一樣多，超過整個俄羅斯遠東地區的居民。

我與淑芝一起尋找老哈爾濱的舊跡，那存在於最後的野生老虎與現在的豢養老虎之間的某個時期。淑芝老了，她是這個消失的哈爾濱的時代見證，她不再將頭髮染成黑色。我們正在尋找位於數百萬人口大都市郊區的俄羅斯亞特蘭提斯，在一個高速公路交匯處，大約在市中心以東十公里。在皇山公墓，信奉東正教的俄羅斯人華麗陵墓在榆樹下和崖柏樹之間層層排列，間或會出現少數的波蘭天主教徒和波羅的海新教徒。有些隱蔽、劃一，但極度精心維護的墓地，在這裡長眠的是一九四五年被日本驅逐出哈爾濱的蘇聯烈士。旁邊是一條供中國人使用的普通花崗岩板廊道。最後是猶太人的墓地，墳墓上擺放著石頭，但死者並不是朝向西方的耶路撒冷平放，而是交錯著朝向東南西北。

「其實應該還有其他部分，給穆斯林，給韓國人等等。」淑芝喃喃地說。不是的，哈爾濱並不是純俄羅斯人的城市，甚至不是俄國人與中國人的城市。「住在我們那裡的有來自維爾紐斯（Vilnius）的波蘭人和窩瓦河的韃靼人，一個日本人和他的俄羅斯妻子，一樓是個德國家庭。我們的房子，整個城市就是一個亞洲的巴比倫城。」

從這些墳墓來看，哈爾濱不止是兩個衰落帝國的總和。這座墓地是這地區困在奇怪的時空關係網絡裡的歷史萬花筒。「很早以前曾經有兩個俄羅斯人的，一個猶太人的和一個世界各地人的公墓。」淑芝耐心地解釋，並指出一九五八年市政府關閉了舊墓地。「墳墓被搬遷到這

皇山墓園裡的蘇聯士兵墳墓，位於中國黑龍江省哈爾濱郊區

裡來。曾經有很長一段時間裡，夏天這裡還有種甜菜。近年來這裡的田地才被高速公路取代。」

到了一九五〇年代後期，哈爾濱早已經是一座中國城市了，讓俄羅斯人、猶太人和波蘭人在市中心長眠已經不合時宜。淑芝說，這地方曾經有三千個猶太人的墳墓，現在只剩下五百個，儘管如此，皇山仍然是東亞地區最大的猶太人墓地。她指向約瑟夫・歐麥特（Joseph Olmert）的墳，他於一九四一年病逝於哈爾濱，他的孫子艾胡德是以前的以色列總理。「有許多重新埋葬的先人骨骸已經丟失。沒人關心墳地。墓碑在冬季嚴寒中破裂，浸在春季的泥濘中，然後在夏季毀損。」

今天的墓地看起來像是個美軍墓地：修剪整齊的樹籬，拋光的大理石，時常有人澆水的三色紫羅蘭。我回想到我的恩和之旅，想到在中國哥薩克村莊上方的亂葬崗。那裡沒有挖墳撿骨，墓地也沒有整理。

哈爾濱注重他們的歷史，愛護這座墓園，淑芝認為儘管是出於政治因素。「他們刻意創造一個新名字：以前這個墓地叫做荒山，今天稱為皇山。」她一邊解釋，一邊看著我，對我微笑。她用右手食指在左手掌心畫出兩個大字：「只是單純地把荒改成皇。」

一座俄羅斯東正教教堂、一座猶太教堂和一座天主教堂自一九九〇年代中期就矗立在這裡。南端的蘇聯紀念公墓是新的，市政府在二〇〇七年才將烈士公墓從市中心遷到這條六線道的主幹道旁，風不斷地把車子的噪音吹到這邊來。在兩個星期內，現代的墓碑就像軍營裡立正站好的士兵一樣直直豎立在那裡。幾天之後他們就成為政治劇的背景：俄中兩國外交部長對著陣亡將士的骨骸，盛讚兩國的友誼。

淑芝和我看了公墓裡最新的一座墳墓：簡單的石碑上寫著艾弗辛雅・安德烈耶夫娜・尼基福羅娃（Efrosinja Andreewna Nikiforowa），一九一〇至二〇〇六。淑芝彎下腰去，摘下蒲公英和鵝掌花。艾弗辛雅是她在醫院藥房的同事，也是她的鄰居。「艾弗辛雅走後，老哈爾濱也死了。」舒芝用沙啞的聲音說道。

我在哈爾濱讀書時偶爾會遇到艾弗辛雅，從那個時候起也認識了淑芝。我最後一次拜訪艾弗辛雅是在二〇〇五年二月，在她的小公寓裡，在她過世之前一年半。現在我們停在她簡陋的墳墓前，在我看來那次拜訪就好像是昨天的事。那時她坐在床邊，一條粗糙的毛毯蓋住她的雙腿。她老邁的頭像烏龜一樣地搖動著，她呆滯、沒有睫毛的眼睛乾涸地眯成一條縫。她的視線停留在她父親的照片上，它高高掛在對面的黃褐色牆上。幾分鐘的時間裡她沒有任何動靜。不知到了什麼時候，垂死的母親開始慢慢說話，搜索每一個單詞。除了淑芝以外，她很少有訪客，住在同一棟房子裡的德國人和波蘭人早就搬出去了。艾弗辛雅的世界限縮在這個十二平方公尺的黑暗寓所裡。

城裡的俄羅斯人叫她弗莎阿姨，她是此地最後一個俄羅斯人。她父親格里戈里是俄羅斯東正教的神父，二〇〇〇年去世，三年後，她的朋友瓦倫蒂娜也走了。當艾弗辛雅在一九二三年跟隨著父母來到哈爾濱時，這裡大約有四十萬左右居民，許多人來自衰落的沙皇帝國。一個安逸寧靜的殖民小鎮成為除了柏林、巴黎和君士坦丁堡之外的俄羅斯流亡者中心，成為中國有史以來最大的外國人定居地。白軍的軍官、知識分子和企業家在內戰中為了逃避不斷往前推進的布爾什維克而逃亡到俄羅斯飛地，這種集體出走將歐洲的公民意識和世界精神帶到了松花江畔。沒有莊園的貴族，沒有士兵的將軍，沒有資本的商人，沒有學生的教授，沒有管弦樂隊的指揮，都在這裡延續他們的帝國身分好幾年。但是這些身分在他們的祖國早就不復存在了。

以前拜訪艾弗辛雅時，我幾乎沒有感覺到這種世界的交融性。幾乎沒有陽光照進她的小房間，就連角落裡的小聖像上的黃金也沒有閃光。她用煤炭來燒爐子。但是在冬天，在這座冰雪的城市，這是中國人對哈爾濱的稱呼，當溫度計有好幾個星期裡都在零下二十度以下時，她的公寓仍然是又濕又冷。上大號的茅坑在院子裡。淑芝每天會來一次，她會把她的夜壺帶到樓下去，因為艾弗辛雅早就沒有辦法爬樓梯了。

艾弗辛雅和她父母是經由赤塔逃難到哈爾濱來的。她父親是一名鐵路員工，她在西伯利亞的一個小車站裡來到這個世界。她從來沒有結過婚。「她只會說幾句不完整的中文。到最後，甚至連這一點點也都忘掉了。」淑芝回想地說，並且撫摸著她雪白的短髮。哈爾濱、滿洲和中國是艾弗辛雅一輩子都不會認同的故鄉，有這種感覺的人並不只是她一人。大多數俄羅斯人對中國人知之甚少，既不知道它的歷史，也不知道它的文化。異族通婚和友誼也是很少見。移居到這裡來的人培養出一個與世隔絕，幾乎是隱士的生活方式。

艾弗辛雅在女子高中和大學畢業後，一九三六年起開始在一家藥局工作，當了將近五十年的藥劑師。她仍然保留著一個已經不存在的國家的公民身分。艾弗辛雅並沒有像她的朋友一樣，經由上海逃往美國、以色列或澳大利亞。在六〇年代初，這個城裡只剩下幾百個俄羅斯人。俄羅斯的哈爾濱只剩下一個空空的軀殼。外面，在艾弗辛雅窗戶玻璃上的霜花後面，另一個世界開始了。這個俄羅斯老婦人的公寓距離中國省會的豪華林蔭大道只有一箭之遙。

淑芝仍然住在艾弗辛雅曾經住過的小巷裡。那裡的俄羅斯房子還保持著沒落的俄羅斯哈爾濱舊日風光。道里是該地區的名稱，意思是「鐵軌的這一邊」。這個區域從火車站綿延到松花江畔，故俄羅斯人稱其為普里斯坦（Pristan），意思是碼頭棧橋。道里區自古就是這個城市的貿易中心。秋林食品、昆斯特和阿爾伯斯（Kunst & Albers），所有重要的百貨公司和貿易公司的地址都在這區裡。

心臟地帶直到今天仍然是用鵝卵石鋪就的中央街道，我現在正走在這條街道上。俄羅斯遊客稱這條街為「阿爾巴特」。老市街地圖一直還是把這條哈爾濱最古老的商業街標示為「中國街」，但奇妙的是，這裡的房屋外牆看起來更像是歐洲的建築畫廊。

諷刺的是，老哈爾濱今天的歐式俄羅斯面貌卻是在沙皇統治已經不復存在的時候所賦予的。哈爾濱很快就比俄羅斯更「俄羅斯」。一些建築風格在歐洲老早就不再時興，卻在這裡獲得了重生，並創造了第二個全盛時期：受新藝術風格影響的折衷主義所建成的馬迭爾賓館，新巴洛克風格的學術書店，新文藝復興式門面的女裝與童裝店。豐富的設計語言讓人想起聖彼得堡或里加貿易公司門面外牆上俗氣的中國色彩。它們比我迄今為止在伊爾庫茨克或赤塔所見到的都要來得更有氣勢，也更加歐洲化。經由那些在歐洲俄羅斯接受訓練的工程師和建築師的規劃和設計，哈爾濱的建築很快就超越了俄羅斯其他的遠東城市。

英年早逝的大作家蕭紅在一九三〇年代走過中央大街時，曾想像她是在莫斯科而不是在亞洲某地：「流浪人的音樂，日本舞場的音樂，外國飯店的音樂……外國人！紳士樣的，流氓樣的，老婆子，少女們，跑了滿街……有的連起人排來封閉住商店的窗子……也有的同唱機一樣唱起來……中國人來混在這些捲髮人中間，少得只有七分之一，或八分之一。」[14]

咖啡館和廣告牌讓富有國際化精神的哈爾濱再次復活。如果沒有那些無處不在的排笛音樂，實在很難想像哈爾濱會是什麼樣子。就像和蕭紅一樣，今天人們到處摩肩接踵地閒逛。街頭小販出售用竹籤串起來的糖衣蘋果，這個東北特產非常受到俄羅斯移民兒童的歡迎。到今天哈爾濱人吃半裸麥麵包和俄羅斯香腸，更喜歡啃葵花子勝過西瓜子。

以前曾經有人說，巴黎時裝在兩星期之內就到哈爾濱了。沿著中央大街漫步時我注意到，今天的女性也同樣時髦地昂首闊步。南方的中國女人都對哈爾濱婦女投以羨慕的眼光。她們身材高大，皮膚白皙。穿上所有時興流行的東西，從最短的到最長的裙子，沒有人在乎價格有多昂貴。哈爾濱的老年婦女卻寧願擠進旗袍裡去。一件側邊開縫，配著絲綢或印花布，帶著直立領的連身衣裙，是優雅哈爾濱女人的必備品。

在艾弗辛雅曾經住過的西七道街的拐角處是馬迭爾賓館。我和劉先生約在這裡見面。深藍色的西裝，濃密的頭髮梳得整整齊齊。「建於一九一三年，是本市第一家可以與歐洲大酒店較量的酒店。」在我們真正互相打招呼之前，這位歷史學家就熱情洋溢地說道，「房間設計得

14 引自〈春意掛上了樹梢〉，出自蕭紅《商市街》，一九三六年。

非常有韻味，有一間寬敞的電影院和劇院，咖啡餐廳。有錢人在燭光和帕華洛帝歌聲的氣氛下吃飯。」

劉先生是個毫不拘束且隨和的人，講話像是機關槍一樣連續不斷，沒有句點也沒有逗點。年齡比中華人民共和國大一歲，是地方歷史局的資深主任。這是一個非常有政治性的工作。他的名片上用很小的字體印了他許多其他服務單位的名稱和職務，我一個一個認真仔細地讀著。自從退休以後，劉先生潛心於作詩和書法。他今天為了我又扮演起原來的角色。

今天重新散發著失落時代魅力的馬迭爾賓館是許多重大事件和醜聞的舞台，劉先生繼續說：「這裡是李頓調查團成員下榻的地方。」

「李頓調查團？」我重複道。

「嗯，國際聯盟派來的委員會，他們是來調查日本所聲稱對滿洲主權的合法性，並在最終譴責日本侵略的那個調查團，」老劉用他的專業術語講述，「犯罪分子在這裡綁架了西蒙·卡斯佩（Simon Kaspe）。」

「西蒙誰？」

「創始人約瑟夫·卡斯佩的一個兒子。但是沒有支付贖金，被法西斯歹徒殺害了。」

「這麼多醜聞！」我試圖阻止劉先生的喋喋不休。

「不是啦，其實也有美好的時刻：行將老去的俄羅斯歌劇明星費多爾·夏里亞賓（Feodor Chaliapin）也曾經住在馬迭爾賓館。你一定知道他！一九三六年他曾到哈爾濱做巡迴演出。」

但隨著俄國僑民離開哈爾濱，賓館的歐洲風情也消失了，劉先生做了一個總結。「歐洲的一切，俄羅斯的一切都突然被污名化，文革期間居然叫做『防修賓館』，如此宏偉的建築，這到底是怎麼樣的名字啊！」

老劉說，在一九八〇年代中期，歐式建築在突然之間被發現是旅遊營銷的資本。從那時起，馬迭爾賓館就和中央大街上大多數建築一樣被列入古蹟保護之列，但這紙上的規定一點都不值錢。「忘掉文物登列吧。」老劉不屑地說。他把夾克甩到肩膀上。「房地產市場過度景氣，歷史建築被往上加蓋、翻修和拆除。在所有的空調、廣告牌和商店招牌後面，你只能夠猜想牆面會是什麼樣子。」

我們繼續往前走。林立高樓環繞的一個開闊廣場上，有一座深紅色磚房高聳入雲，遊客像螞蟻包圍蛆蟲一樣繞著這座教堂。裝飾華麗的主塔的中間有一個綠色的洋蔥圓頂，圓頂四周有幾座四角錐形側塔。這是聖索菲亞大教堂，當地人簡單稱它為索菲亞。這個城市每兩個俄羅斯紀念品之中就會出現一個這座教堂的圖像。

和滿洲里一樣，商人也在這裡靠俄羅斯賺取銀子。紀念品商店裡到處是冒稱從俄羅斯進口的商品：俄羅斯娃娃、皮帽、制服、望遠鏡、帶有 KGB 標誌的扁平燒酒瓶，列寧半身像、史達林半身像、假的黑色魚子醬、伏特加、巧克力，不知為何甚至有俄羅斯的即溶咖啡、化妝品和所謂的繪畫，以俄羅斯風景為背景的巴洛克女性身體。

「本來這裡有一座木造的小教堂。他們於一九二三年為索菲亞奠基，建造時間十年。」老劉解釋道。

「不知何故，教堂看起來都一樣。」我有點笨拙的打了一個岔。「你說的沒錯。它們模仿的對象是聖彼得堡的主顯聖容主教座堂，海蘭泡和烏蘇里斯克也有類似的聖堂。」

「那一九四九年之後發生了什麼事？」

「大鐘、聖像和壁畫都消失了，教堂變成一家百貨公司的倉庫，周圍都是汽車維修店、各類棚屋、市政府員工寓所。沒有像今天這樣的廣場。」

「畫面十分令人悲傷難過。」我低聲地說，好像是在對我自己而不是對他講。

「那是最好的保護！」老劉憤憤不平地回答，並帶著某種意味深長的語氣補充說：「他們炸毀了教堂，我們至少沒有做這種事情。」

「九〇年代中期，恰逢建城百週年紀念，我們的中央政府依法令宣布教會為國家文化遺產。大量資金流入修復工程，市民也捐了款。」

今天，哈爾濱市建築藝術館就設立在以前的教堂裡。我們通過一條地下通道進入寬敞的大展覽室：建城時代的照片見證了舊日城市的國際化精神。一個大型但早已過時的模型展示了新世紀的中國大都市願景。詳細說明教堂歷史的導覽手冊裡沒有一次提到「俄羅斯」，布告看板上只含糊地提到與歐洲有關的過去。

我和老劉提起阿成。這位作家在一九九〇年代所寫的《哈爾濱人》中描述了他家鄉備受讚譽的風貌。對他來說，「洋氣」是本地身分不可分割的成分。外國的和自己的，俄國的和中國的，陰和陽，如果哈爾濱沒有了這些元素，實在很難想會像是什麼樣子。因此，無論是以民族主義口號還是商業利益的名義，破壞哈爾濱歷史文物都不應視為破壞外國人遺產的暴力行為，而是在攻擊城裡所有居民，攻擊他自己和同類。這本書已出版了四分之一個世紀了。

「曾經的國際大都會還剩下些什麼？」老劉很冷靜地反駁說，「你在這裡有看到外文報紙嗎？有聽到鐘聲響起嗎？沒有呀！老哈爾濱精神或許還活在哈爾濱俄羅斯人憂鬱的回憶錄裡。這裡只是一個空有表面的殼子。」

我還想聽老劉說，他從什麼時候開始對哈爾濱的歐洲城市景觀產生了興趣。

「我比你年紀大，長久以來我並不瞭解你們的建築，而我是一個歷史學家。但是我們中國人，我們應該打開心胸，因為從你們的建築可以學到很多俄羅斯和歐洲的知識。也可以了解中國自己的事。」

「為什麼也可以瞭解中國？」

「中國的歷史不能在一個地方研究。如果你想知道兩千年前發生了什麼事，就要到西安去，想知道一千年前的中國就要去北京，而如果你對殖民史感興趣，來到這裡就恰恰好。」

老劉現在聚精會神地看著拜占庭教堂的磚牆。「你在這裡找不到阿成的『洋氣』。明天是

15 亦稱雙城子，俄稱烏蘇里斯克。

哈爾濱最主要的行人徒步區中央大街上的俄式建築

星期天，去一趟烏克蘭教堂，在那裡更容易找到你要找的東西，」劉先生這樣敦促我，「今天最好還是去看看通江街。」

沿著通江街，我發現零零星星的猶太人痕跡：巨大赤土色的猶太新會堂、猶太總會堂和宏偉的猶太中學舊址。直到幾年前，猶太新會堂被拿來作為市公安局的退休人員俱樂部。今天有一個關於城裡的猶太歷史展覽，其中一個陳列櫃專門為斯基德爾斯基家族（Skidelsky）設計。這個猶太裔俄羅斯企業家族以採礦事業和木材特許權發跡，是滿洲最大的的雇主之一。我發現對於斯基德爾斯基來說，中國是他們的應許之地。中國人民從來沒有反猶主義的苦難，在陳列櫃旁用簡短的文字這樣說明。街上會不會有人認識斯基德爾斯基呢？我不知道。無論如何，我是猶太會堂裡的唯一遊客，守衛在我離開之後關掉了電燈。

回到中央大街，哈爾濱的阿爾巴特，我穿過人流來到松花江畔。河岸的散步道叫做史達林公園，老人們在這裡用一公尺長的毛筆在鋪路石板上寫書法。穿著直排輪的青少年在他們周圍穿梭。公園正中央正好對準了中央大街的軸線，那裡矗立著一座防洪紀念塔，以圓弧形的柱廊憑弔一九五七年洪水時的救災英雄們。剛才我在索菲亞大教堂看到了一張皺巴巴的黑白照片，那是在洪水最嚴重的一九三二年拍攝的：松花江寬闊如海，鐵路堤岸上有鋼琴和有雕飾的鏡櫥，旁邊還有被救起來的乳牛。看起來像是玩具船的木造房屋在洪水中漂向俄羅斯。

洪水紀念塔後面略微偏移的地方，河畔小徑沿路排放著木頭長椅。「歐洲啤酒花園」的店主穿著巴伐利亞皮褲，販賣來自世界各地四十八個品牌的啤酒：印度翠鳥啤酒、南韓客思啤酒、比利時的水蜜桃啤酒、德國俾斯麥啤酒和艾丁格啤酒。桶裝生啤酒就只有本地的金啤酒。一張長桌子邊坐著七個男人，哈爾濱異常炎熱的九月讓他們上身打赤膊，給大肚囊透透氣。城裡很常見到男人們坐在林蔭小巷裡，大多坐在搖搖晃晃的塑膠桌邊吃著土耳其沙威瑪，或是津津有味地吃著韓式冷麵，喝著啤酒消暑。

「坐下，朋友。」一個挺著肚皮的肥胖男人對我喊道。大大的染色眼鏡，從胸口到手上滿滿的刺青。我無從選擇地也坐了下來。在我還沒決定要喝什麼之前，一大杯啤酒就已經送到面前了。

當他們發現我來自德國時，一個新夥伴就開始用滔滔不絕的獨白講述中國的啤酒文化。哈爾濱是中國釀酒藝術的發源地，他向我報告，手裡拿著半升的啤酒杯。波蘭人在一九〇〇年成立了啤酒廠，緊隨著波蘭釀酒大師的是俄羅斯人，捷克人和中國人。在幾年前，百威英博集團接管了這家以前的國有企業。

「外國人並不想知道這麼詳細。」一位坐在桌子尾端，穿著健行褲的人打斷了他，「喝吧！再不喝啤酒就不新鮮了。」

「你們的啤酒有什麼特別的？」我大大喝了第一口之後問道。

「我們的啤酒是最好的，」坐在我隔壁座位，那位紋身的酒店忠實顧客說，「它味道圓潤、清爽。」

「而且我們有全中國最大的啤酒肚。」坐在對面的男人對著全桌大喊，然後展示他那一眼可見的證明。哈爾濱人的酒量在中國是最出色的。

「以前，在我年輕的時候，大家只喝高粱。」那位喜歡獨白的業餘歷史學家的眼睛閃閃發光。但啤酒有它的優勢：「喝啤酒和喝燒酒不同，不一定要配下酒菜。除此之外，喝完兩瓶還是可以握方向盤。」到了一九八〇年代中期仍然很難能買到釀造的啤酒。「我父親把啤酒冷藏在保溫瓶裡帶回家來。他是從街上的單駕馬車或是從轉角商店的桶子灌裝回來的。」

用紅燈籠來代替白藍色（代表德國巴伐利亞的顏色）的裝飾，有魷魚和花生而不是蝴蝶餅、烤雞和肉餅[16]，在哈爾濱沒有感覺到像在慕尼黑一樣的氣氛，但是我的同桌鄰居卻不吝於大膽做比較：「唯一缺少的是銅管樂隊，要不然這裡的氣氛就會像你們柏林的啤酒花園一樣。」我在這裡強忍著不去開關德國文化知識的話題。那些傢伙毫不掩飾地審視我，取笑我高瘦纖細的身材。他們異口同聲地說我的身材完全不符合德國人的形象，既沒有胖乎乎的臉頰，也沒有健壯的小腿。

因為還有個重要約會，我才能夠在喝完一杯之後，把自己從中國人好客的繩套裡解救出來。我走嘍！

16 德國巴伐利亞喝啤酒時的下酒料。

一群老人在練習排舞，沉沉的皮鼓聲響穿過河濱步道上的垂柳飄了過來。一個清瘦的男人在賣飯糰和擺放在錫製大桶燒紅炭火上的紅地瓜。通往岸邊的台階旁有一台笨重的自行車，襯衫和褲子在車上飄動。主人是一位老人，正在河裡游泳。

再往前走幾百步，眼前的景象簡直讓我不敢相信：在架高的舊鐵橋上，我突然看到了老哈爾濱車站的外牆，一棟低矮、開心果綠色、建於一九〇四年的新藝術風格建築。今天的鐵路旅客會被載運到市中心的灰色大樓。這個仿古重建的車站裡在做俄羅斯殖民鐵路的展覽，包括照片、舊的火車時刻表，以及不尋常的弦外之音：俄羅斯的影響標誌著一個時代轉折點，讓哈爾濱成為歐亞運輸和貿易中心。我在一個展示板上發現到新的絲綢之路，那是我在黑龍江另一邊花了很多功夫去尋找卻沒有找到的：「自從中華人民共和國成立以來，這條昔日的殖民鐵路就為兩地鄰居的友誼，以及中國和蘇聯之間的交流做出了重大貢獻。今天，哈爾濱繼續行駛在新絲綢之路的鐵軌上，走向成功。」

儘管說明這麼簡短，還是令我非常驚訝。因為在有一段時期裡，中國的歷史學者都保持緘默不談論外國強權勢力的影響。在一九九八年時，黨的領導階層臨時取消了建城一百週年的慶典。許多忠於路線的史學家在那個時候仍然認為哈爾濱市肇始於金朝，也就是在蒙古人入主中國之前。

我回到外面，視線掃過泥濘棕色的松花江，越過長滿青草的沙洲，來到太陽島的岸邊。

俄羅斯人接收了滿洲人的講法，稱松花江為銀河（Sungari）。對於在哈爾濱出生的人，甚至是俄羅斯移民的第三代或第四代，松花江聽起來很有家鄉味，也有淡淡的憂愁，有點像被逐出家園者耳中聽到梅梅爾領地[17]的那種感受。

自古以來在夏季會有小渡船穿梭於松花江兩岸，一百年前俄羅斯人就划船到北岸。冬天時，由狗或馬拉的木製雪橇會載著遊客穿過結冰的河面，當地居民用徒步與冰冷的狂風搏鬥。二十一世紀初突然有人想出在河面上空建造纜車的構想。曾經紅極一時的纜車已經退了流行，空空的車廂在河水上方搖晃，無人理會。

這座古老的跨河鐵路橋啟用於一九〇一年。一百多年來，來往於莫斯科和海參崴之間的火車隆隆疾駛過橋上的單線軌道。最先跨過這條河的是以前的一條人行道，就位在鐵路旁邊。人行道很窄，如果有人推著自行車過橋，而剛好有人從對向過來，他就必須在路面突出的緩衝區等候。大約在二十年前我第一次來到這裡的時候，想要從橋上拍攝這裡的剪影，一名在橋上看哨的士兵透過擴音器向我大叫：「禁止照相，同志！」

現在我悠閒地穿過舊橋來到太陽島。鐵軌已經拆除，守衛早已撤離。梯形桁架建築今天純粹被當作人行跨越道。如今特快列車呼嘯馳過直接相鄰的新橋，而且美美地印在書籍封面上。

17 一戰前的德國領土，一戰後由國際聯盟管轄。經過立陶宛占領、納粹德國占領、蘇聯占領，屬於今天立陶宛的一部分。

太陽島沒有真正的海灘，哈爾濱俄羅斯人把這裡當作避暑勝地，也是畫家和詩人喜歡的題材。中國人看到半裸的女人都嚇呆了，男女在同一處游泳是禁忌，再說這裡只有少數人會游泳。直到今天，還是沒有人能理解為什麼要做日光浴，因為在中國，膚色黝黑一直是田間勞動的代名詞。

一個年輕家庭正在橋下野餐。魚湯在煤氣爐上冒泡。鳥兒嘈雜，啄木鳥正用尖嘴敲著樹幹，小心堆放的柴火整齊地放在耙平的路邊。再走幾公尺就到了主要景點，在大約十乘四平方公里大的太陽島上的俄羅斯風景小鎮。門票看起來有點像俄羅斯的護照。公園警衛是一個中國人，穿著一件蘇聯軍隊的毛氈外套，底下汗流浹背。他笑著在我的門票上蓋了一個入境章，然後我可以通過了。在三十年前，中國人看到這套衣服會大吃一驚：俄羅斯人又上門了嗎？今天這種裝扮就是一種民俗表演。

場內大約有二十多間五顏六色的俄羅斯達恰[18]，巨大的招牌在外牆上閃閃發亮。在「戰爭與和平之家」裡面有一個歷史展覽，「俄羅斯手工藝品之家」是這座城市第一百家紀念品店。小鎮中心是「集體農場」，一家俄羅斯食堂。在我面前有家人打著粉紅色的陽傘，按照他們的方言來判斷應該是從上海來的。他們求知若渴地探索想像出來的俄羅斯人自然生活條件。這是顛倒過來的東方主義啊！儘管建築風格已經改變，哈爾濱這座大休閒島上的所有公園、小型畫廊、博物館和劇院，以及舉世聞名的冬季冰雪雕塑，都仍然保持了早已過時但仍具風采魅力的奇異民俗表演。

遠處，在河的北岸，哈爾濱歌劇院的弧形白色屋頂散發光芒。這座建築幾年前才落成，其柔美的美學讓人聯想到白雪覆蓋的山巒，遠離歐洲風格的老城市中心，為這個城市指向一個截然不同的未來。

在司機急忙壓下計程錶之後，我告訴他，我要「到道外區」。要回到河的南岸，回到城裡去。當我們到橋上時，他的注意力完全集中在收音機裡播放的廣播劇上頭。音箱裡只傳出一個播音員震耳欲聾的聲音，她咕噥地抱怨，用假嗓音說話，唧唧喳喳，一直很大聲，一直抱怨哈爾濱惡劣的生活，充斥著滿洲的悲苦傷痛。

這輛骯髒破舊的波爾多紅色大眾汽車顛顛簸簸地來到道外區。車流緩緩地在高架道路網上滾動，自一九九〇年代以來，這些高架道路遍布整座城市。只有一個騎摩托車的人用邊車載著同行者，以閃電的速度超過堵塞的車隊。汽車司機們按著喇叭互相推擠，坐在後座的車主用染色玻璃和拉起來的窗簾將自己隱藏起來。

道外。我付了錢。在高速公路橋墩下有一位年紀大的廢料收集老人，他用木棍敲著掛在

18 俄羅斯的鄉間小屋、夏季別墅。

三輪車車把上搖動的大鐵罐子，敲擊聲每隔幾秒就迴響在這個城市角落。「寶特瓶，」這個男人低聲說，同時用力踩下踏板以便爬過一個坡。他收集塑料，晚上把它們堆在貨運自行車上三公尺高，有時甚至四公尺，然後推到舊料收集站去換錢，一天能掙個幾塊錢。中華人民共和國的資源回收仍然是靠許多貧困居民來運作。

從古早以來住在這個郊區的居民幾乎都是中國人。舊明信片畫出那個年代的典型中國場景：店面都是寫中文字，商店看板上沒有任何一個西里爾字母。在道外區的小山上有一座極樂寺。當地的城鎮規劃師在二〇年代蓋了這座建築，讓人們從遠處就可以在眾多東正教的洋蔥塔中看見中國的建築元素。

長期以來，道外被認為是這城市裡貧窮、危險、人口過剩的地方，到鐵軌另一邊對當時的許多歐洲人來說就是到陌生世界去探險。在俄羅斯人的回憶錄以及早期環球旅行者的遊記中，總是隱約流露出對美食和多種夜間冒險的濃厚興趣。這些作者找出所有他們想要尋找的東方世界刻板印象：迷宮般的黑暗胡同、熏天的臭氣、瘦弱的狗，排氣的涵洞，還有那些叫做「幻想曲」、「高加索」、「美國酒吧」、「歡樂中國舞台」或是「美德之風」的茶館，還有紙做的櫻花飾品、電動花環和藝妓合唱團、鴉片館、駐軍妓院、夜劇場和所有相關的地方。中國女性、日本婦女和落魄俄羅斯菁英的女兒在這裡賣春，他們的顧客同樣能說多國語言。

今天的遊客仍然可以在古老道外區還沒有鋪平的巷子裡找到東方情調。這裡的人力車仍然需要有運輸許可證，商人們推著堆滿貨物的車子慢慢走過，車上有包子、燈籠果、葡萄、鵪鶉蛋、鴨蛋、煤炭塊。現在是九月，農民直接用自己的推車出售瓜果。巷子裡的每個人都在做生意、修理或從事生產，自行車師傅與鞋匠隨時提供只需要幾毛錢的服務，每條小巷都有專門從事的行業：北三道街是肉市場，那裡有拔了毛的雞和刮過鱗片的鯉魚。在南五道街可以找到軟管、硬管、圓形鋸的鋸片、汽車輪胎、V型傳動皮帶。美髮師在人行道上施展他們的手藝。

兩層和三層樓的鴿灰色磚房仍然是道外的主要景觀，有如英國曼徹斯特或波蘭羅茲（Łódź）的工人住房建築，有些房子因為被稱為「中國巴洛克」風格而保留了下來。煙灰把屋簷眾多的裝飾染黑，陽台欄杆的木頭已腐爛。在一樓是商店，樓上大多是空的。很多窗框被拆下來，有時甚至連屋頂桁架都不見了。在中式公共公寓的後院裡，每個房間住一家人，茅坑在院子裡，角落有尿臭味和垃圾堆。

我轉入南三道街。幾年前政府下令拆除這裡的幾條街道，在這裡建造外觀仿巴洛克式的中國工人住宅，現在這些屋頂上新鋪設的淺灰色瓦片閃閃發亮。南三道街現在是兩端有大門的步行區，這裡有精品店、咖啡館和畫廊。這裡只住著上層階級的人。

道外區長久以來都維持著一致的屋簷高度，只有一棟廢棄的投資建築高高聳立，這座沒有窗戶的大樓被當作紀念碑矗立在老城裡。但是這個老中國人社區的精神正在消退，一棟一棟的摩天大樓正在慢慢鑽進來。在岸邊，就在鐵軌正後面，一個有大門社區的五十層樓高建築物遮蔽了半邊天。旁邊有一台推土機正在剷除一座變電站的殘餘，民工在工地圍欄後面工作，他們瘦削的臉被曬黑了。他們前面有一幅「天空住宅」的廣告海報。當我踏入只有外殼骨架大樓旁邊的接待室時，一位面色蒼白的女士彎著腰鞠躬。牆邊有個大理石噴泉潺潺地噴著水。小冊子上印著房屋藍圖，兩百平方公尺大的河景住宅，穿著英式校服的孩子在照片上笑。豪華公寓裡還有游泳池、禮賓服務和其他便利設施，用仿殖民風格的圖案營造歐洲風情。接待室前剛種下一顆很大的菩提樹。樹木早已成為一種身分象徵。

在新天空住宅的另一邊，道里與道外的另一邊，街道依然主要是灰色的，只有夜晚的商店霓虹燈能突破那片灰。後院的韭菜一直到十月都得不到水分滋潤。一夜之間霜降，隨著霜而來的是厚重的空氣，還有沾滿煤灰的雪。這裡大多數的居民都是住在八〇年代留下來的板式組合建築裡。混凝土牆裂開了，如果樓梯間的燈光還沒有壞掉也只是忽明忽暗地閃著。在這個匿名的邊緣地帶好像離舊日的俄羅斯很遠，卻又離蘇聯的郊區很近。

➤

星期天，接近八點半，我按照老劉的建議去找「洋氣」。在一條寬闊的積雪道路旁，烏克蘭教堂被夾在亂停的汽車和簡單的公寓樓房之間。這座教堂的正式名稱叫「哈爾濱聖母帡幪教堂」，是國家特許的基督徒聚居區的一部分。在它斜對面有座天主教教堂，彼此距離近在鐘聲範圍內，教堂仍然允許敲鐘。帡幪教堂在過去和現在都是留在哈爾濱俄羅斯移民的屬靈之家，今天它是全中國唯一允許華人可以入內祈禱的俄羅斯東正教社區。

一位駝背的老婆婆蹲在深紅色磚造建築前面的階梯平台上，很難從她的臉孔辨識是不是中國人。當她看到我時，她顯然非常高興。一個陌生訪客！老婆婆一遍又一遍地在自己胸前畫著十字，要求我留下來：「等等，我的兒子，再過幾分鐘亞歷山大神父就會開門了。」

從前這個城市的屋頂有二十座俄羅斯東正教教堂的高塔，教會直接由北京東正教總會管轄。這個組織的起源可以追溯到一六八三年，當時滿族軍隊突襲駐紮在黑龍江上的俄羅斯阿爾巴津（雅克薩城）並將俘虜帶到北京。他們之中有一位神父，在帝國首都建立了中國第一個俄羅斯東正教教會。在俄羅斯正式委派傳道團來之前，這個教會就在中國皇城維護彼此的非正式關係。隨後正式成立的東正教北京傳教團成為中國和俄羅斯君主之間的主要聯繫者，也是長久以來唯一在中國常設的外國機構。

在栟幪教堂裡，我感覺不到這個長遠的傳統。牆壁上塗了冰藍色油漆，再搭上一塊隨便鋪在地上的猩紅色酒店地毯，還有用粗略黏合的夾板做的聖帳。散發霉味的空氣飄送著極為淡薄的薰香味。在入口旁邊掛著一張用花裝飾的照片，照片上的人是有傳奇色彩的格里高利・朱世朴神父。這位信仰東正教的中國人是這個教區的最後一位神父，在二〇〇〇年過世。此後十五年沒有舉行過洗禮，也沒有葬禮，信徒每週日都是在沒有神職人員領導之下做禮拜。

俄羅斯教會的新主持人是亞歷山大・遇石神父，他宣讀禮儀，感覺經過好幾個小時。我算一算也許有三十個忠實信徒，披戴著雪白頭巾的中國老婦女以及一些來自新僑居地的俄羅斯人，他們每星期天都來聆聽用俄語和漢語吟唱的單調聖歌，並且親吻教堂裡所剩不多的聖像。在無神論推行幾十年後，至少哈爾濱的東正教信仰在北京宗教事務局嚴密控制之下有復活的跡象。

在令人疲憊的禮拜結束之後，我做了一次最後的哈爾濱歷史新城的巡禮，俄羅斯人至今仍然以新城來稱呼這個市區。這個市區很大器地建在一座山丘上，有細心規劃的網狀街道和風景如畫的公園。新城是一個宗教、文化和行政中心，殖民政府所在地，世界各地的旗幟在許多壯麗的領事館前迎風飄揚。在我前去的路上，毛澤東在俄羅斯鐵路管理局的新藝術風格大樓前面的基座上向我打招呼。

多年來這地區失去了核心地位。南崗（此地區的中文名稱）最高點上曾經矗立著一座哈爾濱最古老的教堂聖尼古拉教堂。建於一八九八年，其受到十五世紀建築傳統啟發的木造結構在遭到破壞前，被認為是這個城市的地標，也因此哈爾濱有「東方莫斯科」的別號。

馬車的噠噠聲已成為過去，今天的公共汽車和私家轎車橫衝直撞地穿梭在廣大的紅博廣場上，腳踏車按著鈴川流其中，行人自四面八方擁至。從前的大教堂廣場周圍是老哈爾濱的象徵性建築：莫斯科商場舊址上富麗堂皇的黑龍江省博物館，位於哈爾濱國際飯店對面，博物館被非常用心地整修過，連舊電梯也被保留下來，再往前一個出口，中東鐵路管理局局長官邸舊址有一座遠近可見的塔樓。今天在舊官邸陽台的木欄杆後面，客人在美式速食店裡大啖炸雞腿。

以前大教堂廣場四周的建築中央，如今卻空空如也，像是少了什麼。隨和的劉先生為我鉅細靡遺地講述過每一個歷史細節，但為什麼沒有半個字提到這座老教堂？當老教堂消失在城市景觀之中時，老劉當時十八歲，住在哈爾濱。

一九六六年八月二十三日，當天發生的事都被仔細記錄下來。李振盛當年受一家日報的委託，以「紅色新聞兵」的身分帶著相機用數千膠卷拍下了瘋狂的文革常態。當紅衛兵的無政府鬥爭來到哈爾濱，當年輕人正準備傳遞革命火炬的時候，李振盛也在。在他拍攝的一段影片裡可以看到綁辮子的女孩和戴著牛角鏡框眼鏡的男孩是怎麼在教堂前面對天舉起拳頭，不久之後他們就搗毀了聖尼古拉教堂。他們用撬棍、斧頭和鐵錘，拆除了這個舊世界秩序的象徵。他們的仇恨不僅僅是針對沙皇俄國或蘇聯，更進一步是反對共產主義最古老的敵人：宗教信仰。第二天，他們掠奪了極樂寺，並逼迫僧人舉布條。布條上面寫著：「什麼佛經盡放狗屁。」

這裡，在大教堂廣場的大型交通島上，紅衛兵在教堂廢墟上豎立了一座塔，要人勿忘俄羅斯殖民統治的恐怖。僅僅四年後，這座塔消失了。由於害怕蘇聯入侵，人們建造了一個地下宿舍和食品倉庫，今天這些舊庇護所變成了購物中心。聖尼古拉教堂曾經矗立之地，現在是一座頂端裝飾雪花的玻璃穹頂建築。在底下的「陽光大廳」裡，堆滿廉價內衣的展示品中藏著一座老教堂的小模型。

「我們去布魯斯藍調酒吧！」奧爾加這樣提議。她很久沒有回覆過我的訊息了。我正在喧囂的百貨公司裡，她居然傳了簡訊給我。「什麼，這家店還在？」我難以置信地回覆她。

「只有當俄羅斯人都死光了，它才會關門。」

現在還不到十點，布魯斯酒吧門口已經有個用嘶啞嗓音咒罵的男子在閒晃。肩膀寬闊的保鏢用懷疑的眼神看著我，他看起來像是來自俄羅斯城郊，但他卻是個中國人：剃乾淨的光頭，不停地噴口水，愛迪達兩件式套裝下一條金鍊子熠熠生輝。他傲慢地看著我，咧嘴一笑，然後揮手讓我進去。

當我還是學生的時候，布魯斯酒吧很受年輕俄羅斯人和來自五大洲的外籍人士喜歡。是一家小酒館，裡面的音樂則是介於摩登語錄（Modern Talking）和 t.A.T.u 之間，其間也會加上搞怪的綜藝節目。世界在這裡大融合：來自俄羅斯的女學生在這裡和巴西人、澳大利亞人或塞內加爾人調情，而不是在宿舍裡發呆。聲音很大，而且很髒，人滿為患，有時還很危險。韓國人和蒙古人打架，俄羅斯人與俄羅斯人纏鬥。

一切沒有太大的變化。衣帽間上的牌子就跟當時一樣用俄語寫著：「店家免費提供女孩AK-47 伏特加和啤酒！我們支付計程車回家的費用。」永恆不朽的普丁仍然一直在牆上嚴肅地往下看著小舞池，天花板上還是跟從前一樣掛著俄羅斯三色旗。幾位年輕女士穿著晚禮服坐在吧台凳上，無聊地咀嚼著吸管。

「要喝安徽來的魔水嗎？」奧爾加在喧囂中發現我之後問我，「喝一口，眼睛就瞎了！」

我從無憂無慮的學生時代就認識了奧爾加，那時我們是這裡的常客。平日裡我們擠在昏暗的教室裡練習寫字，把這些字寫了幾百次，在印著方形格的筆記簿上寫著：我，我，我，你，你，你，他，他，他。寫滿長長的一列，直到鉛筆尖變鈍了，筆桿深深烙印在中指頭的皮膚上為止。

大學通風的主建築外觀有史達林式風格，總是讓我想起莫斯科「七姐妹」建築，彷彿是被遺棄的同父異母姐妹。在五〇年代，此大學是展示蘇中友誼的計畫項目之一，但是蘇聯老大哥贈送給大學圖書館的那些有關農業機械維護的俄語文獻早就變成廢紙了。我是學生中唯一的歐洲人。俄羅斯人來自雅庫茨克，來自海蘭泡，或者像奧爾加一樣，來自比羅比詹。我用沙沙作響的聽力練習錄音帶折磨自己的耳朵，頂著一頭金髮，每天和數千個黑頭髮同學擠在食堂裡吞炒麵。所以布魯斯是每星期平淡無奇生活中的高潮。

奧爾加並不是因為俄羅斯遺產而來到這裡，只是因為哈爾濱近在眼前，而她當時特別最想要遠離俄羅斯，遠離後社會主義的日常生活，遠離比羅比詹。這個沼澤小鎮就在中國邊境上，曾經是蘇聯的猶太人中心。史達林在一個荒謬的計畫中，下令將數萬名猶太人遷移到這片被上帝遺棄的土地上。今天車站前廣場有一個巨大的燭台讓人回想當年，但是今天在比羅比詹或是哈爾濱街頭都聽不到意地緒語了。大多數猶太人早都已經移民，搭飛機去特拉維夫，去紐約，去德國的埃門丁根（Emmendingen）。奧爾加不是猶太人，但是她還是用腳投票背棄了俄羅斯。她搭上公車，去了哈爾濱。

我在回想這一切時，一個女孩隨著蹩腳的音樂在我們面前跳舞。她利用對面的鏡子牆，檢查自己中分的頭髮以及那過度拉長的眼影，好像沒注意到兩個韓國人在俄羅斯男人嚴厲的注視下圍著她跳來跳去。

經過幾個月死記硬背詞彙，無數次在樓梯間抽菸休息之後，在我已經更加了解奧爾加，她告訴我她哥哥的事情。那時，在這個世紀剛開始之際，其他人仍然把日本二手車當作身分象徵的時候，他已經擁有了比羅比詹的第一輛賓士車。但是她從來沒有給我看過他的照片。在我的想像中，她哥哥長得很像中國保鏢，牛頸，可憎的眼光。他的腦袋不知在什麼時候吃上了一顆子彈。

在我離開哈爾濱之後，奧爾加就輟學，很快地就以舞者身分參加雜耍歌舞劇團在華南地區的巡演。她在布魯斯酒吧遇上一個幹練的中國人。水稻梯田和季風代替了白樺林和冰霜。起初，到中國南部好像是作夢一般，她回憶道，這也分散了她失去哥哥的傷痛。但是演出主辦人騙了劇團，所有舞者都因此陷入了經濟困境。他們不得不在每個主要城市演出，返回哈爾濱的路拖得越來越久，獲得的報酬幾乎不足以支付車票。洪偉，一個有一副圓圓開心笑臉的文化經理人，陪伴著當時的舞蹈團。在穿越中國腹地的漫長旅途中，奧爾加與他陷入了愛河。今天兩人已結了婚，住在哈爾濱阿爾巴特區高樓層的豪華公寓裡。經過了多年抗爭，這些年來他們已見過了彼此的雙親，而且也會互相往來，奧爾加保證。

她的故事並非不尋常。她自己承認：「首先是學習語言，然後是當外籍勞工，」她在我耳邊大聲說道，「一個有錢的中國人是唯一的出路，不必在乎他只是一個支助者還是老公。」

「後悔留在這裡嗎？」我問奧爾加。

「我可能永遠不屬於這裡，」她喊道，同時搖著頭，「我要在比羅比詹、在被詛咒的以色列做什麼？要我在絲襪工廠上班嗎？」她迷惘地看著底下的舞廳。「我的國家為我做了什麼呢？什麼也沒有。明天不論是俄羅斯人還是中國人住在比羅比詹都和我沒有關係，我都不在乎。」

並不是每個人都像奧爾加這樣幸運。在俱樂部外面說再見的時候，我們談起了另外一位同學，那個漂亮的卡嘉，她為了賺取學費，不得不讓許多中國男人以特別的方式圓了他們文化接觸的夢想。

「她曾經出現在哈爾濱公車的廣告上，」奧爾加回憶說，「但在當了夜總會舞者時，她就下海淪為妓女了。」

這就是到現在為止的情況。過程通常都很快，奧爾加知道，女孩在暑假的時候做著黃金夢，但最後的結局是淪落到妓院。許多人受僱於卡拉 OK 俱樂部，在那裡任何事都可以做，除了唱歌。只有少數人成功跳槽到上海或澳門。「如果進展順利，客人會和她們調情，講下流笑話，她們替客人添酒，並且唱《喀秋莎》[19]給他們聽。但是大多數客人想要的是卡嘉，不是喀秋莎。」

卡嘉的中文程度從來沒有超過按摩院裡所使用的有限詞彙量，因為到第二天早上她累得沒有辦法學習中文。她現在的狀況怎麼樣了？我們兩個人都不知道。她已經消失在這個俄羅斯亞特蘭提斯的某處。

19 二戰時期流行於蘇聯的愛情歌曲。

第13章 滿洲國的長影

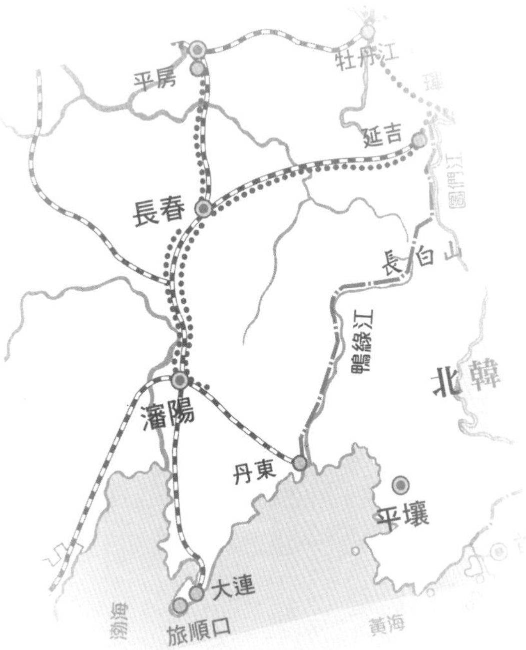

平房—長春—旅順口—大連

大慶，哈爾濱，滿洲蠻荒的北方。不知道為什麼，到目前為止日本一直是我在旅途中看不見的第三者，總是偶爾在我和我的談話對象所說的故事中閃現。不過日本帝國的遺產直到今天仍然烙印在中國東北，這些事蹟根本不需要花時間尋找。日本的影子，很長。

我旅途的下一站是平房。在我上一次來這裡時，還需要花一個半小時才能從市中心來到哈爾濱南郊這裡。擁擠的公車以龜步速度穿過街道，不停地按喇叭招攬客人，每個站都有新乘客上車，滿車的乘客之間不停地互相推擠。但是在今天，新地鐵的一號線不到半小時就飛快抵達終點站新疆路，要在地鐵上找座位一點都不難。這條地鐵於二〇一三年投入運營，按照計畫還要再增加八條線路。車廂、車站的設計、聲音和氣味都讓人覺得好像在深圳、瀋陽或是哈爾濱。

到了地面之後我才辨識出方向，在新疆路上走幾百公尺前往目的地。我拚命想要準時到達，但突然間汽車停在車道上，公共汽車停在車站不動，路上行人放下行李，低下頭。那麼，嗯，上午九點十八分，警笛鳴響了三分鐘。方向盤後方的人一齊按喇叭加入鳴笛音樂會。中國東北的九月十八日，每年都重複同樣的儀式。

這一天在滿洲要紀念日本人所犯下的罪行，被載入史冊的「滿洲事變」（即九一八事變）始於一個日本軍官在一九三一年九月十八日在瀋陽附近的鐵路線上放置數量不多的炸藥，炸藥沒有將正在駛過來的火車炸出鐵軌。在這偽裝的破壞活動之後，本來負責保護日本所控制的南滿鐵路安全的日本關東軍還是占領了中國東北。此後不久，日本就建立了傀儡政權滿洲國。這是中日戰爭的開端，也間接導致了亞洲的第二次世界大戰。隨著日本皇軍部隊快速推進，結局在一九四五年夏末也同樣來得很快。許多歷史學家都儘量避免公開受害者人數，但是按照估計有兩千萬中國人死於戰禍。

當年位於新疆路上的生化武器工廠的舊行政大樓和試驗設備，在公寓樓房、一排排商店、車間和倉庫的平淡單調郊區裡並不顯眼。但中國再一次讓我吃驚：在簡單的兩層樓房磚牆旁矗立著一棟大理石建築，或者更準確地說，是兩個長方體嵌合在一起。新建築可以譬喻為黑匣子，就像一個飛行記錄器，這是我在入口告示板上讀到的，這個博物館精準記錄了日本人的暴行。首先是仿新藝術運動的火車站建築，現在又是這個很酷的設計。即使是德國人也沒有建造這麼多的紀念場所。今天，到這裡來參觀的訪客一直排到街上。裡面的氣氛比大理石還要沉悶，一道很難消化的菜餚。

長期以來，中國對日戰爭並不是愛國主義靈感的源泉。在毛澤東時代，國家對這起不可估量的災難保持著沉默。然而在這裡處處隱藏著政治算計，目的在於彰顯共產主義者對抗外部和內部敵人的勝利。最重要的當然是在一九四九年打敗了逃亡到台灣的國民黨。歷史政策的轉變是從一九九〇年代一場經過政治批准的學術辯論所引發。眼前可怕的蘇聯幽靈，使得中國的政治領導階層委託當時的歷史學家尋找一種凝聚新意識形態的黏合劑。傳奇的勞工模範雷鋒，光輝燦爛的萬里長征，其他所有長期以來作為意識形態模式的共產主義神話都在這些年來出現了。不斷在紀念館裡，在電影劇情片和肥皂劇中大量宣傳，抗日戰爭的記憶激起了民族主義。他們要利用這種民族主義情緒扼殺任何反對的，包括那些導致一九八九年抗爭的勢力，而且要在它開始萌芽時就將其撲滅，趕盡殺絕。

在平房的紀念館已經存在二十年了。在一九九〇年代中期，中國共產黨的中央宣傳部宣布將這個地方指定為愛國主義者的聖地。中國政府對平房區重視的程度，可以從他們不遺餘力地要將這裡同奧斯威辛和廣島一樣也列入世界遺產名單就可以看出。

當我離開這座樸實的新建築時，太陽在九月的天空閃耀著。空氣已經有十月的涼意了。我跨過空曠的廣場，回到我更熟悉的領域。在昔日行政大樓裡的舊博物館翼樓與嚴謹的新建築形成天壤之別：狹窄的走廊，邊緣重複塗上幾十層油漆後已經失去稜角而變成弧形的門框，貼著夾板的牆面。我走過吱吱作響的樓梯來到二樓的恐怖陳列室：活體解剖的，冷凍實驗的，堆疊屍體等的蠟像模型，伴隨著錄音設備的尖叫聲，展示了日本在滿洲犯下最嚴重的戰爭罪行。

「平房，亞洲的奧斯威辛。」這句話引起了我的注意。一位戴著被霧水弄濕鏡片的眼鏡，身材矮胖的博物館員例行性地帶領一群高中生穿過展廳時，大膽地做了這樣的說明。「平房，亞洲的奧斯威辛。」她用高分貝在這些學生面前重複了一次。沒有，我沒聽錯。就規模而言，大屠殺是德國人所犯下的獨特且喪心病狂的錯誤。但是那些惡意的暴行、極端去人性化的制度、邪惡的平庸又是怎麼一回事呢？在這種衡量上，他們難道不是同樣邪惡和糟糕嗎？隔壁房間擺設的是試管、注射針頭、鋸骨鋼鋸和曾經掛著人類內臟的鉤子。接下來的展示櫃裡的展示品如下：防毒面具、制服、瓷器炸彈、做冰凍實驗的混凝土罐、高壓鍋爐，外加展示板、加害者和受害者屍體的照片、炭疽病研究的病理記錄。

學校的學生現在超前了我兩個房間，但是博物館女導覽的解說一直不斷地從擴音器大聲地傳過來，我在她的解說裡重複聽到一個名字：石井四郎。第一次世界大戰結束後不久，日本軍方官員對生化戰劑產生了興趣。由微生物學家石井領導，來自帝國軍醫學校的一組科學家很快就開始研究生化武器的發展。經過在歐美的遊學，石井讓他的上級深信不疑地認為，日本可以站上生化武器的領先地位。

但是在日本製造生物戰劑遇到重重障礙：保密的困難，壓迫性強的高人口密度和民間官僚機構不斷刁難。於是石井把他的細菌學研究中心從日本首都搬遷到滿洲。依照天皇的訓令，軍隊在一九三六年成立了兩個特種部隊，而石井是這兩個部隊的指揮官，被稱為「七三一部隊」。他們選擇了哈爾濱南部的一個鄉村的小聚落建立實驗所，那裡被為平房區，將其偽裝為「疾病防治和飲水淨化部」，並且很快就成為世界上最大的生化戰劑實驗場。奴工們建造了一百多座建築，並築起高牆，深深的壕溝和通電圍欄，把這些建築藏在隔離區裡。一個展示模型說明了其驚人的規模：研究實驗室、解剖室、溫室、廄棚、生化戰劑製造設施、監獄，甚至是簡易的機場跑道和鐵路連結，還有一個數千兵力的駐軍部隊。因為有自己的發電廠、牲畜和農田，使得該實驗所在很大程度上是自給自足。

比蠟像、模型和展示品更令我震撼的是說明手冊上的附註小字：軍醫讓男人、女人和兒童感染炭疽、痢疾或斑疹傷寒等疾病。穿制服的科學家將他們解剖，通常沒有麻醉，以便讓他們可以準確地研究他們的新式武器在潛伏期經過治療一直到死亡的有效性。他們在一個露天場所向囚犯投射芥子氣手榴彈，空軍在這裡試驗真空和壓力，其他的囚犯被赤裸裸地綑綁在木樁上，並在西伯利亞寒冷的環境下對他們澆冷水，直到他們的四肢結成冰為止。再一個測試，再一個截肢。這些耐寒實驗是為了可能對蘇聯發動冬季戰役所做的測試。

今天的歷史學家估計，在平房約有三千人，主要是中國平民，也有韓國人和俄羅斯人，因為寒冷、疾病、實驗的後果或遭受頸部中彈而死，據說甚至有一些美國和英國的戰俘也在死傷者名單上。一些科學家還談到數百次的毒氣行動，在這些行動中甚至有數千名執行人員喪命。我被這些冷靜的事實、所有恐怖的驚悚畫面和錄音帶傳出的尖叫聲搞昏了頭，迷迷糊糊地踏出了博物館大樓，被營房地基和一個坑洞絆了一跤。火葬場的煙囪高高矗立在雜草叢生的田野邊緣。

當紅軍攝影師在一九四五年八中旬來到平房的時候，他們失望地收起了相機。一座沙土顏色的辦公大樓或焚化爐廢墟還不足以提供可以讓他們拍攝宣傳照片的題材。在紅軍攻占這裡不久之前，日本人處決了最後的實驗對象和強迫勞動者，並炸毀了屠宰工廠的設施。他們將實驗室裡的動物放生。據說受感染的老鼠在幾年之後仍然傳染了疾病，造成許多人死亡。

日本人沒能夠及時抹去所有的痕跡。蘇聯士兵發現了人骨，在被俘的日本人中也有七三一部隊的成員。一九四九年十二月，蘇聯在伯力法庭上起訴了十二名醫生和軍官，軍事法庭認定平房曾經是重大犯罪現場。法官判了被告們相對輕的二至二十五年的牢獄刑期，沒有人被判處死刑。而那些在獄中沒有自殺的犯人，蘇聯當局在一九五六年將他們極為祕密地遣返日本。

繼紐倫堡和東京之後的第三個戰爭罪行法庭只開了一星期，西方的戰勝列強指稱一九三〇年代莫斯科作秀的訴訟是令人作嘔的宣傳，而將此庭訊擱置。蘇聯在不公開的情形下做出日本人的審訊記錄。如果他們沒有拒絕西方和日本的新聞記者採訪，此訴訟案可能不會被這樣遺忘。

但是導致忘記日本暴行的主要原因並不是蘇聯的錯，因為七三一部隊中的高級指揮官沒有受到懲罰是另有其他原因：石井和其他數十人逃回了日本。在他的家鄉，鄰居為石井舉行了一場假葬禮。美國間諜雖然發現了這名戰犯的蹤跡，儘管如此還是用免罪罰的條件來換取他的實驗記錄。石井做了美國醫生做不到的事情：在他的實驗室裡，他用人而不是用動物做實驗。一九五九年，他在沒有受到干擾的的情況下安然離世。

在東京書店偶然發現的文件以及美國檔案中敏感文件的保密期限屆滿，才使中國和蘇聯以外地區的人了解這些發生過的事情。科學論文和記錄犯罪的影片在一九八〇年代之後才終於突破了那堵沉默之牆。

為了尋找更多的日本痕跡，我搭乘火車到南滿洲。大約一千公里長的滿洲殖民鐵路的南臂同樣也是俄羅斯建造的，還包括兩個終年不結冰的黃海港口。我的下一站是長春，吉林省的省會。長春與哈爾濱不同，在俄羅斯地形學家到來時就已經不再是村莊，而是一個有圍牆的小貿易站。鐵路建設使得長春迅速成為交通樞紐。俄羅斯在一九〇五年的日俄戰爭中失敗後，鐵路線南段淪到日本人的手裡。從此之後，旅客必須在長春從俄羅斯火車轉搭日本的火車。

這座城市在歷史上真正的轉折點是滿洲國建立。日本人選擇長春為傀儡政權的首都之後，長春才真正從睡美人的沉睡中甦醒過來。這裡不同於俄羅斯的鐵路城市，今天城市北部塵土飛揚的寬城區有一個電報局以及其他建築痕跡，到今天仍然能為我們講述俄羅斯的歷史。這裡是以前的「新京」，從一開始就經過了精心策劃。日本把這個「帝國」首都轉變成夢幻般的風景以及現代性的展示櫥窗，規劃在已經過度建設的日本大都市不可能做到的幻想：宮殿式的銀行、中央部會大樓、飯店、學校和圖書館、有抽水馬桶和中央供暖的住宅區。

一離開火車站我就注意到長春是製圖板上規劃出來的首都：從圓形小廣場向右、向左、直走都是林蔭大道，還有看向不同市區的視軸。寬闊的人行道，更加寬闊的大道和美景，讓人到處都可以體認到功能性和秩序。部分道路上兩旁種滿松樹的環形交叉路口在中國並不常見；中國是一個以方形、無樹木廣場而聞名的國家。在哈爾濱和大連也是有這樣的廣場和道路，只是並沒有那麼明顯，但也只在日本人或俄羅斯人參與城市規劃的地方才有。和哈爾濱相比，這種形式的城市規劃在這裡的規模大大地增加。

在我看來，長春保存得很完好，也許是因為共產黨在內戰後一直繼續使用滿洲國的公共建築。巨大的國務院大樓現在被用作吉林大學醫學院的院址，以前的交通部現在變成了公共衛生學院。現在的城市市政府、黨委會、省檔案館都設立在日本建造的圍牆裡面。帝國風格的建築，結合新古典主義門面與日式復斜屋頂，是源自於日本城堡和普魯士軍營的獨特混合體。

長春的地標是昔日滿洲國皇帝溥儀的宮殿。他的住所自一九八四年起成為博物館，位於市中心的東北方，距離火車站大概有一公里半的直線距離。對一個步行者來說基本上沒問題。然而，因為狂妄自大的中國城市規劃者到處揮舞著落鎚破碎機，使得行人處處為難。要繞過成堆的瓦礫，橫亙的鐵支柱，然後再跨過新澆注水泥的灰色地面，這種繞道路程很漫長。一公里半的距離我花上了一個小時。直到幾年前，皇宮應該還是位於城市未開發的周邊地區，今天這環境完全沒有帝國的氣息：公寓樓房四周環繞著被挖開的小巷子，樓房底層是存放貨物的倉庫而不是一排排的商店，敞開的大門後面存放著大量的廢棄金屬、工具和家居用品，卡車橫七八豎的停在街道上。

氣勢磅礴的宮殿鑄鐵大門與這片荒地形成了多麼鮮明的對比啊！大門頂上的五瓣蘭花閃爍著金色的光芒，滿洲國皇帝的徽章。有一名男子偷偷將饅頭屑扔進主建築前面的鯉魚池，紅白相間鱗片的錦鯉在渾濁的水裡閃爍，奮力地爭奪最大塊的食物。在售票口前面有一位女遊客抱怨入門票價太貴：「中國末代皇帝的偽滿皇宮要七十元！」女人抱怨道。她用中國慣用的說法，認為滿洲國是日本傀儡國，滿洲皇帝是假皇帝。現在怎麼回事，皇帝是假的，還是皇宮是假的？

在以前滿洲國鹽務局所在地的廣闊地區上，這座帶著芥末色釉瓦屋頂的宮殿看起來很小，幾乎顯得有點隱密。內閣在一個天花板很低的小房間裡面開會，官方的正式接待室不過是個中型家庭式布置的大廳，裡面有布壁紙、錦緞窗簾、吊燈、幾張圖片，還有更多的花瓶，太多的地毯，一點都沒有皇帝的氣派或是我們一直認為皇宮應該有的樣子。和紫禁城比較起來這是哪門子的皇宮啊？

我審視那些經過精心修復並配以蠟像的宮內府內部。溥儀身上穿著「陸海空軍大元帥」傻裡傻氣的制服坐在書房桌邊的扶手沙發椅上，乖乖聽著他的日本顧問的指示。接下來是寢宮，他妻子的閨房，包括她的吸菸室，另一個側翼則是他妃子的房間，一切都用重金華麗地修復過。在白色瓷磚的皇家馬桶上面一個牌子上寫著：「為了消磨時間，溥儀會坐在馬桶上幾小時，閱讀日報或查看帳房每天早上匯報的皇室每日收支。」

待在大廳的時間越長，注意到的就越多，溥儀是怎麼樣的一個悲劇人物啊，他是一個受到重重儀式壓迫的君主。他不像皇室祖先那樣可以使用登基的稱號，世人都只知道他的名字溥儀，在西方，人們比較熟悉的是他的洋名亨利。他是一個皇帝，還是一個俘虜，或是到最後只是一個「新人」及毛澤東的追隨者。一個受害者？一個加害者？

一個展覽以收藏的精彩照片講述了他非凡的人生故事：一九〇八年，兩歲的溥儀登基成為清朝第十二位皇帝，到了六歲時迫於中國革命的壓力而退位。十一歲第二次登上龍椅，但只有十七天。溥儀被關在紫禁城裡沒有實權長達十二年，直到一九二四年。在他被統治北京的軍閥逐出皇宮之後，接下來他待在天津的日本租界一段日子，是充滿活力的殖民城市裡沙龍和舞廳的常客。一九三四年，滿洲傀儡國成立兩年後，日本正式封他為新帝國的統治者，但沒有任何影響力，還受到四面八方的監視。一九四五年八月十九日，蘇聯傘兵在舊滿洲首府奉天（今日的瀋陽）的一個機場逮捕他，從而阻止他逃往日本。溥儀在蘇聯待了五年，首先在赤塔附近的療養院，後來在伯力的一所監獄。他提出永久居留的請求沒有受到聞問，加入蘇共的申請也遭遇同樣的命運。一九五〇年，克里姆林宮把溥儀移交給共產中國。

但是毛澤東非常寬宏大量，正如皇宮博物院的展覽所強調：「中國政府並沒有處決傀儡皇帝，反而選擇了一個溫和的懲罰，用勞動改造和思想教育讓他彌補罪過，把過去都拋到腦後。」經過了九年澈底的毛主義再教育而被淨化的溥儀，在中國科學院北京植物園裡當園丁度過人生的秋天。他縫補自己的衣服，閱讀書籍，享受一夫一妻制的優惠。這個人不是天子，而是有用的人子。這個展覽用當時外交部長周恩來的一句話總結：「我們改革了末代皇帝，使他成為一個好公民。這是世上多麼美好的奇蹟啊！」

隨著溥儀在一九六四年出版的回憶錄《我的前半生》，共產政權在宣傳上出現了較大的變革，在回憶錄中我們可以讀到一個成熟男人對於過往沒有任何曖昧掩飾的人生告白。這本自傳出版三年之後，溥儀因為腎癌去世。

但是中國的末代皇帝，滿洲國唯一的皇帝，真的在毛澤東的中國找到他的新人生嗎？難道這不是他偉大人生主題的另一種變化？他終其一生都是一個傀儡：首先清廷，後來在日本帝國主義的統治下，到了最後在中國共產黨人之間。他是從滿清王朝衰落到中華人民共和國文化大革命六十年間的悲慘見證者。

參觀博物館的人很少會看展示板，大多數人在尋求帝國文化的碎片，只有在換裝的化妝櫃台前大排長龍，他們可以選擇扮演皇帝、太監或妃子擺姿勢拍照。在這偽帝的皇宮和偽帝國的京城裡，日本依舊是歷史上的幻影。

我繼續尋找，繼續往南。長春火車西站的二號月台很安靜。和許多新的快車車站一樣，這棟新車站大樓更讓人覺得像是機場航站。和總站不同，這裡沒有人在月台上推擠，乘客們規規矩矩地登上G50號列車，許多人都只帶著隨身行李。下午兩點十九分準點，快車輕輕地嗡嗡作響，離開這座城市。

自從「和諧號」高速列車二〇〇八年推出以來（是的，這是官方名字），中國許多大都市之間的距離變得越來越近了。列車速度最高可達每小時三百五十公里，從哈爾濱出發經過長春到大連，旅行時間縮短了三分之二。它們只沿著分隔出來的高架道路在大城市間穿梭。

我向南的行程變成一個走向未來的旅程。就像飛機一樣，兩個人或三個人坐在一起，面朝行進的方向。火車在鐵軌上平穩滑行，座椅背後放了供旅客使用的嘔吐袋就有點誇張了。車內裝潢鋪著油毯和塑膠板顯得樸素簡單，更讓人聯想到日本的新幹線；相對而言，德國的

ICE 列車顯得相當溫馨舒適。

從長春到大連車行將近三小時，這段時間消逝得也十分快速舒適。車廂內的液晶螢幕用正確的英語告訴我們行車速度和路線上短暫停靠的車站。年輕的隨車服務員像時裝模特兒那樣穿著整潔合身的紫藍色套裝，耳朵上有個耳機，在走道上來來去去。

中文旅遊雜誌 *Fellow Traveller* 解釋這個特快車允許被命名為「和諧號」的四個原因：根據雜誌上的說明，首先這列火車象徵了和諧的社會。其次，這是進口的先進技術和國內創新的結果，「計畫與生產結合」以創造享譽全球的中國品牌。其三，「和諧」特快車實現了人與自然合一。第四，乘客在車上就是王。然而雜誌沒有提到，這一代的特快車是唐山軌道客車工廠製造的，是西門子快速列車略微修改的版本。在中國的土地上，這並不是第一次在藉助外援的情況下寫下自己的鐵路史。

一九三四年，南滿洲鐵道亞細亞號駛出處女航，從瀕臨黃海的大連一直到北方距離七百零二公里的長春，也就是今天 G50 列車行駛的路線。流線型的亞細亞號以平均時速八十二公里咆哮著掠過廣闊浩瀚的原野，八個半小時抵達目的地。封面光澤的期刊上廣告：「柏林到東京，十天抵達！」澳大利亞廣播委員會的特派記者弗蘭克．克盧恩（Frank Clune）在一九三八年熱情洋溢地描述他搭乘亞洲最現代火車的旅行。對他來說，這種快動作的火車旅程是一種進化的高潮。克盧恩坐在最後一節車廂，寬敞明亮的空間，柔軟的地毯，吊燈，巨大的絲綢扶手沙發，車尾鑲著磨光的玻璃：「這台裝有空調的火車在焊接牢固的鐵軌上靜靜地滑動！行車時車身沒有任何振動，但是因為車速的關係，兩側會有稍許擺動。唯一能聽到的聲音是來自於剛吃完自助餐回來的胖旅客。」

當然，媒體上宣傳日本附庸滿洲國的進步，在三〇年代有著很清楚的界限。在殖民城市和狹窄的鐵路線之外儘管有飛行監視、保護部隊和屯田的士兵，仍然無法保障安全。此外，大多數乘客並不是坐在軟座墊的觀景車廂裡，湧入滿洲的中國季節工都是購買第四等貨運車廂的票。

在空調冷氣以及對這段傳統路線模糊認知之中，我漂浮在高架的高速鐵路上穿越滿洲平原向著南方前進。不可能，就連想要聚焦在地平線上的某一個點也是不可能：玉米、大米和大豆，田野融合在單色的茫茫一片之中。

我們在下午四點五十九分準時到達大連火車北站。耳朵裡出現了游泳的人常會有的耳壓。所有客人還在下車，乘務小姐就已經迅速地將一排排座椅轉動一百八十度。在短暫停留之後，火車又朝返回滿洲北部的方向呼嘯而去。乘客又可以面朝行駛方向讚嘆中國的進步。

我很快又坐在高架火車上繼續隨著火車呼嘯聲前往旅順口，這是距離大連市約三十公里的一個衛星城市。掛在遼東半島最尖端，東邊為黃海，西邊為渤海。對西方歷史學家而言，

旅順口的俄羅斯車站建築（建於 1900 年）

這個大連市轄區以其殖民地名稱亞瑟港較為人所知。英國皇家海軍中尉威廉·C·亞瑟（William C. Arthur）在第二次鴉片戰爭期間帶著一艘砲艇保護這個海灣。當時這裡只有一個漁村。

半年前我第一次來這裡時，國家雪亮的眼睛拒絕我進入此地：在旅順口俄羅斯老火車站的警察以「軍事禁區」的理由拒絕。中國第一艘航空母艦是還沒建造完成的庫茲涅佐夫蘇聯海軍元帥級航空母艦，當時已經停靠在大連造船廠的碼頭上。中國在九〇年代透過代理人買下了尚未完建的二手軍艦船體，裝作要將該船改造為海上賭場。經過一趟長途旅程，中國海軍將航母拖過博斯普魯斯海峽、直布羅陀，繞過好望角，穿越麻六甲海峽，但不是去澳門，而是繼續直接去大連。賭場執照在那個時候已經取消了。前蘇聯的瓦良格號（Warjag）改名為遼寧號。二〇一二年出航，中國人在艦上安置了飛機而不是輪盤賭桌。多麼偉大的壯舉！難怪當時中國不歡迎想要到這個海軍基地來圍觀的群眾。

是的，我當然可以給車站拍照，警察當時還很大方地說。這不是很棒嗎？不過至少我看到了在黃海邊俄羅斯殖民鐵路的南端車站：一九〇〇年落成的迷人車站大樓，它的綠色屋頂塔樓，月台上的桁架梁柱，更令人想到波羅的海度假勝地的火車站，而不是在帝國最東端戰略鐵路的終點站。英姿颯爽，但不是氣勢磅礴，以此觀之，好像沙皇不再需要對它的亞洲鄰居展示或證明什麼。當我按下相機的快門後，穿制服的衛兵微笑著護送我到計程車招呼站，並用一種官僚式呆板生硬的語氣告訴司機我要去的地方：「大連。」他建議要帶我做一趟祕密的城市觀光，但是我謝絕了他的好意。

旅順口，第二次嘗試：我現在站在高於城市的高架火車站上，沒有穿制服的歡迎委員會來攔截我，只有一部攝影機從燈柱上拍攝從下面跳過去的每隻松鼠。我的到來大概早已被記錄在冊了。我漫步往下走去老城，往港口方向。生活在這裡的人們步行和騎自行車從我身邊經過。貓咪四處遊蕩，喜鵲跳躍著，沒有在怕街上來往的交通。只是從山上一個軍營裡傳來訓練口令的叫聲，打破了沉悶的寂靜。那應該是軍官宿舍吧。退役軍人也在這裡享受老年生活。銀杏樹和梧桐樹排列在寬闊的街道兩旁。南下來到北緯三十九度，簡直把我彈射到完全不同的氣候帶。樹幹非常粗大，應該是俄國人在的時候就已經種下去的吧。大樹後面隱藏著老舊的別墅，其磚牆、斑駁的牆上泥灰像梧桐樹幹一樣舒適溫暖地在陽光下發光！這裡的九月和哈爾濱不同，就算在落日餘暉之下也不相同。如果不是前院花園裡精心打理的菜圃以及兩棵樹幹之間掛曬的衣物，我還以為這裡是美國的市郊呢！

一個男人站在柵欄後面，襯衫半開，手肘靠在耙子上。其實我只是想要向他問路，但後來我還是告訴他，終於可以參觀這個美麗的港口我有多高興。老人點點頭說：

「已經有好幾年了。」他回答我的問題，告訴我這裡早就不是禁區了。他還問我從哪裡來？「啊，是從德國來的。」他很驚訝地揚起眉毛，突然自言自語地說了很長一段話：「來到我們這裡的主要是俄羅斯人。自從五〇年代以來就沒有來過，但是這幾年他們又回來了，有一個甚至在找他祖父的房子。至少他們今天是以遊客身分來我們這裡，」老人總結道，「這樣更好。」

「比什麼更好？」

「哦，比士兵更好。」老人閉上了雙眼，疲倦地咕噥著。他沉默了下來，抓起一根軟管，然後給他的菜圃澆水。

拜優越的地理位置和狹窄的入口，旅順口被中國人認定為第一等級的天然港口，把它建造成皇帝現代化北洋艦隊的海軍基地。但是水師戰術不佳，紀律也不好，衛兵在大砲砲管裡傾倒垃圾並兜售火藥。難怪日本巡洋艦在甲午戰爭中將中國海軍的驕傲堵在鴨綠江口，炸沉他們美麗嶄新的船艦，並且獲得黃海的控制權。根據馬關條約，戰爭在一八九五年結束，日本實際上還可以進軍到滿洲南部的海灣。然而俄國透過嫻熟的外交手腕，在與德國人及法國人結盟進行干預之後，俄羅斯從中國租借到旅順口，並在此火速建立了第一個對他們太平洋艦隊非常重要的不凍港，而且是東北亞最為堅強的堡壘。

俄羅斯人狂熱的權勢欲望，不計後果要統治滿洲與韓國的強烈意志，使得亞瑟港成為引發二十世紀第一個世界大戰的現場，也是現代歐洲強權被亞洲強權擊敗的第一個事例。沙皇尼古拉二世於一九〇四年二月八日晚上在聖彼得堡聽完歌劇《露莎卡》（Rusalka）回宮時，日軍襲擊俄軍的消息令他大吃一驚。日軍沒有宣戰，但其軍艦在夜間用魚雷出其不意地攻擊並重創了停泊在亞瑟港的俄羅斯艦隊。這是俄國人的珍珠港事件。同時間之內日本軍隊登陸朝鮮，並在陸路上向滿洲推進。日本迅速取得了制海權，陸上戰爭幾乎全在滿洲。日軍包圍俄羅斯的堡壘近半年之久，激烈的砲火像音樂會一樣在環繞城市的丘陵上演奏。在北部，舊城和新城之間，到今天還可以在旅順口大片住屋的屋頂看到白玉山塔，這是日本在亞瑟港堡壘淪陷之後修建，作為戰勝俄羅斯的象徵。在這座塔的另一邊還有一座更陡峭的山峰聳立天際。我在曲折的路上費了九牛二虎之力，好不容易才爬上東邊的山脊，這裡是那場戰爭中最血腥戰鬥的發生地點（東雞冠山）。砲彈的彈坑切入堡壘一公尺厚的磚石圍牆裡，司令部、士兵宿舍、軍火庫和掩體都是以五角形的形式嵌入山裡。直到今天，他們架在生鏽馬車上的大砲仍然瞄準外海的方向。這些大砲是俄羅斯最大軍火公司之一，聖彼得堡的奧布霍夫（Obuchow）工廠工人於一八九九年鑄造的。

在俄軍遭遇接連失敗後，尼古拉二世同意了美國總統羅斯福調解的提議。一九〇五年九月五日，兩國談判代表簽訂了對俄羅斯較有利的樸茨茅斯條約，條件之一是帝俄將其跨滿洲殖民鐵路南段的七百多公里讓給日本，除此之外，日本獲得了俄羅斯的遼東半島租借權連帶亞瑟港的海軍堡壘，並接手俄羅斯興建港口城市大連的宏偉計畫連同大連到山東的短程海線，從而進入中國心臟地帶。這項損失代表俄羅斯在南滿洲和朝鮮半島地區影響力的終結。第二次世界大戰結束後，昔日用作海軍港口的舊租借地直到一九五五年才回到蘇聯軍隊管轄之下。

我從東邊山脊跌跌撞撞地往回走，穿越關東軍的舊總部，其宏偉的宮殿讓我再一次揣想，日本早在滿洲國建立之前的殖民野心有多大。繼續走在前往史達林路的方向，經過廢棄的軍營和用木板封起來的蘇聯文化館。紅色油漆已經剝落，建造年分為一九四五年，其中的「四」在幾年前從入口處的門廊上脫落。這是俄羅斯人第二次來到此地時建造的，目的是為了接下來三十年控制及保護這個海軍基地。但是在十年之後他們又離開了。越過這些過去的遺跡，一座被針葉林圍繞的勝利塔矗立在市中心，為了紀念戰勝日本十週年的金色五角星在塔頂上發光。一道螺旋樓梯通到塔上。塔的影子像一根針一樣落在海灣上。

沿著柱影的輪廓我心想，這是每個海軍上將的夢：這座城市散布在一個三面被山圍繞，面向海濱的坡地上，在第四個邊上有一條很長的海濱道路連接到海灣，這個被稱為「老虎尾」的岬角形成阻擋武力與大自然入侵的屏障。可愛火車站的西邊是新城區和軍官的別墅，我剛抵達後就漫步走過這裡了。東邊是港口設施所在的老城區。

碼頭上，陸地與海水都呈現退潮。港邊的人行步道，甚至運動場上都沒有人。海水倒退了數百公尺，漁船躺在泥濘中。北海艦隊的幾艘艦艇在更遠的碼頭上：巡邏艇、補給船、拖船、醫療船。沒有護衛艦，當然也沒有驅逐艦。沒有什麼美國人應該要害怕的東西。新的住宅高樓從地平線上造船廠大門起重機後面的山上探出頭來。我在隧道入口前看到被劫持的蘇聯「賭場」航空母艦的模型，「揚帆起航」四個字刻在岩壁上。

「石榴，柿子，石榴」，擴音器的聲音不斷重複響著。只有在港口那裡和史達林路交叉的文化路上有一些繁忙活動，是每週的市集。許多看起來像死亡面具的豬頭在人行道上發光，一個孔武有力的男人猛力給其中一個豬頭重重一擊。一位女裁縫帶來用腳踏板驅動的老式勝家縫紉機，她旁邊坐著小販，用原始的手秤販賣茄子、辣椒、蘿蔔，以及每年這個季節可以收穫的東西。販賣香蕉的男人把扁擔架在肩膀正要上路回家，從另一條平行街道上傳來響亮的《紅蜻蜓》和其他卡拉ＯＫ酒吧的噪音。水手們在室內大喊大叫慶祝岸上的假期。歡笑過了，喝醉了，幾個男孩聲嘶力竭地走回山上的軍營。憲兵巡邏隊穿著無可挑剔的海軍藍色制服護衛他們回去。夜晚本該寧靜，但蟬聲不斷，整個城市都是那纏人的聲響。吸食植物汁液的知了無所不在，在樹上、樹籬上、草地上。冬天前的最後一場音樂會，附帶安可曲直到宵禁之後。

我搭上搖搖擺擺的公共汽車回大連。二線道的沿海公路交通順暢，公路旁沿著海岸的木棧步道蜿蜒隨行。垂釣者將釣竿垂入平靜的大海。途中經過「歐洲村莊」、「義大利莊園」、「新加坡花園」和道路另一邊所有富麗堂皇的豪宅，其中有一家名為「城堡」的綜合酒店，看起來像是把德國新天鵝堡偷運到黃海邊上，路過這座大城市平凡世俗的一切。

大連不像旅順口那樣是個海軍基地，而是被設計為貿易港。俄羅斯人給這個城市取名為達里尼，在他們的語言中代表「遙遠」或「偏遠」的意思。在一九〇五年之後，日本著手實現俄羅斯對這個遙遠國際貿易港的夢想，滿洲的大豆和所有大自然賜予的禮物很快都經由鐵路來到這裡的碼頭，再從那裡經由輪船送往全世界各地。在一九二〇年代，大連甚至是排名在上海之後的中國第二大港口。殖民城市幅員廣闊，像哈爾濱新城一樣的圓形市中心有許多紀念碑和花園，以及從中心輻射出去的主要街道，都是俄羅斯人業已決定的，真正的擴建則由日本建築師執行。他們的宮殿今天仍然排列在中山廣場上：朝鮮銀行、警察署、一家旅館，還有一家銀行等等，歐洲建築風格融合了哥德式和文藝復興元素，如今早被中國經濟奇蹟的摩天大樓所超越。然後是現代化的痕跡，例如一九三六年落成的火車站連同汽車坡道，看起來像是六〇年代的產物。和傳統俄羅斯風格不同的是，這裡有大圓頂、高塔樓、窗拱和山牆，更像是模仿而來的傳統歐洲風格，也或者和火車站一樣，打破了東西方的傳統。日本人在四十年之內把一個微不足道的聚落造就成一座百萬人口的城市，近四分之一的居民來自日本，讓大連成為中國大陸上最「日本」的城市。

但我只漫步走過市中心。翌日清晨，九月溫和的陽光再次閃耀，我繞道前往城市東北郊區。在那裡又突然回到了俄羅斯：黃色鵝卵石，俄羅斯流行音樂，還有能看見無人島的景觀。俄羅斯人和中國人在金黃色沙灘上嬉戲，一輛藍寶堅尼在路堤上打轉，發出輪胎和地面磨擦的響聲。俄羅斯人目瞪口呆地看著，面露出驚訝的神情。大部分的人都是穿著怪異泳裝的肥胖退休人士，像海獅一樣在沙灘上休息，在飛回已經涼爽秋意的故鄉之前充分享受最後的陽光。年輕的學生們在練雜技，讓身上最角落的肌膚也可曬成均勻的褐黑色。中國人的游泳文化至今仍然截然不同：一些帶著耳塞或類似巴拉克拉瓦頭套的游泳浴帽的人在齊腰深的水中游泳，其他人在捕撈海藻和海蜇當晚餐，一個四十多歲的女人大聲地唱著高亢的詠嘆調。海灘大道上的攤位當然是用西里爾文做廣告，「馬殺雞」等等，我們都懂。然而和哈爾濱太陽島的沙灘比起來，這裡差不多已經是滿洲的蔚藍海岸[20]了。俄羅斯人今天建造的只是海灘上的泥沙城堡。在這些城堡沙牆後面以及所有海蜇採集者後面，在某處，天空掉進大海裡的地方，應該就是韓國了。

20 法義之間的地中海度假勝地。

大連海灘上的俄羅斯遊客

第14章

習的報紙讀者，金的女花童

丹東—延吉—琿春—防川

一列普通列車在「中朝友誼橋」上爬行，這座橋在丹東橫跨鴨綠江，就在它要流入黃海之前。通過這條橋總共花了七分鐘的時間，列車正好共有七節塗著綠色和黃色條紋的車廂，應該是每日一班往返於平壤與北京兩國首都之間。橋前有幾根古老橋墩矗立河上，那是舊橋的遺跡，韓戰期間被美軍 B-29 轟炸機炸毀。舊橋曾經連結了昔日滿洲國和朝鮮半島上的日本殖民地朝鮮，如今在中國岸上的橋身被當做觀景台用。遊客們走過長長的人行道，支付入場

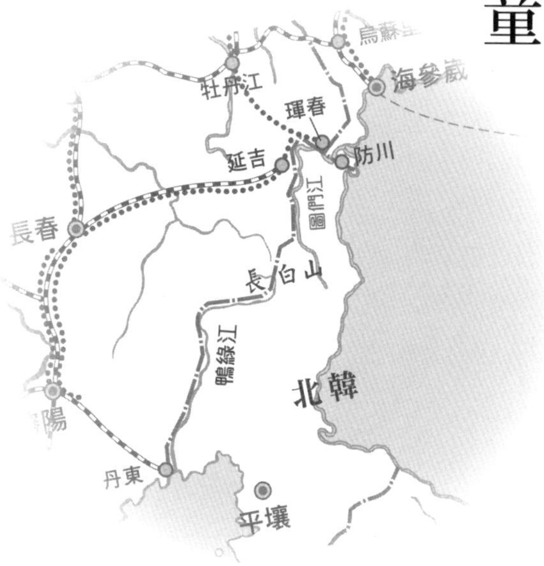

費就可以望一眼多年來已然陌生的鄰居。

丹東擁有兩百萬居民，是中華人民共和國最大的邊境城市。到目前為止我只從敘述中認識這個地方，在北京時，博漢一次又一次不斷地對我講述他童年時居住的城市。他講的不是在大慶把石油從地下泵上來的馬頭形狀幫浦，而是有關丹東以及他父親所擁有的小小燒酒工廠，邊境小鎮裡單調的日常生活，以及那個可望而不可及的鄰國。

所以現在我第一次親眼看到金氏被孤立的國度。所能看到的並不多：低矮的平板屋輪廓和綠松色瞭望塔，讓人懷疑對岸的新義州是不是真的有二十五萬人口。受到潮汐影響，有四艘大貨船擱淺在鴨綠江岸邊的淤泥中。一艘朝鮮邊防部隊的灰色汽艇在前面巡邏。在河流上游方向，橋梁的另外一邊，三根煙囪伸向藍灰色下著細雨的天空。沒有被風吹散的煙柱可能暗示著隱藏在工廠廠房裡的生活。只有一棟大約二十五層樓高、尚未完工的建築越過秋日枯黃的南岸樹林，大膽地矗立於煙囪旁，看起來就像一個打開蓋子的餅乾罐鑲在朝鮮的風景裡。就好像類似於平壤柳京飯店的外國旅館，這會是新未來主義的金字塔嗎？圓形建築旁有一座附有水滑梯的夏季游泳池孤零零地在那裡，再上游一點還有一座簡樸的夜間遊樂園，裡頭有一架摩天輪，但是以其規模來看根本就名實不符。十二個藍紅黃綠車廂的摩天輪讓人聯想到玩具鐘，閃耀的金屬輪轂是鄰國灰暗暮色中唯一的色彩，但是很快也會被黑夜吞噬。不知何故，這片景像有一股純淨，沒有每日包圍我們的雜亂五顏六色，但若沒有這些雜亂，我們又無法想像生活會是什麼樣子。

「摩天輪停著不動已經好幾年了，」在我身邊突然冒出一個男人的聲音。他觀察我應該有一段時間了。散步道上幾乎只剩下我們，只剩下這個徒勞地把稀疏頭髮梳到禿頂上的男人和他的兩隻吉娃娃和我。遠處還站著一小撮人，猜想他們是從附近大樓裡出來散步的。中間的一個停車場上引擎聲轟隆隆作響，掛著朝鮮車牌的黑色超跑火流星（Bolide）停在那裡。

從沿岸路上的紀念品商店和酒店來看，夏天這裡看起來應該會不一樣，會是一片喧囂和歡樂。商店裡沒有俄羅斯娃娃和印著普丁肖像的扁平燒酒瓶，而是來自朝鮮的郵票和鈔票、人參糖果和白蘭地。但是在旺季過後，偉大的領袖金日成和親愛的領導人金正日的別針會塵封在銷售櫥窗裡，現在正露出牙齒對著我們微笑。

「明天再來吧，可以坐船出去遊覽一下，」男人對我提出這樣的建議，並指著幾艘停泊在碼頭上，有罌粟紅色寶塔屋頂的駁船，「不要忘了帶望遠鏡。遊覽一趟半小時，船會駛入鴨綠江的一個支流。在那裡可以看到農民用水牛耕田。」他暫停了一下繼續說：「岸邊種田讓他們變得消瘦。」

「水牛嗎？」我反問。

「是的，水牛也是。」

男人對這貧窮情況只能搖搖頭。以他的年齡來看，他也經歷過窮困的日子。他猛力拉了拉粉紅色的狗繩，一隻吉娃娃嚎叫起來，另一隻氣喘吁吁地站著，舌頭吊在嘴巴外面。男子無動於衷地指向河流下方的黃海說：「在拐彎後面有一座跨河的全新橋梁[21]。」男人認為那座橋氣勢恢宏，隨即又罵說這座橋花掉他們二十億人民幣。「五年，」他繼續說，又再拉一拉繩子，「五年來一直沒通車。所以我們這一區的樓房和購物中心都是空的，丹東的房地產市場是全國最爛的。」近幾十年來，當年的兄弟之邦中國和朝鮮變疏遠了，在他說的每個字中都可以聽出決裂的弦外之音。

在河下游，在城市南部的一個新社區是丹東經濟特區的新建築，高高突出於當地海濱地區的公寓樓房之上。遛狗的男人說，朝鮮必須像中國那樣開放改革。在他看來鄰國現在變得神祕莫測，甚至有些詭異。

單鐵軌、單車道的窄橋是朝鮮目前尚存的臍帶，超過三分之二的雙邊貿易只能透過這個隘口進行。我在大連和丹東之間某個地方在雜誌上瞥見過這個訊息。雜誌上說：中國是朝鮮最重要的貿易夥伴，百分之九十五的進口來自中國，至少三分之二的出口進到中華人民共和國，接下來的排名是尚比亞和莫三比克等國家。但是在這裡並沒有繁忙的邊境交通，只是偶爾有車輛通過橋梁，更少看到有火車來往。行人原本就不該在上面行走。

「什麼事都沒有。這怎麼可能？」我驚呼，不解。

「無論如何罪魁禍首並不在丹東，更不會是北京。」狗主人冷漠地回答這個無禮的問題，彷彿已經準備要離開。他的頭髮在風中像風帆一樣堅硬豎立，吉娃娃們沒有興趣理睬我們地緣政治的激烈爭論，寧願把鼻子湊在他們主人與季節不搭配的夏季鞋子上。

「那問題是出在哪裡呢？」我堅持地糾纏不休。

「你是美國人嗎？」男人發牢騷回擊，然後沒道別就消失在夜色裡。

柴油車頭隆隆作響地拖著行駛於平壤與北京之間的快車，沿著中國岸邊通過一排排的藍色燈泡，孤獨地駛回朝鮮的黑暗國度。現在天色已暗，橋上一排長長的燈光為火車指引方向，精準地指向山谷小徑。

我第二天一早爬到城市上方的錦江山，發現到完全不一樣的驚奇景象。望眼所及看不到樹木，取而代之的是大量的混凝土、花崗岩和大理石。秋天的好天氣仍然強烈而多彩，處處表現出凋零前的強勁生命力。眼前的景象令我嘆為觀止：丹東市中心的東南部充斥著鄧小平時代灰溜溜的高樓層住宅和商業建築，那是投資者期待著朝鮮經濟奇蹟的年代。但是在後面，鴨綠江的另一邊，是我昨天只能隱約看到的朝鮮新義州市。東北邊巨大的韓戰紀念碑（抗美援朝紀念塔）清楚地映入眼簾，西邊有一片樹木繁茂的丘陵和城市郊區，前面則是擺放著生鏽的高射砲、退役坦克車和米格十五飛機的廣闊展覽區。廣告看板上的孩子對著我笑，他們穿著制服，被迫在場地上玩著戰爭的遊戲。戰爭是這座山的重大主題，但戰爭很少

21 指的是中朝鴨綠江界河公路大橋，已完工但仍未通車。

會是遊戲。

一個老人，枯瘦得好像是用紙糊起來的，坐在聳立於山上的方尖碑陰影下。「來坐下吧，」他輕聲說，帶著濃重的山東口音。他旁邊擺著一把二胡：「啊，這只是愛好，我拉得不好。」他謙虛地說。這個精神奕奕的老人好像最喜歡路過的人聽他講話，而不是他的弦樂器的聲音。

片刻之後就有一小群人圍繞在自稱是王先生的老人家身旁。炯炯的目光，臉上幾乎沒有皺紋，一九三〇年出生。「我十三歲時來到丹東，來自煙台附近的一個村莊。空著肚子。連年乾旱，許多在家鄉的人……」數千萬中國人，主要是身無恆產的貧困農民，像王先生一樣逃向北方，擠在貨車廂裡，塞進擁擠爆滿的船隻，或是靠著雙腳徒步。像是民族大遷移一樣傾瀉而出，湧進滿洲的新世界裡。今天從外表再也看不出王先生曾經艱辛困苦的日子了。米色鴨舌帽，白色棉質襯衫，灰色褲子，牛角框眼鏡。他留著白色鬍鬚，好幾天沒有刮了。

丹東市早在災難大遷徙之前就已經存在，早在王先生來之前。因為地處重要戰略位置，明朝皇帝在鴨綠江上建立了防禦要塞。這個地區的快速殖民化是從十九世紀中葉朝廷允許中國人從中原心臟地帶進入這個從前與世隔絕的地區開始。到一九六五年之前，這座城市一直被稱為安東，它脫胎換骨般地迅速發展成為中國及其納貢的附庸國朝鮮之間的交流中心。今天的丹東是一個以紡織、木材和化工廠為主的工業大城。

王先生拍拍我的肩膀，要我往前移動一點，塔投下的陰影已經移動了位置。這座五十三公尺高的方尖碑銘記著經過三年戰爭後的停戰協定簽署之年：一九五三年。鄧小平題的字，紀念千千萬萬名陣亡的人民志願軍。這支部隊並不是以中國人民解放軍的正規軍名義，中國領導階層以這種方式來避免與美國開戰。毛澤東惡意的「人海」戰略以絕對多數的「志願者」來突破擁有超強火力的對手。

中韓兩國的受傷陣亡者人數僅能估計。遭受到這場大屠殺、驅逐以及飢餓而死的人總共超過三百萬，其中包括數十萬中國的「志願者」，毛澤東的長子毛岸英就是其中之一，而且可能是這場戰爭中最知名的受害者。

「其他人都是農民，」王先生嘆了口氣，「很多人來自南方，來自四川，來自湖南。大多數沒有回來。」他用哽咽的聲音補充道。他懷疑他們參戰真的是出於自願，「今天，農地裡的莊稼快要收割的時候，有誰會在一夜之間就自願投入離家數千公里以外的戰場？」

「抗美援朝紀念塔」讓我在穿越滿洲的旅途中又上了一堂中國歷史大外宣的課：它將中國士兵的參戰美化為聲援有難兄弟之邦的英雄表現，以血肉之軀鑄造友誼，用以對抗美國帝國主義。停火協定簽訂四年之後，中國政府正式啟用整個紀念館。這個「愛國主義教育場所」是中國最重要的博物館。兩層樓，幾千平方公尺的展覽空間，都是擺滿照片、雕塑、文件的大廳。

「坐著不要起來，」我正要離開時，王先生對我說，「博物館在幾小時之後才會關閉。」他拉著我的衣袖。「如果不知道以前的事情，你要如何瞭解韓戰呢？」

不只是在博物館，對於王先生來說，戰爭的創傷早在一九五〇年夏天之前就開始了。對於一九九〇年退休的鐘錶師傅王先生而言，那個時代充滿了機會，也充滿了苦難：「一九四五年秋天，每個人都可以跨越鴨綠江。沒有人檢查。」那時年輕的王先生是數以千計的邊境商人之一，「日本人早就被打敗逃跑了。國民黨人還沒有來，我們的共產黨人也同樣沒有到，城裡只有俄羅斯人。」

若不遵循王先生的講法，而是遵循官方說法，一九四七年中共「解放」了這個城市。實際上沒有什麼可以解放的，王先生做了更正說：「國民黨祕密地離開了丹東。」這位退休人士不在乎官方措辭，好像很喜歡回想那些日子：「共產黨人很正確地對待一般老百姓。」

「那其他的人呢？」我繼續深究。

「啊，他們都很可怕。我們遭受日軍不斷的襲擊和折磨。他們可以吃米飯。韓國人和中國人只有小米可以吃。」

「那蘇聯士兵呢？」

「他們也好不了多少，」他說，看著那些聽眾裡有些懷疑的臉孔，「我雖然不知道他們在自己家鄉的行為是怎麼樣，但是他們在這裡的行為真的非常不當。大鼻子和小鼻子一樣，都是野蠻人。」

我們沉默沒有說話。我不敢再繼續問下去了。

在鴨綠江彼岸也有戰前之戰。原來的中國朝貢國變成保護國，最後甚至成為日本的殖民地。一九四三年同盟國在開羅同意一個自由且獨立的韓國。一年半後，他們在雅爾達又圈出了自己的勢力範圍：從一九四五年起，北緯三十八度線以北的領土由蘇聯託管，以南的部分則歸美國管理。冷戰使民主邊界成為系統的分界線，蘇聯舉金日成為領導者，而美國與前殖民菁英合作。李承晚在一九四八年七月起擔任新成立的大韓民國總統，在南方實行獨裁統治。幾個月之後，蘇聯在北方成立了朝鮮民主主義人民共和國。

事情似乎已成定局。當一九五〇年六月二十五日上午，配備著榴彈砲和迫擊砲的朝鮮部隊在北緯三十八度線的地方向南方陣地開火，美國人和蘇聯人都已經撤離了。他們的進攻在三個月後停滯在釜山前面的南部海岸上。美國將這次襲擊解釋為蘇聯的侵略行為，聯合國按華盛頓的要求決定出兵。聯合國做出這樣的決定是因為蘇聯政府當時抵制了安全理事會。聯合國軍隊的司令部與來自美國、南韓和其他十五個聯合國會員國的士兵在九月中旬進行反擊，導致朝鮮軍隊在驚惶失措之中潰敗。一個月之後，朝鮮發動另一次攻勢，中國的「志願軍」越過了鴨綠江，期冀將敵軍擊出自己的國界之外。

博物館裡的一幅巨大全景圖畫讓人想起一場不對等的戰鬥。一九五〇年冬天的清川江戰役的立體模型擺放在專屬的圓形大廳裡，英雄化地彰顯了中國在對抗技術上占優勢的敵人時的戰鬥意志，配合著多媒體機槍劈劈啪啪的響聲和連續擊發子彈所拖曳的光影。戰爭只認識這些英雄事蹟背後的戰敗者：前線卡在北緯三十八度線上，沿著民主分界線來來去去地拉鋸了兩年的「手風琴戰爭」。在經過艱苦冗長的談判之後，美國人和朝鮮人終於在一九五三年七月二十七日簽署了停戰協定，高高的方尖碑和瘦骨嶙峋的王先生牢牢記住這件事。從那以後，雙方一直在戰前的邊界上對峙。

被譽為英雄的中國人從戰場經過丹東歸返家鄉。老王還準確地記住一九五三年五月一日，他持著二胡琴弓顫抖地指向城市：「我們當天放假。我跟許多人一樣到火車站去迎接從韓國回來的人。但不是贏家的模樣。他們的眼睛乾澀，低著頭。看到這一幕時，我禁不住哭了。」博物館講述了一個不同的故事：照片中的中國英雄在丹東居民的歡呼聲中容光煥發。掛在另一個展覽廳的照片展示了被俘虜的大兵上演的和平集會，他們一排排整齊地坐著，高舉著橫幅布條，上面寫著「我們要和平」、「我們要求退出朝鮮」、「台灣是新中國的一部分」。博物館隱而不說的是，這種強迫的戰爭宣傳是違反國際法的。

看著這些模糊的照片讓我又想起了平房區的恐怖密室和長春的傀儡皇帝的皇宮。這些博物館是按照「百年國恥」的形式呈現，也就是中國人所說，在第一次鴉片戰爭（一八三九至一八四二年）到一九四九年中華人民共和國建國的期間。日本帝國主義先在滿洲點燃，很快就蔓延整個中國海岸，這是民族敘事的關鍵主題。丹東因為朝鮮戰場上的光榮奮鬥而為人稱頌，中國因為丹東而終於克服了這場夢魘。只要滿洲是共產黨對抗國民黨以及日本的戰場，那麼美國就是丹東居民的死敵。

我下山去火車站，很快又搭上一列開往北方的火車，前往中國與朝鮮國界的另一端。去延吉很麻煩，要經過瀋陽和長春。這個晚上我幾乎沒有睡。

從火車站搭乘的短程計程車停在布爾哈通河的堤岸後面，晨霧中飄盪著炸油、肉、魚、蔬菜與藥草的味道。早市。雖然和中國其他地方的早市一樣，但是眼前所見卻清潔得跟醫院一樣：一個商販把多汁的葡萄披掛在大葡萄葉上，旁邊是被剝了皮的狗，肉在晨光下閃亮著粉紅色。韓國人認為狗肉是美味佳餚。許多兜售的貨物可能是從鄰國進口的：鱈魚乾、烘乾的海參、蛤蜊、刀鯉、各種蘑菇。從在市場上叫賣的商販看來，聯合國的制裁顯然已經結束了。早餐店老闆做他的日常生意，商販們在矮凳上吃著食物，啃著油條，啜飲稀飯。早上七點下班。

這裡和丹東真的有很大的差別！四十萬居民的延吉市感覺比四倍大的丹東更加國際化，而且具有更多的中國特色。朝鮮人是占延吉市居民三分之一多一點的少數民族。一切，真的一切都是雙語：廣告牌、街道路牌、電視節目，甚至計程車的計費錶聲音也是雙語。延吉距離朝鮮僅二十公里，是延邊朝鮮族自治州的首府。而延邊在我看來屬於中華人民共和國裡把「自治」一詞不僅僅具有民俗性格的少數地區之一。

當我說出早市是掌握在朝鮮人手裡的猜想時，坐我旁邊凳子上的女人說：「沒錯，連你也看出來了。我們朝鮮人非常努力工作。」她眨了眨眼大聲喊道，講話的音量讓整個小吃店裡的人都聽得見。「我們注意清潔衛生，而且無論如何，我們都很有禮貌。這是我們的習俗。」小吃店裡響起了其他客人贊同的笑聲。在中國的五十五個少數民族中，大多數都比漢人窮，受教育的程度也比較低。但是境內約兩百五十萬的朝鮮人並非如此，他們可能是中國少數民族中最成功的一個。這說明了這個女人為何那麼有自信。

城市裡的寬闊大道也顯得乾淨整潔。中國漢族和朝鮮族共同生活在延邊自治州給我的印象，比中國國內其他地方更加和諧。從殖民時代到韓戰，這裡都是中國人和朝鮮人的避風港。在這裡他們被稱為朝鮮族，是來自朝鮮王朝的王國移民後裔。先是洪水淹沒了他們的莊稼，沖毀了房屋，也把飢餓的人們從半島趕到滿洲。接下來日本殖民統治者的騷擾又把朝鮮族驅逐到中國流亡。為了表彰他們對抗日本侵占滿洲以及他們在內戰期間與中國共產黨的兄弟情誼，中國政府賦予朝鮮人在這個地區的自治權利。雖然兩個民族和他們的文化正在不斷融合中，朝鮮族在延邊的總人口比例卻減少了。一些朝鮮人因為日益嚴重的文化邊緣化而感到痛惜。

位置靠近朝鮮與其說是祝福，倒不如說是詛咒，因為延吉的朝鮮族從音樂品味到服裝風格上都和半島南方資本主義的血親兄弟有更多的共通性，與相鄰的金正恩如鬼火般閃爍的王國卻有著許多的矛盾。上一次人民軍在二〇一七年九月在離國境不遠的豐溪里地下試驗場引爆了核彈，爆炸的威力使得距離一百八十公里外的延吉的地層也在搖動。

「我擔心輻射，」當我向這位在我旁邊的女士詢問鄰國的事情時，她直截了當地說。她把凳子移到緊靠我的地方，說話突然變得很小聲，好像沒有人可以偷聽到：「我的家人當時住在山上。在他們最後一次的試爆中，我差點從床上摔下來。」她匆匆忙忙地小聲說，用眼角瞥了一眼其他的客人。甚至在韓國過新年元旦的時候，朝鮮人像中國人一樣按照農曆慶祝新年，那個瘋子也引爆了一顆炸彈。但北京一直不斷在安撫我們。「走私是另一個問題，」她在我耳邊嘶嘶地說。她不是在說早市上那些大自然的贈禮：「延吉長期以來一直都是冰毒的集散地。」

我簡短地漫步過城市，幾個小時後走進一個完全不同世界裡的柳京餐廳。大圓桌上配有可以旋轉夾菜的圓盤、精美的石頭地板和向客人鞠躬致意的女服務生。乍看之下，餐廳像一個純正如假包換的中國餐廳，但是巨大壁畫上高高的，在俗氣的黎明朝霞中閃閃發光的山嶺和這餐廳格格不入。漂亮的女服務生用很不流利的中文引導我這個西方客人到空蕩蕩的餐廳盡頭的一張小桌子。我在菜單瞄了一眼就知道了原因：從狗肉到人蔘酒，菜色都是韓式的，客戶群定位在朝鮮人。柳京餐廳隸屬於朝鮮海棠花集團，是一個從阿姆斯特丹到河內都有的連鎖餐廳。女服務員很快就端上了韓國泡菜、魚板、配上新鮮生菜葉的韓式烤五花肉。日本朝日瓶裝啤酒才十五元。平壤的烹飪外匯公司以非常便宜的價格招攬客人。

餐廳突然忙碌了起來，在客人就座之前女服務生就匆匆地將熱氣騰騰的餐食端上了桌，顯然這些客人預訂了餐點。二十多個男人和女人在大廳裡的四張大桌子邊舒服地坐下，臉孔和南韓旅遊團的服裝曝露了他們來自的國家。他們用閃閃發光的銀筷子用迅雷不及掩耳的速度舀進熟悉的菜餚，輕柔的革命音樂已經令他們麻痺，但仍不耐煩地等待表演開始。盤子空空，腹部滿滿。

五個女花童進入大廳前端的小舞台。在客人不注意時，女服務生已經換了服裝。其中一個女孩啟動鍵盤，其他四人（每個都已到了法定年齡）在舞台上熟練地隨著節拍旋轉，輪流唱歌。一、二、三、四。副歌。生硬刺耳的聲音打破了天鵝絨般的幻覺，臉頰上塗著白色面霜和紅紅的胭脂看起來像瓷娃娃。柳京的意思是「柳樹之都」，是平壤的古名。對我來說，在這裡用餐賞心悅目。觀眾席輕浮的叫嚷聲穿透了嘈雜的音樂。

當女孩們唱出《阿里郎》時，一些男性客人就再也坐不住，情不自禁地站了起來。「阿里郎，阿里郎，阿拉里呦……」沒有一首歌曲更能比這首民謠讓兩個韓國人民更緊密地聯繫在一起。在整個韓國一起參加國際體育賽事時，這首民謠已經成為國歌的替代歌曲了。有一個人在舞台前面豎立了一個板子，上面寫著「一束花五十元」。男人們衝到台上，遞上塑膠花。五十元擁抱一個可愛的共產黨女同志。許多客人更慷慨地把百元大鈔塞給其中一個女孩。毛澤東的紅色肖像捐助給金正恩空虛的國庫。一個假裝醉酒的人把手向下滑過少女的臀部，溫柔的女歌手用冰冷笑容以及濃濃的白蘭地氣味擋住了階級敵人的攻擊。在這首歌曲之後，她在柱子的保護下將服裝從薄荷粉換為黃粉色時，她才瞬間收斂了臉上鐵青的表情。

韓國對朝鮮的熱鬧場面僅僅維持了五首短短的催淚濫情歌曲。在音樂的最後一個小節結束之後，旅行團的人迫不及待地蜂擁向遊覽車的方向。在男廁前面有一位客人疑惑地盯著看

延吉市柳京餐廳的朝鮮女服務生為南韓遊客表演娛樂節目

了我一眼，他沒有想到在這裡會出現西方客人。但隨後好奇心戰勝了疑惑，他客氣地把一個紅色香菸盒子遞到我眼前。「來根菸嗎？」男人用滑稽的英語講著，並指著香菸品牌的商標。「只是因為名字才買的。這菸草很傷肺。」長白山香菸，以中國的山脈命名，它分隔了中國和朝鮮，也是中朝兩國兩條邊界河鴨綠江、圖們江，還有松花江的發源地。即使在雪融之後，這座山仍然發出白色的光芒。韓國人稱這座邊境山脈的最高峰為白頭山，那裡是他們神話中朝鮮族的發祥地，不論南韓還是北韓都這麼認為。主峰下的火山口湖是中國與朝鮮國界經過的地方，中國人與韓國人都稱它為天池。

我真的從盒裡拿出一根長白山的

菸，用一根菸時間與他閒聊。他們昨天才上去過，吸煙者說，時序已經很晚了，畢竟已經快十月了，湖岸上已經有雪。「當我看到白頭山時，我再也無法抑制住眼淚，」他在猛猛吸了一口直衝肺部的煙之後夢幻地說，並用火柴幫我點燃第二根菸，「這座山讓我們都成為了愛國者。」

對於朝鮮和南韓的人來說，這座山不僅僅是個自然奇觀。是的，朝鮮人每年也到火山口湖去朝聖，當然是在湖的另一邊。在稀薄的山間空氣中，黨的學員和士兵們宣誓對胖乎乎的金效忠。我也從國家神話中讀到，根據這傳說，金氏家族是源自於「白頭血脈」。今日專制暴君的父親金正日直到去世前都穿著厚底鞋，據說他是在聖山上的游擊隊營地出生的，出生時還有天上明亮的星星和雙彩虹照耀。事實上他平凡地誕生在蘇聯的遠東地區，出生時登記的名字是尤利．日成諾維奇．金（Juri Irsenowitsch Kim）。

餐廳裡的女服務員收拾了桌子，在廚房裡清洗碗盤。其中一個女孩數著今天的營業收入。唱歌，跳舞，服務，清潔，還要快速地洗蔬菜。兩位廚師又回到爐邊了，下一個南韓旅遊團再過十五分鐘就要到了。

在門廳有一個有不引人注意的酒店房間告示：依不同的等級類別每晚住宿費在三八八至五八八元之間。民族之間的共識在酒店高層樓也適用嗎？有一件事是肯定的：南韓的觀光客在這中國滿洲死角地區所要探索的不是中國，而是來尋找他們那些都成了陌生人的兄弟姐妹。「柳京」是一個特殊的接觸區，一個外匯餐廳，也是心中嚮往之地。

從吉林省圖們市圖們江邊望向朝鮮

繼續搭乘區域火車到圖們，那裡距離延吉東邊只有短短一小時的車程，長途特快車只需要十五分鐘。但是這裡的特快車也在不同的路線上行駛，而且停靠在距離市中心很遠的新車站。其實也節省不了多少時間。慢車車廂裡只有一些持月票的通勤者，火車站裡也沒有擁擠的人潮，只有從調車場那裡傳來一些噪音。

圖們，這個位於同名邊境河流上的小鎮是個不起眼的小地方，居民略超過十萬。即使在市中心也有許多住宅和商業建築是空著的，沒有玻璃幕牆，只有空蕩蕩的烤羊肉串小店，卡拉OK酒吧，在一棟六層尚未裝修的建築物底層有一些無家可歸的流浪漢棲息。圖們，在我逛了一小段路後就感覺出來，它位於區域的邊緣地帶。

走了一刻鐘後我就來到了邊界河。圖們江在這裡只有一百公尺寬。「禁止非法越境！禁止向朝鮮呼叫和拍照！禁止游泳！禁止走私、販毒和釣魚！」用中、韓、英文書寫的警告標示預告了嚴格的控管制度。布告牌後面是鐵絲網和蘆葦。秋天霧氣中的岸邊步道寧靜且空蕩，十月枯黃的雜草在花盆中還有一公尺高。一個人在浮船橋上打瞌睡。看不到有要搭乘筏船的客人。

我第一次感覺到在觀察對面封閉的國家時沒有被監視，但這只是自己認為的假象。電燈桿上的照相機正盯著在這裡少數活動的物體，而且每隔幾百公尺就有一位在毛毛雨中看報紙的人在監視。穿著整齊，腰間掛著手機，差不多四十多歲。抽菸，看書，抽菸。沒有來自河流對岸的難民到這個腹地尋求庇護。日誌中的每日記錄：「沒有特殊事件。」任務完成，下班。

每年都有朝鮮人經由這個狹窄水域逃到中國去。成人可以涉水渡過深及肚臍且流水緩慢的圖們江。在冬天河水反正會結冰。飢餓的朝鮮邊防軍在同胞越過邊境逃往更美好的未來時挪開了視線，他們自己的生存則靠著賄賂來解決。因此往往只有中國岸邊的讀報者在辛苦地監視。中國視這些難民為非法的經濟移民，將被抓到的人遣送回他們憎恨的祖國——他們在那裡的集中營裡會遭受酷刑或處決。還有那些逃過攝影機和便衣調查員監視而成功入境的人，必須要交付外匯來賄賂走私的人蛇，以求人蛇可以將他們偷渡到神明應許的地方。有些人在陰暗的卡拉 OK 酒吧裡賺錢，有些人在黑暗的小餐館裡大汗淋漓地工作，以換取幫派護送自己前往相對有希望的南方的昂貴費用。

一台水泥攪拌機在對岸隆隆作響，某處有一台挖土機在鏟土。儘管距離很近，我聽得見鄰國發出的可怕聲響卻不見其影。後來一台施工機器射出一道光束照在河邊嚴密的堤岸上，一個建築工人的影子闖入。還是可以從山上隔著堤岸看一下朝鮮的邊陲城市南陽：低矮破爛的房屋，裡頭發著昏暗亮光的節能燈。在那後面是茂密的山巒，其山峰被低垂的雲霧吞沒。

一位老婦人獨自在步道上漫步，經過一條圍繞著一棵垂柳樹的兒童鐵路。她笑著打招呼。自從她退休以後就一直住在可以看到鄰國景色的公寓裡。我問，是不是有很多中國人在這裡度過晚年？老婦點頭確認。雖然這裡的冬天一點也不溫暖。「但是你相信這裡的公寓有多便宜嗎！在這上面有大片廣闊的大自然！」準時七點，步道上的擴音器響起了革命歌曲，當然是用韓語唱的。晚上的體操時間到了。退休老人和我說再見，兩個朋友已經在等她了。即使下著雨，雨水淅瀝瀝地敲打在運動場狹窄的波紋鐵皮屋頂上。

在國境關口的步道盡頭，中朝友誼塔上有一個用鉚釘釘在一起的金屬雕塑，那是兩個糾纏在一起的火把。在當時的昏暗之中看起來像一個軍事防禦象徵。在華麗的中國海關大門後面有一座長長的混凝土橋，通往人權組織所說的「世界上最大的監獄」。傍晚，幾輛空卡車駛回中國。當夜幕降臨，欄杆會放下來——邊境在夜晚保持關閉。

風把體操學校的革命歌曲傳送過來。大多數商店前面的百葉窗已經垂下，紅色與黃色的燈串在圖們市空蕩蕩的街道上放射出溫暖親切的色彩。沒有汽車大燈，沒有廣告招牌，這些精心製作的照明散放出一種純粹、無消費的美學。儘管我所遇見的朝鮮人只是剪影和唱歌的女服務員，但是我從來沒有像在這一刻裡感覺到自己和平壤是那麼接近，而且以後再也沒有這種感覺了。

我掙扎了許久，詢問調查過，也探索了可能的路線。我在腦海裡已經把內部時鐘轉回到永恆的昨天：沒有汽車的街道，沒有飛機高空飛行時留下白色凝結尾跡的天空，沒有任何廣告看板的地鐵。最後我決定不去朝鮮。不是因為來自辛辛那提的蒼白年輕人奧托．瓦姆比爾（Otto Warmbier）的悲慘命運阻止了我，也不是因為參觀金式家族崇拜場所的緊湊行程，在英勇進行曲的音樂裡用同樣英勇的音量向工農國的君主必恭必敬地鞠躬，所有這些理由都沒有阻止我前往朝鮮。如果我投資的金錢可以獲得回報，那我明天就會在平壤了。

於是我繼續往東前進，先到琿春，這是古老皇家旗軍隊駐紮過的城鎮。儘管地處吉林內陸，儘管無法直接進入日本海，但是中國的中央政府目前正全力推動這個處於省分東部且地形困難地區的基礎建設。這裡的景觀就像是水墨畫裡中國南方的茂密樹林。儘管如此，一條有隧道和橋梁的四線道高速公路穿過那曾經無法通行的地帶。目前這個基礎建設的結果令人失望：琿春高速公路上的汽車像是特殊景觀，就像平壤那樣。緊鄰高速公路旁是樹梢高度的高架新鐵路線，這個偏遠的前駐軍城市如今已連接上高鐵，是許多來自北京、哈爾濱和長春長途列車的終點站。

抵達前不久，地形變平緩了。位於俄羅斯及朝鮮邊界三角地帶的中國最後一個城市曾經有過美好的日子。俄羅斯遊客的數量不是在盧布崩潰之後才減少的，聽說每天只有幾百人，而海參崴其實就在拐角處。用西里爾文、中文和韓文三種不同書寫系統即興拼寫而成的商店招牌，只是表面上掩蓋了此地的落後。如今，由於俄羅斯遊客很少來琿春，所以居民把眼光轉向了西方，轉向中國。

巴士總站裡是一片混亂。沒有車票給遊客了，售票亭裡穿著制服的女人回答。「該死，又是這樣！這區域對外國人已經關閉幾個月了。」她堅決地咕噥著，好像這件事已經在報紙上刊登過一百次。女人沒有理會我詢問為什麼，又重新沉浸在手機螢幕上吵雜的唐朝肥皂劇裡。

「如果你在檢查站被拒之門外，就無須支付任何費用。」一個年約三十歲的男人說，他無意中聽到我和售票員的對話，自我介紹說他姓朴。我盯著他的羊毛襪包著的雙腳，他穿著時髦的藍色拖鞋：「上個星期我帶了一個美國人到防川去。」他的提議聽起來令人無法拒絕，去中國的世界終點，連帶退款的保證。

朴先生斷然拉著我的袖子，立即推著我往計程車站的方向走去。在他的車子裡已經有一對日本夫婦在等著了。我也應該要坐後座，朴先生透過他的鍍鎳鏡框眼鏡對我這樣表示。日本人點頭，移動，保持沉默。

從琿春開車到日本海有大約六十公里。自九〇年代以來，這條封閉邊境廊道的收入完全只靠著遊客，以及在短暫夏日裡養蜂人放養的蜜蜂，此外這個岬角在經濟上對中國沒有意義。蜜蜂不在乎國界，我們卻必須嚴守國界的規定。

三名持著衝鋒槍的士兵揮手，讓坐在朴先生福斯 Santana 昏暗後座的三名外國人通過。進入無人區的檢查站叫做泉河，是中國通往朝鮮的最東端邊境關口。據說一位來自香港的商人在對岸經營妓院和賭場，朴先生說，然後用拖鞋踩下油門。在雨中我只辨認出幾個軍營。雨刷不情願地刷著擋風玻璃上的雨水。在山上有大大的白色韓文寫著「為我們的祖國」。

很顯然朴先生經常把遊客帶到中國世界的盡頭。他對這地區的笑話和猜謎節目上的知識似乎取之不盡用之不竭，至少對我來說縮短了旅程時間：「南韓是整容手術的世界冠軍。在朝鮮，到現在為止只有一種整容手術：整容的人現在看起來像他的祖父。」坐在我旁邊的日本人沉默著，露出僵硬的笑容。朴先生說：「無論你在中國哪裡看到帝王蟹，它一定待過琿春。我們在俄羅斯買螃蟹，然後把它們賣到全國其他地方去。」

這塊中國狹長地帶的寬度在八公尺和三百公尺之間。通往日本海的公路還是新鋪的，就算在十月分，四周的花圃還是生氣勃勃。在左手邊，俄羅斯在雙重金屬柵欄後面。右手邊，河的對岸是朝鮮。在俄羅斯和朝鮮的邊境仍然是國家管制區，而在中國廊帶有許多稀奇好玩的景點在等待遊客：過了泉河不久，路邊的街頭小販在檢查哨的視線中出售從朝鮮走私來的商品，像是米酒和平壤品牌的香菸。我們停下來，我藉此機會換到副駕駛座。「這些在那邊都被認為是廉價品。煙草在這裡還是比琿春便宜。」朴先生說。他是否會因為停靠在這裡而可以拿到未完稅貨物的佣金呢？

很快的路邊出現了一家餐館。據說胡錦濤在他升任為共產黨中央總書記和共和國主席的前幾年（那已經是很久以前了），曾經在這裡用過餐。「餓了嗎？」朴先生問，「客人可以在胡錦濤的餐桌上用餐，但需要額外付費。」他似乎早就忘記了後座的日本人。再走幾公里並且講了幾個笑話之後，有人問我們要不要在沙丘上滑沙橇。這裡真的什麼都有！

終於到了長長陸上廊帶的盡頭防川。在一次洪水過後，這個村莊幾十年來只能乘船渡過圖們江抵達。今天沒有一般市民住在這裡了。防川的主要景點是山頂上「一眼望三國」的觀景台。

從虎龍閣上遠眺，一九五九年開通的圖們江上「朝俄友誼橋」一覽無餘。每週會有一次調車機車拉著三節客車車廂從平壤出發，沿著這條生鏽的生命線駛向海參崴，那三節車廂在海參崴會變成直達車廂，掛在通往莫斯科的快車上。車廂數量代表了俄羅斯與朝鮮之間的關係。蘇聯和朝鮮的雙邊關係原已呈現相互不信任，蘇聯解體之後，朝鮮不再能夠指望得到克里姆林宮的支持。從此之後，平壤進一步地陷入了咎由自取的隔離狀態。對俄羅斯而言，這個位於東南角的小毒物仍然令人頭疼，而金正恩明白，不論在政治上還是經濟上，他可以用不可預測的政治和戰爭言論讓普丁傷腦筋。

我們在虎龍閣的觀景台上遇到的中國遊客對這座橋比較沒有興趣，他們更想知道，當天氣好的時候地平線上會出現什麼景象。但是低沉的烏雲阻擋望向日本海的視野，也遮蔽了看見中國困境的視野，而這個困境已經困擾好幾代的高官與特派官員：十九世紀中葉，帝俄從積弱的帝制中國手中掠奪了黑龍江以北和烏蘇里江以東的大片土地。根據一八六〇年簽訂的北京條約，俄羅斯也謀得了可以進入圖們江入海口處一個十七公里的地段，直接與韓國毗鄰。雖然在過去數十年來聯合邊界委員會將三國交界地的界碑稍微朝對中華人民共和國有利的方向移動了一點，雖然蘇聯在解體前不久幾次允許中國的小型駁船通過，雖然中國在九〇年代打造中國與日本海的鐵路連接，並且埋頭於圖們江上的航道和遠洋海港建設的偉大計畫，但是中國至今只留下欣賞海景的渴望。

「儘管我是多麼討厭朝鮮，儘管我是多麼不信任俄羅斯人，但是這座橋是上帝的祝福。」日本人突然朝我發出連珠砲，而在整趟旅程中我們最多只交換過眼神。在車裡他看起來像是對人不信任、害羞，近乎心懷恐懼。他的英語字正腔圓，而我很少遇見這樣的日本人。我們應該感謝普丁，俄羅斯沒有放棄這塊土地，否則會失去它與朝鮮的陸地邊界，否則事情會變得更糟糕，中國可能會在日本海的邊上建立一個海軍基地和一個貨櫃碼頭。「對於日本和美國來說，這將會造成軍事上的敗局。」而俄羅斯割肉餵虎：海參崴和納霍德卡（Nakhodka）的港口很快就會失去重要性。

我們搭著稜角的 Santana 搖搖擺擺地回到琿春。經過蜜蜂，經過香菸走私者。日本人又沉默不語了。帶著水氣的烏雲已經遠離，鏈接到遠處的朝鮮山嶺。夕陽西下，影子很長，山谷散發出強烈的黃金色彩。這片土地祥和溫馨，讓我百看不厭。

我還想問朴先生，為什麼今天的琿春沒有俄羅斯人？

「你知道那邊的路是什麼樣子嗎？開車需要花半天的功夫，而且還是情況好的時候。就算對俄羅斯人來說也是很費勁。」朴先生解釋說，接著他就在詛咒那經常被引用的中俄兩國友誼。自從琿春連接到快車鐵路網以來，已經有一條直達海參崴的高速特快鐵路線計畫了。「坐火車只要一個小時就到了，」朴先生氣呼呼地搖搖頭，「俄羅斯人和朝鮮人什麼都不拿，但是他們像刺蝟一樣挖洞，默默地進行，而我們會把鐵路鋪到他們的沙發前。」如果我在這次從黃海到日本海的旅途中有學到了什麼，那就是這個簡單的公式：友誼橋梁的密度越高，鄰居彼此之間就越是陌生。

第15章 屯田士兵的非洲孫子

牡丹江—林口—佳木斯—江川農場

不，我不要在顛簸的路上搭車直接前往海參崴。也不要坐火車。直到幾年前，哈爾濱和海參崴之間還有每週一次的直達車。票價過高，旅途時間過長。十年前我曾經坐過這列有兩個乘務員的火車，我是車上唯一的乘客。調車車頭把我們三個人拉過邊境之後，我們在烏蘇里斯克火車站的一條停放列車的鐵軌上度過半個晚上。我當時很害怕，以為我們被人丟包了。

最後我沒有經過俄羅斯去看一看日本海，而是暫時留在中國，繼續沿著滿洲東邊的邊緣

往北走，前往黑龍江。我想去我大學時代朋友在江川農場的家裡過中國新年。江川是滿洲最東北邊的一個村莊。中國人稱他們國家的輪廓像一頭公雞。確實，看一下地圖就會認為他們說得對：擠在蒙古大草原和朝鮮邊境的長白山之間的滿洲是雞的頭部，肉冠頂著西伯利亞，哈爾濱是眼睛，北京在頸部，上海在胸部，西藏和新疆則是尾羽。我經過公雞頭的旅行經過和德國科隆一樣大小的工業城牡丹江，在歐洲可能很少有人聽說過它。牡丹江主要的工業產品是供給橡膠和輪胎給長春的大汽車廠，或許也有生產橡膠靴和橡皮擦。這段路程經過許多村莊和小城鎮，名字都很好聽，例如「進步」或是「東方紅」，在這地區有幾個地方名字相同。我經過密山到興凱湖（俄羅斯稱汗卡湖）的岸邊，這是一個近乎圓形的水域，其中只有四分之一的水域面積在中國境內，儘管如此，它就已經是波登湖的八倍大了。大概只有在俄羅斯和中國湖岸上孵蛋的滿洲鶴能夠翱翔在這片亞洲內海並享受所有美麗迷人的景色。岸邊的稻草遮陽傘仍然在問候遠去的夏日，而中國邊境巡邏隊正在用鏟雪車清除冰面上的積雪。

古董級火車載著我搖搖擺擺地穿過公雞頸部的垂肉和耳垂，一直到中國嘴喙的尖端，並且進入冰霜的世界。這是一列俄羅斯設計的綠色火車，車廂是木製的，只有一個等級。車頂上無精打采的電風扇用盡吃奶的力氣，試圖驅趕冬季的沉悶空氣。旅客們把葵花子的外殼吐在地板上，列車上的服務員用大隻掃帚清掃垃圾，這項工作幾乎沒有盡頭。

我去興凱湖與回程都要在林口換車。林口是「森林入口」的意思，這座十萬人口的小城儘管名字聽起來浪漫，現實卻因為失業問題而格外苦澀。林口火車站唯一的色彩是一家自助情趣用品店和一頭塑膠做的馴鹿，應該是有人在耶誕節前把它懸掛在骯髒的門廳裡。馴鹿下面的瘸子和酒鬼是那些在這裡被遺忘的人，他們不是在等誰，但也什麼地方都不去。那些被遺忘的人似乎要在寒風刺骨的大廳裡過冬，就像那位老人，他用拐杖將地上的煙蒂一根一根地撿起來，然後放進自己毛氈外套的口袋裡。

過了林口之後，地勢又逐漸緩和了。不知何時，那些不論夏冬在山頂上旋轉的風力發電機從眼前消失了。這裡的鐵路線還是單軌，還沒有電氣化，旁邊都是泥土茅舍。日本人在一九三七年已經鋪設好牡丹江經林口到佳木斯的鐵軌路基，做好武裝準備抵禦蘇聯的進攻。這裡仍然是俄羅斯的行進速度。我的胃在咕嚕咕嚕地叫，但如果想要吃一頓熱食就需要有耐心，只有在列車工作人員吃飽喝足後，經過與幾個更加飢餓的乘客激烈爭執之後，乘務員才會在掌聲之中離開餐車。廚師懶洋洋地拖著腳步回到廚房，再次點燃爐子。其他乘客已經在桌子和長凳上擺放事先預備好的地瓜和葵花子，有人甚至帶了一壇酒。我坐在一張木凳邊緣上，肚子咕嚕嚕地叫，但我還是很高興分到了半個座位。有一個孩子留著像英國歌手比利．艾鐸（Billy Idol）當年最夯時候那樣的龐克髮型坐在我對面，他盯著我，然後突然直接問道：「你為什麼不去南方呢？為什麼要來這裡，來這該死的寒冷地方？」

然後我昏昏欲睡，直到某一刻擴音器把我從半睡半醒中吵醒：「佳木斯是黑龍江省的第五大城，中國太陽最早升起的地方。佳木斯是三江平原的中心，松花江和烏蘇里江在這裡注入了黑龍江。」

在佳木斯又見到了摩天大樓、起重機，聽見建築工地的噪音。在我尋找住宿時，想到房地產泡沫正深入這個省分。我越過一個擺滿塑膠樹木的廣場，這些樹一小群一小群地排列，迎著黃昏散發彩虹般的七彩燈光。樹木間有一群穿制服的女服務生，隨著熟悉的節奏韻律協調一致地蹲下和旋轉，為她們的晚班工作做準備。這家民宿沒有想看我的護照。一位看起來有點懶散的櫃台女接待在客人登記簿上的名字和姓氏欄上依樣畫葫蘆地畫下「Russ」與「Land」兩字[22]。

現在我回到前往老友家鄉的路上。擠得滿滿的巴士以步行的緩慢速度在結了冰的軍事防禦道路上已經行駛了一個小時了。這是沿著中國地圖上雞啄部分通往江川的混凝土公路，六〇年代中國領導階層因為擔心蘇聯的攻擊，匆匆忙忙在當時仍然人煙稀少的沼澤地上趕工出來的。司機按了喇叭，雖然我看不到任何交通干擾。喇叭聲聽起來更像是一種細細的尖叫聲，就像公車在省電模式下運行時所發出來的聲音。

擋風玻璃上結了厚厚的冰，望向窗外只見一片陰森森的灰暗世界。一切看起來混濁、光禿禿、死氣沉沉、憂鬱。無法猜測這個時候到底到了哪個村莊。在朦朧之間，人民公社在紛飛大雪中倒退逝去。小小的村莊像是荒野中的群島，它們低矮的庭院在大雪中探頭窺視。偶爾可以透過有人在車窗玻璃冰層上劃出來的小縫隙，看見標示城鎮名字的路牌：江川一隊、江川二隊、友誼農場、江川二十一隊。然後在過了差不多兩個小時之後，第三十隊江川農場，「河邊農場」。

看了第二眼我才認出雲鵬來。一只超大的太陽鏡和一個白色棉質口罩蓋住了他的臉，他的頭髮隱藏在一頂鑲毛皮的軍帽底下。雲鵬和我握手，保持著距離。他仍然呆板木訥。非洲沒有改變他。我坐上他的北極嘟嘟車後座。我在哈爾濱學生時代的室友駕著咯咯咯作響的車子穿過他的家鄉，帽子的耳罩隨著冰封道路起伏的節奏擺動，透過三輪車車窗上的冰膜，我只能猜想江川市容的輪廓。

來自文明心臟地帶的中國人把帝國冰冷的東北公雞喙部稱為北大荒，意思是「廣大的北方荒蕪地帶」。除了幾千個赫哲族人外，這個地區或多或少都無人居住。赫哲族是通古斯捕魚民族，定居在黑龍江兩岸，是中華人民共和國法定的五十五個少數民族之一。「新中國」已在該地區成功進行了數次圍墾：早在一九五〇年代就已經開始對松花江下游這片沼澤地帶進行乾涸工程。松花江是黑龍江最長的支流，向下游約一百公里匯入黑龍江。當時政府派出數十萬退役士兵到邊境地區定居，其中很多人都曾經參與過韓戰。

中華文明有五千年的歷史，中國的每一個學生都認真背誦過這個耳熟能詳的說法。在教

22　兩字合起來是德語的「俄國」（Russland）。

科書裡，東北只占這個悠久時間線的一小部分，讓人覺得東北的歷史相對較為年輕短暫。有多年輕呢？我在大慶之後注意到，中國人民解放軍某連隊於一九五九年在江川成立。

父母的老舊磚房緊挨著松花江河畔。他祖父是在乾涸沼澤工程裡數千名士兵中的一名，建房子的泥磚是他親手壓鑄的。他的部隊挖掘的排水溝渠在很久以前已經被填平並且雜草叢生。雖然霜雪可以抑制氣味，但是在院子裡還是可以聞到雞舍和兔籠的味道。雲鵬告訴我，二〇一三年以及上一次二〇一九年松花江洪水氾濫時，河堤水壩挺住了沒有被沖毀。我們凝視著結冰的江水。其實我只能猜測河流的樣子，因為一層厚厚的雪掩蓋了整個河面。但是七年前，水從地下湧進淹沒了這裡。雲鵬戴著手套的手指著外窗台：「到這裡，水淹到我們的脖子了。」

我推開從未上過鎖的前門，在前廳拍拍我褲子上的雪，然後打開客廳的門並爬上炕，這是一個高及膝部，用磚頭堆砌起來的溫暖平台大床。這個炕就跟博漢在大慶的父母家裡一樣，占據了房間裡一半的空間。大窗戶像在滿洲其他地方一樣朝著正午太陽的方向。在冬天，貼在藍色窗框上的鋁箔膜可以增強大窗戶玻璃的隔熱效果。客廳裡面已經很熱鬧了。一半的家族成員，感覺還有四分之一的鄰居，都聚集在這裡。他們在慶祝農曆新年，這在中國相當於我們的耶誕節和美國的感恩節，他們用豐盛的晚餐和傳統發紅包的習俗慶祝。一年的最後一天，已經是前天了。現在是宴請遠親們的日子，鄰居、叔叔伯伯和姑姑阿姨、兄弟姐妹、侄女侄子們來來去去。他們蹲在炕上，圍坐在圓桌旁邊。負荷熱氣騰騰食物的桌子好像有點招架不住，桌上有炒蘑菇、蒜爆野菜和米飯，中間放了一個大碗。

「那是哪種禽類？」我指著大碗問雲鵬。

「黑琴雞。其實禁止狩獵，但是老人家不在乎。」他尷尬地回答，近乎像是道歉。社會期待我們，他父親春華濃密的頭髮中已經出現最早的白髮了，他指著筷子，然後開始說故事：「我們來自南方的江蘇。我父親從常備軍退伍之後，他們用解放軍的卡車把我們送到這裡。一部三軸全輪驅動的車子，不需要其他車輛協助就可以通過最深的泥淖。車上還有好幾隻小豬，好讓我們可以養豬過活。江川在六〇年代中期已經有大約五百戶人家了。」春華打開白酒瓶上的金屬蓋，這是和黑麥燒酒和伏特加同等級的烈酒，所含酒精濃度與中國官方統計的民族族群數目完全相同。

春華爸爸似乎有點緊張，但客人和酒早已把他的興致提升至高潮，因此他就像三軸「解放」卡車一樣，以在通過沼澤時的橫衝直撞精神開始講述他的人生故事。雖然出生在南方，但他本質上卻像是東北人，比那些面帶著亞熱帶微笑的人們豪爽直接得多，幾乎就像個俄羅斯人。「每支旅都分配到一塊荒地。我們要清理並整平它，然後種植玉米和水稻。當然還有大豆，大豆是神明給人類的偉大恩賜！可以用它來做豆腐、榨油和磨成豆漿。當時留在江蘇的人都在家裡挨餓，我們在北方這裡有黑土，而且相對的不需要餵飽那麼多張嘴。」

然而邊陲居民的日常生活卻充滿了急難與艱辛，老人承認這一點。「我們住在簡陋的小屋，用大砲型的圓筒爐燒木柴來溫暖房間。剛開始的時候，我們四個大漢拉著一張犁，直到履帶和拖拉機取代我們的肌肉為止。」穀物釀造的燒酒慢慢順著我的喉嚨流下，我在腦海中描繪出自己在充滿黑熊、野鹿、老虎、北極野兔和野豬的原始森林中建立一個農場的景象。

緊隨著雲鵬祖父一代屯田士兵之後，從一九六〇年代後期開始，有所謂近五十萬名「知青」。他們從北京、杭州、上海及沿海其他主要城市來到滿洲北部的沼澤地。他們多半還是孩子，「下鄉運動」剝奪了他們的教育機會和職涯夢想。正如史達林在四十年前推行集體化一樣，毛澤東想透過這場運動鞏固黨在宣誓效忠基礎之外的權力。知青和屯田的士兵不一樣，幾乎沒有一個戴眼鏡的被迫下鄉者留在這裡。儘管如此，今天仍有不少人懷念他們艱難的青春歲月，也許是因為那是他們生命的春天，也或許是因為他們在這片土地上受到較少的飢餓煎熬。「每年夏天都會有許多來自城市的退休人士來參觀，」春華爸爸這樣說。現在這裡已經變成了真正的懷舊觀光地。

在一九七〇年代和八〇年代湧現了更多的移民潮。他們把最後一批樹林砍伐殆盡，排乾了最後的濕地，把「北大荒」成功改造成「北大糧倉」了。當時在鄧小平的領導下，國家分配給目前住在江川的一千五百戶家庭每戶一畝田地。「一塊像半個籃球場大小的土地，」春華說，「足夠讓一個家庭溫飽。」

這些舉措沒有讓我聯想到十九世紀下半葉俄羅斯人遲疑是否移民到黑龍江以北開墾土地，而是想到這更像赫魯雪夫推動的「處女地運動」，第一次將中亞廣闊的草原開墾為農田。儘管最後以失敗告終，但是這兩種舉措都動員了大量人力並結合了征服自然的理念，是可以互相比擬的。

吃完黑琴雞大餐後，我和雲鵬偷偷溜出家庭聚會的喧囂，一起去村子裡溜達。天冷得要命。從雲鵬父親那裡借來了軍用棉褲，讓我看起來像是穿上軍裝的米其林吉祥物。但是它可以擋風。

這時晴朗的草原天空從村莊一邊的地平線延伸到另一邊的地平線，突然一切都籠罩在強光下，讓我不得不閉上眼睛。有人可能認為雪要融化了，但是溫度計卻指在零下三十度以下，而太陽已經消失超過十六個小時。一群飢腸轆轆而尖叫的烏鴉滑翔過白色的田野，田野上只有乾枯的玉米稈像是用樹枝紮起來的倒置掃帚一樣站在那裡。「空氣清新意味著很少農作。田野裡的積雪可以掩飾許多問題，」雲鵬透過口罩咕噥道，「新土地早已不再肥沃，森林被砍伐殆盡，池塘和溪流被污染且過度捕撈。」但雲鵬也看到了改變想法的跡象。「九〇年代末期已經停止開墾土地了，政府設立新的自然保護區，希望能夠保存曾經豐富的動物群。今天的軍隊不僅保護國界，還要看管大自然是否被適當利用。」

溝渠沿著道路延伸。在無霜的幾個月裡，溝渠會沖走現在已結凍的垃圾。在潮濕的夏季，舖在溝渠上的木板可以確保行走在泥淖上的安全。新年佳節期間有許多汽車停在結冰的路邊，大多不是外國車，而是小市民開的國產車。「這些都是孩子們的『門面』，大家都想向父母鄰居展現自己的一些成就，而這些都是用貸款買來的便宜貨。」雲鵬一副不屑地說。「這裡的人們穿著昂貴的衣服，但是花一塊錢坐公車。」我們穿過一大排隨風飄揚的紅色宣傳橫幅底下，橫幅上面不斷提醒居民要好好預防口蹄疫，要遠離色情、賭博和吸毒，另外還呼籲要像保護和愛兒子那樣去保護和愛女兒。一棟最古老的多層建築是一座混凝土灰色的郵局，建造於八〇年代，一直到現在都是村子的中心。我感覺自己好像距離中國主流論述好幾個光年遠，這裡不是閃閃發光、等級森嚴、汽車擁擠的沿海中國城市。

馬庫力山聳立在村莊東邊。才兩百公尺高，因為這裡一片平原景象，所以這座滿洲名字的死火山顯得頗為莊嚴。我們站在山頂上兩座巨大電波塔的陰影裡，望見山谷裡有幾十個被遺棄的農舍。那是老江川的核心地，在滿洲常見的分散式村落，一般都是由有圍牆的長方形庭院組成。正面是一棟單層住宅，用柳條鋪上泥土建造而成，長的那一側則是各種農舍。顯然已有推土機把第一個庭院推倒了。「這戶人家已經搬到那邊去了，」雲鵬解釋說，並指著主要街道上的一棟五層樓建築。然而粉彩發亮的新建築是虛有其表。「江川正在萎縮，」雲鵬在拍攝全景照片的時候這麼說，「在煙囪那邊是小學和中學。只有一半的教室裡有學生，而新校舍在我離開學校之後才落成的。年輕人搬到城市裡去了，那些負擔得起的人則把孩子送到佳木斯的一所寄宿學校去。」

在廢棄農舍村莊低窪處後面，幾乎到了村落的西郊，有一個在雪地裡閃閃發光的小型別墅區。「半獨立屋要價三十萬元，換算起來相當於將近四萬歐元，」雲鵬說，「這些早就賣掉了，但幾乎沒有人搬進去。」

「為什麼？」我當然想知道。

「屋主想要避免一些尷尬的問題，例如錢從哪裡來的不快問題。」雲鵬這樣猜想道。

我們滑下結了冰的山坡，前往「大眾澡堂」。那裡濕氣的發霉味道聞起來很臭。雲鵬和我大大降低了這裡常客的平均年齡。現在還住在老房子裡的人幾乎都還沒有燒洗澡熱水的爐子。我們穿著租來的塑膠拖鞋，踩過凹處的積水。一位老人把一個自製的助行器放在淋浴間旁邊，一張桌子邊有幾個男人在玩牌。每個人都抽菸，每個人都喝酒，每個人都胡亂地吆喝著。男人每講兩句話就有半句是粗俗的髒話。我們消失在三溫暖的蒸汽中。

「外國人還是叫你斯通嗎？」我透過濃濃的濕暖霧氣問雲鵬。不久前，如果中國人在學習外語或需要和外國人打交道，很多人都會取個英文名字。雲鵬在念大學期間給自己取名叫斯通。他主修法語，教授為他取名叫皮耶。「不，不叫皮耶也不叫斯通，我就是雲鵬。我是中國人。」哈爾濱法文系為他與同儕們打開了一個廣闊的世界，並且見識到中產階級。「我們班上有很多女生，只有三個男生，其中一個現在在國家安全局工作。如果我知道他在哪裡，也不能告訴你。」

我在六十度的溫度下打顫。這不是芬蘭，當然也不是俄羅斯。我們離開蒸汽浴，雲鵬說服我去做按摩。「這會讓你的血液循環更加通暢，」他鼓勵我，用布裹住他的腰椎。按摩師是個四十歲左右的男人，有著兒童般眼睛，腰部粗得像是搬家工人。他懶洋洋地坐在椅子上，無聊地看著房間角落的螢幕，上面正在重播中央電視台五個小時的新年晚會節目。

「那另一個同學呢？」我問道，我再回到談話的主題。這時我已經俯臥在按摩椅上了。

「他和我一樣在中國水電公司上班。」雲鵬以他向來又高又嘶啞的聲音回答。他在這家大型國家建設公司擔任翻譯員七年，在非洲七年。先在剛果，然後在加彭。「我們修建了道路和水壩，賺了三倍的薪水。」雲鵬將他在非洲灌木林的工作津貼投資在昆明的四間公寓上。他回國後一直住在中國西南部的雲南省省會，那裡是中國通往緬甸、寮國和越南的門戶。城市位於海拔將近兩千公尺，全年氣候溫和，比這裡悶熱的空氣舒服多了。

按摩師用洪亮的聲音命令我安靜地趴著。他用火給一個直徑可能有拇指那麼長的球形玻璃罐加熱。

「你妻子呢？」

「我媽媽給我們做了安排。她一直不肯罷手。我每次放探親假，她都會找一個女孩來，想盡辦法讓這個女孩變成我的新娘。」

「那結果呢？」

「我們知道彼此想要什麼。於是她帶來一個大禮物。黨員。」

「啊哈。」

「我們的女兒將在三月出生，」他好像漫不經心地說，「儘管有瘧疾，但一定不會有問題。」

我們沉默下來。按摩師現在在我背上放置一個個杯罐，總共十四個。加熱後由於負壓的關係，它們緊貼我的皮膚上，發出咕嚕、咕嚕、咕嚕嚕的聲音。在最後一個杯罐到位之後，這個男人一口氣喝乾他的啤酒，把玻璃瓶放在按摩椅旁邊，又回去盯著毫無意義的電視短劇。

雲鵬覺得從小小的黑龍江副北極帶經過哈爾濱到西非熱帶的長途冒險一點驚奇都沒有：「我在中國水電公司的同事幾乎都來自鄉村。」他不會一直待在家鄉，而且雲鵬覺得這並不值得一提。「這種開創、打先鋒的性格就流動在我們的血液裡，」他這麼認為，「我的祖父流落到北大荒，我到非洲。」雲鵬用手肘撐起自己，從按摩椅上看向那群老人。

在我們一起上大學的日子，我們在哈爾濱住處的廚房裡用手勢、筆、紙和辭典學會相互理解，之後我們一直保持著聯繫。有時候雲鵬打衛星電話給我，偶爾用微信發照片。照片中他通常坐在一輛重型的東風牌卡車上，車上滿是鏽紅色的爛泥，或是他被孩子包圍著，高額頭的扁平臉在大卡車前閃閃發亮，在雨林深處某個有一點點文明氣息的角落裡。

雲鵬認為，西方人誇大了中國在黑色大陸上的活動。「我們早在你們歐洲人之前就在非洲了，六百年前鄭和的巨大帆船已經在非洲停靠。」

我在按摩室裡低聲引用了法蘭茲・法農（Frantz Fanon）的名言，按照他的說法，歐洲已經玩完了，並且必須要去發現一些別的東西。但無論中國是否可以解決非洲的問題……中國的野心真的和來自歐洲的殖民主義不一樣嗎？我們是否真的不懷有任何帝國主義的意圖？也許中國的擴張只是不那麼明顯，沒有那麼顯著的破壞性。

雲鵬沒興趣談論政治，他把這個話題壓下去，在按摩師耳邊他顯然無法毫無顧忌地侃侃而談。但隨後他把所有的謹慎態度拋到了腦後：「我當然知道中國為什麼投資非洲，因為原物料和市場。我們不是去那裡當聖誕老人，和你們歐洲人一樣是為了利益。在你蘋果手機裡面的鈳鉭鐵礦就是從剛果的一個礦井裡挖出來的。是誰建造了那裡的公路，你可以猜三次。用道路交換資源，這是一個簡單的交換條件。」

幾分鐘後，治療師帶著醉意來到我們兩張按摩椅之間，撲通撲通撲通地拿掉拔罐。我從更衣室的鏡子上看著我的背，腰部的圓形瘀血痕跡看起來有點像是長頸鹿的皮毛。

身體還冒著熱氣，我們回到外面嘶嘶作響的寒風裡。我們快步走回家，走過擁擠的賭場，穿過許多掛在房子門前的成對紅燈籠，經過在窗戶後面詭異閃爍的電視機藍光。只有從舞廳裡傳出音樂聲。村裡的老人搖著腿在享受老人茶。遠處響起鞭炮聲，這是慶祝新年的餘韻。

石板灰的光線灑入寬敞的客廳，喃喃細語的聲音有些嘶啞。雖然我們不在場，親戚朋友們仍然在喝酒，而且人數不斷增加，來了更多的阿姨、姑姑、叔叔伯伯和舅舅、侄子侄女，甚至還有侄孫侄孫女。很快我就搞不清楚誰是姑姑和舅舅了，也不知道要怎麼稱呼他們。他們不斷進進出出（這在新年時很常見），給紅包、敬酒、寒暄問候說好話，並且對外國人感到好奇。不論如何，這個家庭呈現一個很典型的融合：雲鵬爸爸春華，一個從南方隨軍而來的漢人，祖母是半個滿洲人，姐夫因為身上流著一半的俄羅斯血液而感到自豪，我從他的鼻子馬上就看出來了。

雲鵬的二舅（母系排行第二的兄弟）也來參加新年聚會。他名叫鐵鋼，而鐵鋼的鐵舌早就融化掉了。春華和鐵鋼是在同一年出生的，兩人都是一九七〇年代後期在反戰車部隊裡服役，駐紮在河流下游的蘇聯邊境。

這個舅舅是個奇特的怪人。個子矮小肥胖，有個粗糙的酒槽鼻，嘴唇向上撇起，眼睛銳利。雲鵬事先警告我，無論什麼東西，只要是中國的，在鐵鋼眼中都是好的而且更好，是的，甚至是最好的。最漂亮的女孩，最美味的豬，最多汁的甜瓜，最強的烈酒。

鐵鋼從客廳的柚木牆櫃上翻出一個地球儀，然後把它放在我面前。他抽著菸，但總是短吸一口，所以吸的次數很多，讓他看起來更緊張。這個地球儀應該是九〇年代初的產品，德國已經是個統一的國家，而南斯拉夫還沒有分裂。這個手球大小的迷你地球儀上可以容納幾百座城市，但鐵鋼指著俄羅斯遠東的兩座城市，海參崴和伯力。

「仔細看看，」鐵鋼對我說，仍然吸著菸，「只有這兩個城市在俄羅斯官方命名之外，還用括號註明他們在中國歷史上的名字。」他立刻慢慢念出來：「符拉迪沃斯托克，你應該已經知道了，我們中國人稱這個城市為海參崴。還有哈巴羅夫斯克，就是伯力。」

「在這個地球儀上，即使是幅員遼闊的俄羅斯也很難有可以寫下這麼多文字的空間。」我回答他。

「是的，但實際上俄羅斯的名字可以省略掉。真的是在繞口令！」

我不禁想起曾經為了東中歐城市的名稱做過情緒性的辯論。無論是說布雷斯勞（Breslau）還是弗羅次瓦夫（Wrocław），在不久前都是在表達政治立場。然而這些討論在奧得河與尼薩河線最終被承認為德國東部邊界時平息。中國和俄羅斯最終也是按照國際法約束來劃定共同的國界。事實上沒有人應該再為政治不正確的地名而糾結了，鐵鋼也不應該再為此困擾。至於在一個中國的地球儀上要寫符拉迪沃斯托克（意為「東方統治者」）還是海參崴（意為「盛產海參的海灣」），或是兩個名字都寫，端視條約以及官方規定友善修辭以外的實際情況而定。

「每一個小學生都知道珍寶島，」鐵鋼突然咆哮。他在這個地球儀上找不到這個小島，然後就把話題帶到另一個方向。「你一定也知道吧？」他在嘈雜家庭聚會中終於找到一個耐心聽他說話的人，這讓他鬆了一口氣。「這個地方很小而且微不足道。」鐵鋼繼續說道。這座小島位於烏蘇里江河岸曲折處中國那一側，視季節和水位而定，這個俄中邊境的無人沼澤地，其面積還不到一平方公里。

在一九六九年以前，蘇聯或中華人民共和國對這個該死的小島都毫不知情。一九六九年三月二日之後，每個人都知道俄羅斯人口中所稱的達曼斯基島了，因為中國精銳部隊在那天早上攻擊了帶著迫擊砲和機關槍的蘇聯巡邏隊。根據官方消息，短暫戰鬥中有三十二名蘇聯士兵喪生。該島在一夜之間成為世界的焦點。當時許多觀察家擔心，曾經的共產主義兄弟正處於大戰邊緣。差不多兩個星期後，莫斯科就做出報復行動，用大砲和火箭砲對中國河岸陣地做出猛烈攻擊，並且擊破烏蘇里江厚厚的冰層，人民解放軍四處潰逃。

「為什麼會選這個小島呢？毛主席當時其實也很清楚，他可以命令軍隊進攻伯力，」在這煙霧繚繞的房間裡，鐵鋼舅舅拋出一句話頗有演說的意味，「這個問題沒辦法簡單回答。我們的領導考慮到要維持國內權力鬥爭的實力。文化大革命已經走進了死胡同，他們需要一個外部的敵人。但也許是一個不耐煩的地方指揮官腦袋燒壞了。」然而鐵鋼還看到一個關鍵因素：「毛澤東想要藉由這個邊境小衝突向美國人表明，他有意轉移華盛頓、莫斯科、北京之間權力三角關係的軸心。他的策略成功了。一九七二年尼克森飛往北京，在此之前我們還把聯合國安理會常任理事國的席位從台灣的國民黨手中搶了過來。」

我低估了鐵鋼，他比我所想的更加清楚這件事。「為什麼布里茲涅夫允許這麼做？」我問他。「蘇聯人嚇得尿褲子了。雖然他們有比較現代化的武器，但是自一九六四年以來，我們也一直是核武大國。儘管他們在東部集結了三分之一的部隊，但是我們的邊境武力仍然遠超過他們。」

然而比領土衝突更嚴重的是嚴厲的宣傳戰，至今仍然在兩國人民的集體記憶中留下深遠的影響。雙方用圖像與文字互鬥，為烏蘇里江兩岸的血戰做辯護。第一聲槍響都還在迴盪，蘇聯和中國報紙的編輯們就已經吹響了號角。中國的《人民日報》上就出現了「打倒新沙皇」等口號對抗敵人，《真理報》則向「達曼斯基的英雄」歡呼。那裡有沒有英雄依然是個國家機密。

對中國的領導而言，在冰凍的邊界與蘇聯發生衝突是一個經過檢驗的有效手段，透過民粹主義的興奮劑來掩飾國內的錯誤決策。蘇維埃政權則是採取反華言論來達成其政治目的，宣傳戰專家把「黃禍」這個可怕的幽靈從歷史的舊衣櫃裡翻出來。達曼斯基島成了俄羅斯人恐中心態的象徵。

我不由自主地想到薇菈在外貝加爾斯克文化之家跟我說過的故事，關於她前往滿洲里邊界調車機車裡的冒險。而且也想到了薩沙，我去赤塔拜訪他時，他告訴我達曼斯基島的神話是如何塑造了他的童年。一九六九年三月發生小型武裝衝突幾天之後，學校領導就讓一年級學生去參觀在外貝加爾軍區軍事博物館裡倉促布置的展覽。「整個大廳只展出三月分發生的事件：超大的照片，照片上是蘇聯邊防部隊的屍體。死亡顯現在扭曲的面孔上，受虐的身體裸露著，好讓我們可以更清楚看到傷口和凝結的血液。」薩沙回憶道。對於後來成為官僚，現在的圖書管理員而言，這次博物館之行成為他與鄰國之間錯綜複雜關係的開端：「達曼斯基神話是理解我們自身的關鍵，我們在童年時期一方面渴望從英雄身上重建自我，另一方面卻明白自己被當權者欺騙而感到空虛。」這項展覽在五十年後仍然清楚保留在薩沙的記憶裡，而我在幾個月前參觀時卻沒有找到這部分。因為已經好幾年沒人提到一九六九年了。在克里姆林宮的媒體上也甚少可以閱讀、看到和聽到週年紀念的消息，甚至比二〇〇九年還少。

我把薩沙對邊境衝突的看法，以及克里姆林宮想要治癒傷痕的意圖告訴鐵鋼。業餘歷史學家鐵鋼沉默不語。我和他辯論得越多，我就越了解他是一個可以隨時提出數據和名字的人，但是卻很少去注意別人所持的相反意見。鐵鋼的目光再次落在地球儀上。「整個北部，從庫頁島到貝加爾湖，這些都是歷史上向中國進貢的地區。」他低聲咕噥著。

中國長期以來堅持立場，認為這些領土是透過「不平等條約」割讓給俄羅斯。同時中國也放棄了歸還的要求，僅僅要求蘇聯承認有領土爭議存在。但是蘇聯不想理會這些歷史爭議。克里姆林宮擔心這會成為先例，使得日本在南千島群島爭議中獲得較有利的立場。

一九一七年後，列寧先是擺出反帝國主義的姿態，放棄了過去沙皇政府在中國的特權與要求。但是蘇聯領導層很快就認為，不需要再為一九一七年以前的歷史爭議負責。中國認為一六八九年的尼布楚條約是唯一合法的邊界條約，並將後來締結的協議蓋上「不平等」的烙印，但是莫斯科的立場在事實上與此正好相反。

中國新一代的領導階層在一開始確實曾經努力在外交舞台上尋求一個謹慎的解決方案。毛澤東與史達林在一九五〇年冬天在莫斯科協商蘇聯與中國同盟的條件時，曾經謹慎地談到邊境問題，並且希望蘇聯可以「歸還」外蒙古但沒有成功。私底下他可能也對蘇聯領土提出了主權要求，都被史達林否決了。中國後來多次低調地要求討論領土問題，始終都被蘇聯拒絕。直到兩個共產國家因為在政治上和意識形態上的歧異而局勢緊繃，直到俄羅斯顧問和技術人員一夜之間撤離中國，中華人民共和國才用擴音音量對外公開這些爭端。北京的官僚對全世界大聲宣稱，因為受到「不平等條約」待遇而被北方鄰國奪走了貝加爾湖以東一百五十萬平方公里的土地。在二〇年代，中華民國的國父孫中山就曾經痛訴喪失了中亞到巴爾喀什湖大片地區以及黑龍江以北和烏蘇里江以東的領土。毛澤東在一九六四年不耐煩地強調：「我們還會為這些地區算帳！」言辭上責難不斷升高，使得邊境衝突越演越烈。蘇聯巡邏艦衝撞中國小型「漁船」很快就演變成例行的防衛戰略，以對抗進入蘇聯領海的中國挑釁者。這就是一九六九年三月衝突的前奏。

直到年邁的國家領導人毛澤東和布里茲涅夫過世，才為解決方案鋪平了道路。戈巴契夫與鄧小平於一九八九年五月在北京舉行高峰會議，這個問題才有了突破。兩年之後達成了協議：中國批准了基於歷史決議的國界劃分，也就是實際上不再堅持認為一九一七年之前所締結的協議是「不平等條約」。作為回報，蘇聯接受了按照河道分界的國際標準來調整邊界劃定。莫斯科做出了重大讓步，但可能獲得更多，因為中國最終放棄了進一步的領土要求，並且正式承認國際法對國家邊界的約束力，葬送了相當於法國和德國兩國加起來面積的領土主權。在兩國三百多年的外交關係史中，這是雙方第一次提出「不存在領土要求」的宣告。

東部邊界的界定於一九九七年十一月完成，較短的西部邊界則是在一年之後完成。俄羅斯和中國對額爾古納河、黑龍江以及烏蘇里江流域兩千四百四十四座島嶼歸屬權達成了協議：邊界委員會將一千兩百八十一座分給中國，俄羅斯則取得了其中一千一百六十三座。烏蘇里江這個無人居住沼澤島嶼達曼斯基島，現在被稱為珍寶島。

只有在黑龍江和烏蘇里江交匯處的兩個島以及額爾古納河上的阿巴蓋圖伊

島（Abagaytuy）仍然沒有做出最終協議。俄羅斯和中國談判代表一直到二〇〇四年都還在爭論這三個島嶼周圍的河道哪一個才是河流幹道。這三座島嶼位在黑龍江和烏蘇里江交匯處的戰略位置：大烏蘇里島，中國稱為黑瞎子島（黑瞎子是黑熊的方言），因為直接與俄羅斯該地區最大城市伯力相望，造就它的地位特別重要。二〇〇八年雙方對島嶼進行劃分，較大的部分歸屬俄羅斯聯邦，其餘部分連同相鄰的塔拉巴羅夫島（銀龍島）則劃給中華人民共和國。如今這個過去對平民封閉的中國所屬半個黑瞎子島在全中國宣傳，已經成為一個旅遊勝地。遊客可以穿過一座新吊橋來到島上，在蜿蜒的步道上穿過濕地，會抵達一座九層樓高的寶塔（東極寶塔）。島嶼東部屬於俄羅斯的部分迄今仍不允許大部分平民進入，只用一座小小的磚造教堂和幾間達恰來標示國家主權。

➤

我搭乘巴士返回佳木斯。雲鵬陪著我，他要回昆明去看他懷孕的妻子，她正在他們四間公寓中其中一間裡等著他。距離晚上出發還有幾個小時，雲鵬已經買了「紅星」的門票，這是一個市中心的二人轉表演。既不是芭蕾，也不是西方歌劇，而是由一男一女以震耳欲聾的有趣對話，搭配舞蹈、唱歌、演講和非凡藝術的戲劇表演。節目因為嘲諷高雅文化和其粗俗的笑話而受到平民百姓歡迎。像是在歌劇裡使用響板那樣，表演中木製鼓樂器不斷發出咔噠咔噠的聲音。觀眾像沙丁魚一樣緊緊靠坐在塑膠椅上，興奮地用充氣拍手棒互相敲打。在一個不尋常的場景中，觀眾發出最響亮的呼喊：

「親愛的領導們，親愛的同志們！不尋常的一年過去了。我們的收成創了紀錄，抵擋了洪水。人們安居樂業。我們一起讚美黨無與倫比的領導。世界上沒有比我們人民解放軍更強大的軍隊。其他國家陷入混亂，充滿紛爭。今天內閣辭職，明天首相將被轟下台。金融危機、彈劾總統，一氣呵成。要是我們從鳥瞰的角度看世界，最好的國家就在這裡！非常感謝！」

我只聽懂四分之一，雲鵬笑得直不起腰，同時也替我翻譯。不是因為內容，而是因為演員看著筆記本上的段落照唸，觀眾嚎啕大笑。我後來才知道，這種滑稽短劇第一次是出現在一九九〇年代後期國家電視台播出的新年晚會上，年復一年，表演始終有最新的時事內容。始終會有一場洪水被擊退，也會有某個政府閣員辭職下台，中國總是某個侵略行動的受害者等等云云。

沒有火車直達黑河，所以我往上向北去黑龍江，到中國公雞的肉冠上。即使是搭飛機也必須轉機兩次。車票總是在元旦前後賣光光，於是我搭乘深夜不舒服的長途巴士。哭泣的母親和祖母在車站前上演著告別大場面。這邊一個害羞的吻，那邊一個最後的勸告。拍張照片，明年見。肩膀上扛著塑膠袋的農民工，穿著羽絨衣、推著有輪子行李箱的城市年輕人。整個中國又開始上路了。雲鵬一家曾經是農民工，但是多虧了中國水電公司，多虧了非洲，我的大學同學今天登上了飛機。

第16章 俄國缺失的記憶

璦琿—黑河—海蘭泡

在告別的時候，雲鵬的舅舅還建議我，如果我已經搭車到了黑河，絕對要去參觀在璦琿的博物館。沿著黑龍江向下游半小時的車程絕對值得。「你會在那裡了解到海蘭泡大屠殺。」黑河對岸的俄羅斯城市布拉戈維申斯克，在中國稱海蘭泡。「我們永遠不會原諒俄羅斯人給的屈辱。」

於是幾天後我站在黑河市的海藍街，伸出手來攔一輛計程車。我很清楚市內的固定費

率：中國人十元，對俄羅斯人價格會翻一倍。一輛私家車停下來，而不是一輛有計程車標記的車。女司機搖下車窗說：「別擔心，到璦琿三十公里我給你出個好價錢。」她心情愉快地打招呼，並用力推開被凍住的副駕駛座車門。

苗條的女人開著一輛「紅旗」轎車，在毛澤東年代由一家長春市公司生產的國產車。但是眼前這部車已經用了好幾年，方形奧迪模型的授權複製品。我們上路了。前面一定有一部鏟雪機剷除了路上的積雪。儘管車行速度很快，總有一些造型獨特的車，車身繪著引發幻覺的漩渦圖案從我們身邊呼嘯而過。在第二輛車超車時我仔細一看：大燈上貼了貼紙，用海綿遮住車子的輪廓，窗戶的邊線也無法辨認。

「他們在舉行賽車比賽嗎？」我對著卡式收音機傳過來的歌聲大喊。

「不，不是汽車拉力賽。他們在做試駕。」我的司機這樣回答，她斜眼看了我一眼，介紹自己是朱小姐。她帶著輕微斜視的目光已經投到下面一個轉角。沒有顯著減速，我們就穿過了小鎮，這裡和江川以及所有松花江上的駐軍村落並沒有太大的區別：單層的磚房，朝南的大窗戶，白雪覆蓋的稻草堆。

「他們到底在這裡測試什麼？為什麼車上都畫著滑稽的圈圈？」女司機把收音機音量調到可以接受的程度，然後開始說明樣品車試駕：「不同的製造商都在我們北方改造他們的原型車。」

「為什麼剛好選在黑河？」我問她。

「我們的道路沒有時速限制。關鍵在於冰冷的冬天。在十一月至三月之間，工程師會在這裡的北極條件下測試車輛。」

多虧了朱小姐的駕駛技術，我們到達了緊鄰在黑龍江上不起眼的小村莊瑷琿，比預計的時間要早到。我在乘車來黑河時，在車上閱讀了一些相關資料：大約在一九〇〇年左右，瑷琿是一個大約有七千人的駐軍小鎮，當時小鎮中心有一座用木板和瞭望塔圍繞的堡壘，聳立在周圍的農舍之上。軍區裡面有一座寺廟、一所學校、武器庫和監視黑龍江盆地的駐軍中將指揮所。現在博物館也和當時的駐地一樣，周圍由一堵高高的金屬柵欄保護著。朱小姐給我一張寫著她的電話號碼的紙條。「您會需要的，我們這裡沒有計程車。」

我還沒來得及打招呼，門房就在入口處命令我止步：「俄羅斯人禁止進入！」我想要對這個穿著帶有金色袖扣、穿著滑稽軍裝的男人說明我並不是俄羅斯人，儘管我戴著能擋風雪的皮草帽。但是當我把手伸進內袋時才發現，我把護照和進入博物館必備的健康證明留在旅館裡。該死。從柵欄內傳來了鐘聲，我在書上讀過，這道「哭牆」用銅鐘來紀念一八五八年俄中瑷琿條約的簽定，那是清朝皇帝被迫與俄羅斯簽訂的第一個「不平等條約」。風把每一響都會令人想起椎心屈辱的鐘聲飄送到柵欄外警惕世人。

沙皇任性的追隨者尼古拉．穆拉維約夫（Nikolay Muravyov-Amursky）年僅三十八歲就被任命為駐伊爾庫茨克的東西伯利亞的總督，因為他曾在希瓦（Xiva）與布哈拉證明自己有擔當大任的能力。在他上任總督後不久，他從外貝加爾的哥薩克族群中召集了一支新軍隊。沙皇允許穆拉維約夫與這支軍團一起去探索黑龍江左岸地區，但條件是在任何情況下遭遇中國的抵抗都不該使用武力。俄國人分三次遠征到太平洋，而中國因太平天國起義和鴉片戰爭地位被削弱，無暇顧及領土北翼。穆拉維約夫不顧聖彼得堡官方的保守態度，併吞了黑龍江以北和烏蘇里江以東的廣袤土地，那個地區以前被稱為外滿洲或外韃靼利亞。雄心勃勃的總督打破了一六八九年尼布楚條約所議定的枷鎖，使得俄羅斯終於成為一個真真正正的太平洋強權。對聖彼得堡的宮廷而言，這塊新掠奪的土地正好可以彌補俄國對抗鄂圖曼帝國和其盟友的克里米亞戰爭中所遭受的慘敗損失。

然後事情接二連三地發生：海蘭泡（俄語地名布拉戈維申斯克意為「聖母領報之城」）建城於一八五六年，當時作為哥薩克人的軍事前哨，名為烏斯特結雅斯基（Ust-Seiski），兩年後升格為城市，並成為新阿穆爾州的行政機關所在地。帝俄兩個世紀之前就已經在阿爾巴津諾建立了前哨站[23]，哥薩克人在一八五七年建立了十六個駐軍據點，此地為其中之一，這件事非常明顯地標記著俄羅斯重返黑龍江的意圖。俄中兩國簽訂了兩個對沙皇極為有利的條約：一八五八年的瑷琿條約和一八六〇年的北京條約，終於確定了兩個帝國之間的新東部邊界。穆拉維約夫的「既成事實」是歐洲強權和日本即將在遠東地區相互較勁的前兆。

對於在專制體制下癱瘓的俄羅斯來說，併吞這些人煙稀少、難以自給自足的土地，引發了一場真正的民族主義式阿穆爾狂熱。阿穆爾地區被認為是俄羅斯的寶地，是東部西伯利亞未來的糧倉和俄羅斯的美國。從米哈伊爾・巴枯寧（Michail Bakunin）到亞歷山大・赫爾岑（Alexander Herzen）等許多聖彼得堡的知識分子都被這種帝國浪漫式的逃避現實主義所感動。在他們狂熱的夢裡，這條河流是文明的載體，藉由此地，沙皇帝國在東亞超越了歐洲，應該會因此而成為世界強國。

一八五八個風鈴的聲音提醒了中國遊客要記得喪失領土的悲痛，雖然這些地區過去與帝制中國之間的關係鬆散。這場潰敗就是今天伯力叫做哈巴羅夫斯基，海參崴叫做符拉迪沃斯托克的原因。但鐵鋼舅舅在新年家庭聚會上談到俄羅斯和中國關係最低潮的事件之時，可能並沒有想到俄羅斯先併吞了中國的領土。他指的是一九〇〇年幾千名中國人淹死於黑龍江的那場大屠殺。我很想研究中國人對這場追獵的看法，但是我忘記帶著護照，只能在柵欄前面徒呼負負了。

在海蘭泡感覺義和團起義遙不可及，儘管它在長城以南一千公里外肆虐了幾個月。義和團的目標是反對西方和日本帝國主義。直到一九〇〇年六月底，當俄羅斯阿穆爾軍區總督在海蘭泡的海報上通告即將來臨的總動員消息時，在海蘭泡才出現了危機感。導火線是搜索俄羅斯在瑷琿的米哈伊爾號汽船，當時船上裝載了武器與彈藥。中國士兵逮捕船員，並禁止俄羅斯船航行黑龍江。衝突迅速升溫，幾天之內清軍對海蘭泡發動火力攻擊，一些在週日散步和游泳的人死在槍林彈雨下。俄羅斯居民爆發了恐慌，中國入侵的謠言滿天飛。

23 因此引發十七世紀後期發生於清康熙年間的雅克薩之戰。雅克薩即後來的阿爾巴津諾。雅克薩之戰結果為中俄雙方簽訂《尼布楚條約》。

軍事總督下令立即驅逐所有中國居民，他們至少占全市人口的四分之一。穿制服的軍人在憤怒平民的支持下驅趕著婦女、孩童和男人，在河岸形成一條長長的隊伍往黑龍江上游方向直到上布拉戈維申斯克（Verkhne-Blagoveshchensk）這個小村落。只有幾艘船停泊在岸邊，幾乎沒有一個人會游泳。猶豫不決的人被哥薩克人用編織粗重的鞭子驅趕至水裡，據說有三千多名中國人淹死，只有一百六十人逃到對岸。所有中國人都被驅逐出海蘭泡之後，哥薩克人掠奪了所謂的江東六十四屯，這是在俄羅斯領土上的中國飛地，並殺死了居住在那裡的中國人和滿人。沒有人知道在一九〇〇年夏天死了多少人。然而在集體大屠殺之後不久，事實證明，要生活在一個所有中國人都被清除的城市很艱難：食品價格爆漲，市政服務崩潰，該地區的經濟經歷了嚴重的危機。中國人又被允許回來海蘭泡，僅僅七年後，城市人數就又回到了戰前的水準。

我恨不得把高高的柵欄推倒或爬過去。如果這樣做，我一定會惹惱身上戴著袖扣的中國保安。所以我撥了朱小姐的電話號碼。

「哈囉。」

「啊？」

「是我，妳的乘客。」

「啊。」

「他們不讓外國人進入博物館。」

「啊。」

「嗯，我是說，不讓俄羅斯人進入。」

「啊。」

「這裡沒有人相信我不是俄羅斯人。」

「啊。你不是俄羅斯人？」

「妳能在那裡打點些什麼嗎？」

「沒辦法。」

「啊。」

「啊」，這個全世界通用的日常用語在東北這裡幾乎所有情況都可以派上用場。從「哈囉」和「再見」到「我在聽」到「哦，原來是這樣」。至少朱小姐在轉眼之間就來接我了，她不是在很遠的地方。我已經參觀過太多中國博物館了，我這樣安慰自己。在這柵欄後面一定會有蠟像和立體模型，展示海蘭泡的中國居民在刺刀威脅下淹死在黑龍江的場景。所以我想了一想這些場景要傳達的訊息：俄羅斯人是最先入侵中國東北的人，也是第一個在這個地區屠殺華人的人，並且還是第一個征服大面積中國領土的人。

朱小姐假裝成「一個沒有文化的人」。她從未上過大學，她解釋說，但這顯然沒有限制她的視野。我問她怎麼看俄羅斯人被拒絕進入博物館這件事。她望向窗外，斜眼瞟向那白茫茫的虛無。「我們需要他們，他們也需要我們，」她聳聳肩回答，「揭開舊傷疤，讓我們想起舊俄羅斯犯下的罪行有什麼意義呢？我們都渴望穩定。邊境的和平其價如金。」朱小姐的回答就像訓練有素的歷史學家，像在做外科手術，把舊俄羅斯和新俄羅斯清楚劃分開來。我們在混凝土賽車道上疾馳返回。

黑河類似滿洲里，也是中國國力提升的一個櫥窗。就在四十年前，這裡還不過是一個小村落，現在這二十萬居民的邊陲小鎮有修剪整齊的街道，沿路盡是仿歐洲風格的現代公寓和酒店，令人印象深刻且刮目相看。朱小姐把我送到河濱散步道。「可以去看看我們的冰上節慶。當然沒有像哈爾濱那麼誇張，但仍然值得一遊。」當我們已經站在岸邊的時候，她向我解釋，冰雕的傳統可以追溯到滿洲漁民的習俗。漁民會在冰塊裡面放置蠟燭，以便在黑暗的冬季解決照明的問題。「現在海蘭泡依樣畫葫蘆地照搬了這個習俗，」朱小姐聲稱，「在那邊的岸邊也在幾年前開始架雕塑品。」

形成一堵牆的高樓大廈前面是光禿禿的落葉木和塑膠棕櫚樹排列在黑龍江河畔。像花朵一樣的冰晶生長在樹枝和棕櫚葉上，為這片褪色單調的城市景觀增添魔幻色彩，色調介於寒冷的灰與藍之間。只有冰雕放出五顏六色的光彩。相較於哈爾濱冰雕節，在黑龍江地區的盛事確實有點寒酸。每年慶祝活動開始幾週之前，數百名工人會用切割機從結冰的河流中切取

中國黑龍江省哈爾濱的冰雕

冰塊，並將它們拖到卡車上載回岸邊。雕刻師傅用鑿子和冰鎬將未琢磨過的冰塊雕塑成藝術作品，像是天鵝、火箭發射器、毛澤東半身像。他們用冰磚鋪造冰屋宮殿和哥德式大教堂，遊客可以走進用冰塊堆砌的亭子，在紅地毯上用餐。精緻的黑河冰雪世界伴隨著華爾滋音樂，在暮色裡閃爍著耀眼的霓虹色彩，但這一切不保證有溫暖。和哈爾濱不同是這裡沒有遊客。這裡沒有南方來的中國人，他們在參觀冰雕節時總是摔倒趴在地上，因為他們不習慣結冰的人行道，也無法掌握滿洲人的鴨子步。

我再次望向浩瀚的河流。在雪地偽裝之下，有五位幾乎不露身影的解放軍正無聲無息地在冰面上巡邏，只有他們的狼犬在吠。在我呼出的霧氣之外，在冰封景色的彼端，我在刺骨的寒霜中辨識出海蘭泡的輪廓。獨一無二的景象。俄羅斯和中國四千多公里的邊境上沒有一個地方像這裡這麼近且互相對峙：海蘭泡和黑河人口數相近，而且由於俄羅斯幾年前在岸邊建造了幾棟住宅大樓，使得兩座城市的輪廓看起來有些相近，但不是真的相似。然而在零下三十度的氣溫下，沒有時間可以繼續仔細觀察下去了。

冰冷的腳趾頭讓我感覺穿了太小的鞋子。因為害怕凍傷，所以我趕緊逃到李家小館裡去。那裡只有銅鍋涮羊肉一道菜，這道菜源自於蒙古，非常受歡迎。坐在我附近的老人們身材瘦弱，但是都在冒汗。儘管地點靠近岸邊，但我是唯一從外地來的客人。在我想要入境隨俗把自己脫到只剩內衣之前，女服務生已經把蔬菜盤和生肉片盤堆到餐桌中央的火鍋邊了。銅製湯鍋裡的蒸汽往上冒，讓我原本就已經流滿汗水的臉灼熱起來。

第二天我越過了黑龍江。中國渡輪碼頭聳立在江邊的大黑河島上，旁邊有雲霄飛車、巨形摩天輪和超大型的購物中心。入口正面牆上閃著用中文和西里爾字母寫的大字「遠東」。我停下來愣住。畢竟這個意思顯示了自從中國被迫與俄羅斯及其他歐洲大國接觸後，中國的世界觀發生了多麼扭曲的變化，並且矛盾地自我東方主義化[24]。我上次來黑河的時候這裡還沒有摩天輪，整個商場擠滿了穿著皮草大衣的俄羅斯撿便宜遊客。但是現在每一條走道上幾乎都是空無一人。

搭渡船去海蘭泡本來可以很簡單。中國和蘇聯在一九八〇年代末期就提出蓋橋的想法，但是直到三十年後才開工，而且不是在市中心，而是在河的下游，從城市望出去根本看不見的地方，現在江上有一座一公里長的斜張橋。根據看板說明，可以在購物中心旁邊搭乘連接兩個市中心的纜車越過黑龍江，每十五分鐘對開一次。雖然黑龍江把中國和俄羅斯分隔約兩千公里，但是只有兩座跨河的邊境橋梁，黑河與海蘭泡之間的狹窄路橋便是其中之一。更精確地說，它是目前為止唯一的一座。在比羅比詹附近，松花江匯入黑龍江不遠的地方，矗立著一座深入河心的中國鐵路橋梁骨架，正耐心地等待俄羅斯完成另外一段。是莫斯科的官僚主義讓這座橋梁的落成不斷延遲，也許是出於恐懼，害怕他們會完全失去對人流和物流的控制。他們腦海中不斷浮現一個棘手的老問題：跨越邊界的橋梁會將人們連結起來，還是會製造新的緊張局勢？

黑河和海蘭泡之間的跨河工程已經完成了，但尚未啟用。這個瓶頸大大限制了城市之間往來的人數，因此只能搭乘昂貴的巴士，經由架在結冰河面上的浮橋穿越邊境。在夏季有渡輪，在過渡季節就必須坐氣墊船。我們嚴格按照國籍區分越過河上冰面，我的同行者看起來

24　把西方人對東方的刻板印象應用於觀光產業，這現象被稱為自我東方主義。

全都是俄羅斯人。只有我的鄰座顯得與眾不同：他是一個中國人，把一本俄羅斯護照像珍寶那樣放在腿上。

海蘭泡像比羅比詹或伯力，也蜷縮在兩條河流的匯合處。結雅河（清朝稱精奇里江）是黑龍江最大的左岸支流，發源於北方的外興安嶺，最早由哥薩克人所發現。海蘭泡擁有造船廠和鑄造廠，但是到現在仍受到後社會主義困境的影響。我閒逛著穿過沉睡的郊區時，好幾次看到房屋牆上的塗鴉寫著「俄羅斯人的俄羅斯」。當地居民暱稱這座城市為「布拉戈」，是邊界上最靠近中國的城市，但是在市容中幾乎看不到中國人的蹤影，也看不見用中文的商店櫥窗和路標。黑河像是要擁抱世界，海蘭泡看起來比較保守封閉。儘管這座俄羅斯城市和黑龍江以及強大的鄰國保持距離，但政治上莫斯科還是對海蘭泡冷眼對待。雖然政府近來努力透過國內重大建設來重振黑龍江地區的發展，例如受到官僚怠慢和貪污腐敗影響的東方號航天發射場建設，這裡原本是要用作補充或甚至取代哈薩克的拜科努爾（Baikonur），成為俄羅斯的主要太空發射基地。但是這對原本已經很艱苦的日子有什麼意義呢？對於海蘭泡的居民來說根本沒有意義，因為這個太空發射站距離這裡一百五十公里遠。

市中心看起來無可挑剔。這裡的建築遺產來自十九世紀末的淘金熱，人口在短短二十年內翻了四倍，因此海蘭泡領先於伯力和海參崴，成為俄羅斯遠東地區最大的城市。就像赤塔一樣，城市規劃者把道路設計成像美國城市一樣的網狀形式。我發現到許多俄羅斯地方城市裡宜人的面向：安靜、寬敞、親切、樸實，綠樹成蔭的街道，美麗的市區房舍與教堂。在離

布拉戈維申斯克（海蘭泡）市中心的雪與冰雕

渡輪碼頭不遠的岸邊，冰雕也在陽光下閃閃發光。與火箭發射器和寺廟的寓意相比，更常見到克里姆林宮的名言。在這片夢幻風景的背後，黑龍江旁聳立著一座建於一八九一年的凱旋門。皇儲尼古拉·亞歷山德羅維奇大公從海參崴乘輪船和馬車返回的艱辛旅程中，曾經在海蘭泡停留，在那裡以他父親的名義為西伯利亞鐵路的建設奠定了基石。基石被蘇聯拆毀了，今天又有一道拱門在河邊傲視。順著一條幾百公尺長的步道往下走，這是普丁來訪問故人時所建，經過軍事總督故居之後，有一艘舊蘇聯砲艇出現在冬季的天空下，向來訪者提醒一九四五年夏末的對日戰爭。這艘砲

布拉戈維申斯克（海蘭泡）的阿穆爾州地誌博物館

艇被高高架起，露出底部斜立著，看起來像是要躍過黑龍江，船上武器瞄準著中國。沿步道繼續往下走就是結雅河的河口。在俄羅斯旗海底下有一群在俄羅斯被稱為「海象」的冬泳者在冰上的更衣帳篷和火堆旁，正準備去考驗自己的勇氣。一條木棧道通往冰面上的十字洞口。

我漫步回到市中心。有一個裝飾漂亮的角屋，帶塔樓的磚砌建築，高高的天花板、寬闊的樓梯和大理石地板，裡面是阿穆爾州地誌博物館。滿布灰塵的展示品看起來有些過時：猛獁象牙齒、陳舊的老工具、火槍，還有一個畫廊，裡面展示的是童話熊寶寶（Meister Petz）、狐狸列那（Reineke Fuchs）、灰臉狼

（Isegrim）以及其他針葉林居民的填充模型。偉大保衛祖國戰爭的展覽占據了好幾個大廳，這在俄羅斯各地很常見。

但是第七展廳和第八展廳之間存在很大的記憶空白，因為略過了那些被俄羅斯人在一九○○年炎熱七月驅趕到黑龍江裡的海蘭泡中國居民，只模糊地說是「義和團叛亂時期滿族為了邊境安全對海蘭泡轟炸」。其實俄羅斯的目擊者也提到「恐慌」、「圍攻」、「事件或是突發事件」，但是大多數人都保持緘默，只有少數人敢提及「悲慘的事件」甚至是「悲劇」。他們的字典裡沒有「大屠殺」這個詞。編年史學家也避開使用任何具評價性或責任性的術語，而選擇一般性、非評價性的措辭。策展人在博物館裡對這場大屠殺避而不談，也未為其設立任何展示櫃，我卻在「阿爾巴津諾：黑龍江地區的古都（一六六五至一六八九）」的展廳裡看到一幅富有想像力的全景地圖，上面描繪了在黑龍江沿岸蓄著大鬍子的無畏哥薩克人。十七世紀末的人可能認為雅克薩戰役是中國人的勝利，在這所博物館裡看起來卻只像是俄羅斯勢不可擋向東推進中的一次暫時挫敗。那些被布爾什維克咒罵的哥薩克人早就已經獲得了平反，今天他們又為了保護俄羅斯國界而和（隸屬於國內情報局的）邊防部隊肩並肩一起作戰。他們的民俗樣式制服，帽簷翻起來的毛皮帽和皮製馬鞭（Nagaikas），讓他們看起來很高貴，並不只是為了經濟利益，也是為了更深層次的信念而守衛國境。

在我越過黑龍江的短暫路程中，我和公車上坐在我旁邊的中國人聊了起來。他介紹自己是尤里．伊萬諾維奇（Juri Ivanovich），並隨手遞給我一張名片。我現在真的去找他了，因為我很好奇。到他辦公室的路蜿蜒曲折。他的辦公室隱藏在海蘭泡市中心聖伊諾肯提巷子裡一棟後樓的二樓，距離地誌博物館不到一箭之遙。沒有門牌指引路線，但是有非常多的監視攝影機。

尤里．伊萬諾維奇別名張永金，他辦公室令人印象深刻，裡面擺設著厚實的皮革座椅和桃花心木貼皮的壁櫥，這個人知道如何擺派頭和裝闊氣。我踏進辦公室時，他正俯身看著他的水族箱，眼睛隨著魚轉動。「真是好榜樣。你來看看，牠總是從容地循著一定路線游來游去！」這位商人好像忘記時間的小孩一樣，忘記周遭的一切幾秒鐘。狹長的眼睛專注地看著長滿鱗片的動物。水泵輕輕地嗡嗡作響，氣泡不斷地往上冒。

片刻之後，觀賞魚被遺忘了。尤里再次扮起老闆的角色，孩子氣的神情消失了。他在寬大的會議桌後面坐下。電話響起，桌面上的手機震動著。他同時在兩支電話上處理業務，左耳談的是黑河送來的貨。只要他說中文的時候，尤里就變成了張先生。低沉的聲音突然變得有些衝動，幾乎是大聲講話。他的右耳在聽一個俄羅斯人的來電，他又是尤里．伊萬諾維奇了，而且拒絕了對方所有的提議。儘管他已經在俄羅斯住了三十年，但是講俄文子音時並不像俄國人那麼硬，仍然像絲綢一樣柔和。「這些年我比較像是俄羅斯人而不像中國人。我知道這裡的遊戲規則，」張永金說。他中文名字的意思是「永恆的金子」。「我雖然相當成功，但是在黑龍江地區還有更有錢的中國人。」出生於一九六〇年的張先生故作謙虛。他在半個世紀的邊疆生活裡演了許多角色：建築工人、百萬富翁、囚犯，也是家裡的好爸爸。

尤里．伊萬諾維奇有梳理整齊的側分髮型，打著領帶，雖然表現友善，但仍保持著謹慎的距離。他慢慢透露更多有關自己生活的故事。第二天下午，他出乎我意外地發簡訊邀請我晚上去他家。「我讓我兒子安德烈去接你。八點鐘請在郵政總局前等候。」別克轎車把我們帶去郊區，染色玻璃窗外出現了許多小木屋。海蘭泡有二十多萬居民，但是這些低矮的近郊社區卻連綿不見盡頭。豪華轎車轉進了勞工街，安德烈用遙控器打開了電動門。轎車隱進高牆裡，看門犬吠叫著。未粉刷的房子有三層樓，甚至高過旁邊的小教堂。

一九八〇年代中期，張永金改名為為尤里．伊萬諾維奇。他是最早來到蘇聯的中國人之一。他的第一站是馬加丹。當時沒有蘇聯人自願來鄂霍次克海岸邊的城市。史達林將成千上萬人送往那裡強制勞動，然後再把他們送進科雷馬集中營。只有很少數的人返回那時候稱為「大陸」的地方。在一個二十五人的大隊中，所有人都是中國人，一位名字叫尤里的中國人在一個專門養雞的國營農場裡工作。「我們是先鋒，像動物一樣辛苦地工作，但是得到很好的工錢。」

尤里請我進屋。我們圍坐在廚房餐桌旁。說話的屋主既不期待憐憫，也不期待認同，他只想讓我嚐嚐碩大的葡萄柚。這座房子和他的辦公室完全不一樣，不像是拿來代表身分的地方。一盞節能電燈甚至無法照亮整個廚房，外面走廊上堆放著塑膠拖鞋、外出鞋和橡膠靴，大多是兒童尺寸。到底是誰住在這棟房子裡呢？

尤里在馬加丹遇見了瑪麗娜，兩人的兒子安德烈就在那裡出生。三十一歲女兒瑪莎的護照上登記的出生地是斯維爾德洛夫斯克（Sverdlovsk），是烏拉之都葉卡捷琳堡（Yekaterinburg）的舊名字，也是尤里俄羅斯之行的第二站。他這時候不再在養雞場裡和雞群為伍，而是轉行到建築工地。兩年後一家人搬到黑龍江畔的海蘭泡。「我想住在我父母附近，以便常常去看他們。」幾年前，尤里為他母親在黑河買了一間公寓，可惜他身為解放軍軍官的父親沒有機會看到。母親現在與他姐姐以及一位管家一起住在河對岸，兩地相隔一個時區，兩個截然不同的世界。

黑龍江沿岸籠罩著一股淘金熱，但是和十九世紀末的氣氛不一樣。「狂野的九〇年代，突然間每個人都來參一腳，」尤里一面回憶，一面還在剝著葡萄柚的皮。他和一些中國合夥人創辦了一家黑龍江公司。「一切，真的是所有可以賺錢的東西我們都賣：水果、電視機、保險套。」尤里解釋道。他很快買下了合夥人手中的股票。一有了錢，他就在海蘭泡買進第一棟房產。

尤里帶我穿越他的王國。爬上樓梯上到二樓，我們的腳步聲在屋裡迴響，這棟內部採用柔和紅色調裝飾的房子顯得很空曠。尤里打開一間一間房間，讓我知道鞋子的主人是誰。九個孩子，最小的還在母親懷抱裡。只有最年長的安德烈和瑪莎是中俄混血，其他的小孩有不同的中國媽媽。其中一個房間裡坐著兩個三十歲的女人，她們害羞地打招呼。「她們是……？」當房間門再次關上時，我問道。尤里沉默了。中國有句俗話「多子多福」。謝天謝地，一胎化政策在黑龍江另一岸不適用。

尤里似乎想要全心全意地生活，他知道「身處底層」的感覺。一九九五年，「中國富豪尤里」被逮捕了。他在阿穆爾州西北部的塔赫塔米格達（Tachtamygda）流放地蹲了一年半的苦牢，在那裡他是許多俄羅斯人中唯一的中國人。為什麼會坐牢呢？「如果你擁有太多，他們就可以找到一個理由。」尤里在城裡擁有太多房子。公司破產了，當時他幾乎失去了一切。我聽過很多這樣的故事，在伊爾庫茨克，在庫爾圖克，在赤塔，一次又一次地聽到這樣的故事。

一九九七年春天，安德烈、瑪莎和瑪麗娜在監獄門口等候尤里。這個家庭的財產只剩下兩間公寓，尤里從頭開始。出獄後不久，他的婚姻破裂了。他把市中心的公寓給了前妻，賣掉另一棟房產，然後在商業登記簿上註冊了一家名為阿米德（Amid）的新公司。瘋狂的年代已經過去，做中國產品的生意已經不再容易。在海蘭泡購買「中國製造」商品的人變得更挑剔了，城市裡的生意早已私有化，而且都被俄羅斯人瓜分。尤里在法律上雖然是俄羅斯公民，但不是「俄羅斯人」。更糟糕的是，對中國人的騷擾越來越嚴重，警察與黑幫把他們逐出市場。尤里把不幸視為機會。他在市中心租了一棟舊房子，然後把一樓擴建為市場。

在我停留的最後一天，尤里帶我去參觀他的購物聖殿。空氣中瀰漫著塑膠的味道。

入口旁邊是鞋匠的攤位，對面是一家化妝品店。後面有幾十個攤位販賣手機、空電池、厚底鞋、飛行員夾克和失焦的雙筒望遠鏡。他在阿穆爾州還經營另外三座市場，在斯沃博德內（Svobodny）、瑪格達加奇（Magdagachi）和滕達（Tynda），遠在西北部。但阿米德公司不僅僅是所有市場的總和。尤里在城外還經營一家在夏天營運的磚廠，此外在坦波夫卡（Tambovka）也擁有幾個溫室。當我們談論溫室是有意義還是沒意義的東西時，尤里說：「我用一隻眼睛就可以區別中國人和俄羅斯人的耕地。俄羅斯人不會全心全意經營耕地，一旦播下種子，你就再也見不到農夫了，只有在收穫的時侯才會回來。可是在中國的田野上你找不到任何雜草，大豆和小麥緊密地生長。」

當我們的話題回到貿易時，尤里認為：「經營市場的原則很簡單。」由於中國人最多只能在簽證期限內逗留，也就是只能在城市市場工作一年，而且還要不斷面對一些騷擾，所以他們在阿米德租攤位。「在我這裡，他們不需要每年都從頭開始。」在阿米德市場裡，攤位櫃檯後面絕大多數是俄羅斯人。但儘管如此，尤里保證大部分攤位都掌控在中國分包商手裡。「一些租攤位者雇用俄羅斯員工。經營者住在黑河，只會偶爾來視察。」在這種情形下，工作簽證期限就不再是問題。尤里判斷，生意可以順利地繼續經營，因為俄羅斯買家往往更喜歡也更信任俄羅斯經銷商，也比較不會討價還價。

尤里在市場上面的樓層經營一家餐廳。廚師是來自哈爾濱的中國人，餐點集西伯利亞和中國北方美食的大成。客人在中國餐廳裡很常見的小包廂用餐，但是綠色的牆壁、發亮的油布天花板和艾拉·普加喬娃（Alla Pugacheva）低沉的聲音令人想到我們在俄羅斯。尤里與人約在這裡會面，一個自稱叫奧列格·彼得羅維奇（Oleg Petrovich）的人。尤里開玩笑地稱他為「老闆」。因為奧列格是海蘭泡市場的所有權人。雖然張尤里早就擁有雙頭鷹護照了，但是在法律文件上，市場和餐廳的所有人仍然是俄羅斯老闆。「這仍然是今天在這裡的標準操作模式，」尤里這樣保證地說，「奧列格是公司的門面，但我是這裡的仲介。」我在旅途中常常遇到像奧列格這樣的人：中國商人的俄羅斯助手，情況相當普遍，也很諷刺。

我們吃俄式奧利維爾沙拉配馬鈴薯和蛋黃醬，喝酸黃瓜湯（Rassolnik）配黑麥麵包，這是蘇聯公共食堂的食物。「這裡的人都喜歡。」尤里敦促我嚐一點昂貴的中國燒酒。他自己點了一杯檸檬汽水，他已經戒酒多年了。「不再喝酒會活得比較健康，但是你很快就會沒朋友了。」

他的「老闆」奧列格·彼得羅維奇不喝汽水，他只是要來解決一些問題，尤里稍後向我解釋。「他們不一定會找我麻煩，因為我是中國人。但是在這裡出生的商人經常抱怨同樣的問題。」所有的政治菁英都利用權力來打敗競爭對手，利用職務來確保經濟地位，使用的手段倒是非常有創意。例如前任州長在他任職期間成立了一個「基金會」。「全州所有的商人都應該捐款。當然這些支出都是『自願的』。」沒有捐款的人會惹上麻煩，「通常在防火設備上。」尤里擠出一點笑容。等到稽查員來，幾乎所有人都會花錢消災。當時的州長利用收集到的捐款讓自己的事業蓬勃發展。

甜點太甜了，在吃的時候我隨口向尤里說出參觀博物館時找不到大屠殺的展示。「今天不會有人把我們中國人趕到黑龍江裡去了，」張先生乾巴巴地回答，「也不會再有警察在街上攔我，我也不再會因為據稱丟失文件而需要支付任何罰款。但那條河，直到今天仍然將我們分開。」

第17章 一公頃沼澤贈地

比羅比詹—伯力

一個老煙槍香頌歌手的沙啞聲音刮入耳裡把我吵醒。一片白茫茫的沼澤地掠過火車窗外，而擴音器裡傳來俄羅斯歌手低沉的聲音，吟唱著失落的愛情。這班夜車從海蘭泡沿著黑龍江到伯力需時十三個小時。

在我刷完牙後，火車在晨光中慢吞吞地駛過比羅比詹和一大片灰色的五層樓建築。今天猶太自治州的首府看起來既不具有自治性，也不顯得猶太。應該還有一千五百個猶太人住在

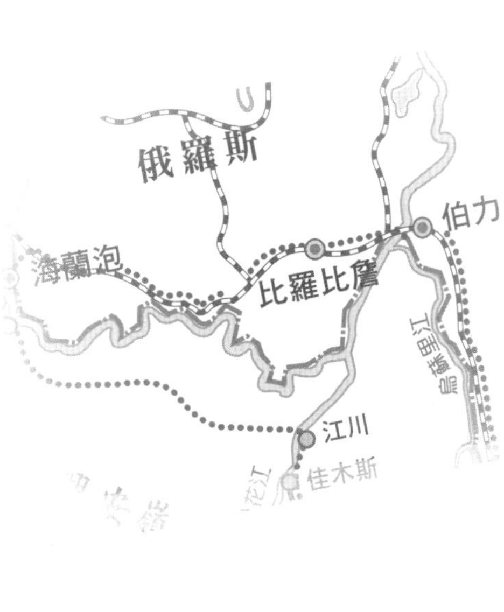

這裡。在二〇年代末期，史達林推行的民族政策把這片位於比羅和比詹之間，面積和蒙特內哥羅一樣大小的被遺忘的沼澤地宣布為蘇聯的巴勒斯坦。儘管僅有少數俄羅斯猶太小鎮的猶太人懂得如何使用鋤頭和犁，但是史達林卻希望把他們改造成高生產力的集體農莊農民。比羅比詹成長為一個有猶太劇院和名為《比羅比詹之星》黨報的小鎮。在二戰後，每四個居民就有一個是猶太人。但是史達林卻向「無根世界主義者」宣戰。最後一座猶太教堂在一九五〇年被燒毀。我的哈爾濱大學同學奧爾加跟許多人一樣，逃離了這個後猶太、後蘇聯的傷心地。她的兄弟還留在比羅比詹，在市立公墓裡鐵路堤防外某地，頭部中了一彈。

經過了比羅比詹，在抵達伯力前兩小時路程的地方，連結海參崴與莫斯科的橫貫公路經過那裡，譚雅和德米特里開著他們的二手日本車就是在這條公路上緩緩前進，他們可以從車上看到鐵路線。夏天時在火車站裡認識的兩個人是否已經來過鄂木斯克？現在外面人煙更加稠密，不過還是保留了一點農地。一個剃光頭的男人不耐煩且沒有目標地來回走著。

十九世紀中葉，許多哥薩克村莊零散地排列在黑龍江岸邊。這裡曾經因為淘金熱以及滿滿的糧倉而成為眾人嚮往的前哨，如今只令人唏噓：屯田士兵只在不到百分之一的土地上耕作。哥薩克人在這裡已經無法自給自足了，今天他們的村莊被困在邊境地區的抑鬱地帶上。

要怎樣才能讓人在帝國東部邊緣地帶定居並且安頓下來呢？自從一六四七年哥薩克人在鄂霍次克建立了冬季營地後，這個問題一直困擾著俄羅斯的統治者。阿穆爾州和太平洋沿岸地區自十九世紀中期以來，就因為人口稀少而籠罩在中國及其人口優勢的陰影下。幾十年來實際的人口遷移率近乎於零。哥薩克人經常是內部東方殖民運動中唯一的志願者。這個情況直到從人口過剩的烏克蘭州遷移來的農民才有所改變，他們大多極為貧困，搭乘從敖德薩出發的志願艦隊穿越各大洋最後抵達海參崴。隨後，歐亞大鐵路的建設也促使更多移民到來。然而遠東地區對中國工人、日本商販和韓國農民的依賴在世紀之交不斷增加。在鍾子和鐮刀之下，韓國人、日本人和中國人被古拉格的「特殊定居者」，以及被高額補貼吸引到偏遠工業地區的工人所取代。但是自從蘇聯解體後，已經有四分之一的遠東地區居民離開此地，剩下來的六百萬人剛好和一個中國省會的人口一樣多。

望著外面白茫茫的空曠，七位數似乎很多，但是想起這片土地的廣闊，這個數字又顯得微不足道了。在遠東，貝加爾湖和楚科奇半島之間的土地是俄羅斯八個聯邦區中最大的一個，幾乎與澳洲一樣大，比除去西藏和新疆的中國還要大。俄羅斯遠東地區的北部和東部被鄂霍次克海、白令海和拉普捷夫海（laptev see）包圍，南方與中國、朝鮮接壤，東望日本，在西邊緊靠西伯利亞。遠東占了俄羅斯三分之一的領土，但是只有百分之四的俄羅斯人居住在此。讓我們減去海參崴和伯力以及其他城市的人口，在此隱居的每個人都能擁有五平方公里的土地。

正如沙皇和總書記的時期一樣，克里姆林宮今天也定期推行移民計畫。最近普丁發誓要阻止人口外流。五年前他簽署了一項法案，規定每一個遷徙到遠東地區的俄國人都可以獲得一公頃無需繳交租金和稅收的土地，連續耕作土地五年的人就能獲贈這塊土地。普丁的土地免費配發方案是美國一八六二年《公地放領法》的俄羅斯版。但普丁只送給每個人一公頃，而當時的林肯則贈送了六十倍的面積。然而克里姆林宮裡那些灰衣官員的宏偉計畫與沼澤地區的現實相距甚遠：「遠東的公頃」幾乎無法施行永續農業。此外，指定的區域大多遠離文明，甚至缺乏基礎設施。那些在聯邦網站上註冊並且獲得「他們的一公頃」的勇敢俄羅斯人，還需要面對多如牛毛的法令規定：獸醫法典、植物檢疫條例，還有邊境地區的特別規定，也還需要先了解水資源法。況且當地官僚早在網站上線之前就已經占據那些令人垂涎的美麗太平洋海灣與興凱湖邊的肥沃土地了。

火車沿著俄羅斯聯邦南部邊緣前進。氣氛如此消沉，很難想像更北部的地方會是什麼模樣。那裡有貝阿鐵路（BAM），全長四千多公里，沿路經過數千座橋梁和數百座車站，起點在泰舍特（Tayshet），終點是遠東寂寞的蘇維埃港（Sovetskaya Gavan）。這條路線原本要通到庫頁島，從隧道穿越韃靼海峽，連接到日本人在那裡鋪設的窄軌鐵路網。那時候這個太平洋島嶼南部仍然是帝國的領土。第一個貝阿鐵路計畫是在沙皇帝國末期時提出，預計是近似於西伯利亞鐵路的路線。之後史達林讓古拉格的囚犯開闢通過西伯利亞針葉林的第一條支線，而真正開始動工是在七〇年代，由已經年邁的布里茲涅夫推動。貝阿鐵路是蘇聯最後一個面子工程，三〇年代巨型建設狂潮的迴光返照。志願者來自社會主義兄弟之邦，他們在宣傳上高唱著要在「黑暗的針葉林夜晚裡」點亮「工業之火」。經過十五年的建設之後，在蘇聯解體前兩年，第一列火車繞過貝加爾湖北端抵達太平洋海岸。

今天，鐵路完工僅僅三十年，鐵路枕木與周圍原本要移民與耕作的無限廣闊土地一起下陷到沼澤泥淖之中。美好未來的夢想幻滅了，每天只有一班長途列車來往於這條顛簸的軌道上，不知道從哪裡出發，也不知道要開往哪裡去。在葉爾欽時期，車站與倉庫接連關閉。例如北穆亞（Severomuysky）、新地島（Novaya）、恰拉（Chara）與費夫拉利斯克（Fevralsk）等地，這些蘇聯規劃要設立博物館的地方至少失去了一半的居民，甚至是全部居民。

沒有哪個城市比黑龍江畔的共青城更依賴這條命運動脈線，這城市象徵著蘇聯在遠東的工業化及其破滅的烏托邦。一九三二年，共青城在黑龍江畔的小村莊彼爾姆斯科耶（Permskoye）奠基，當時全蘇聯地區的共青團員蜂擁而至，在荒野中建造了第一排兵營。但是這裡的囚犯很快就替代了原先的志願者，罪犯以及「舊時代的人」在那時的宣傳下成為了模範工人。到今天還有二十五萬人生活在這個精心策劃、建立在犯人白骨上的史達林主義紀念碑裡。蘇聯新古典主義的華麗住宅排列在和平大道與列寧大道上。所有在破舊外牆後面堅忍等待未來會有所改變的人們，都在「阿穆爾鋼鐵廠」，在「加加林」飛機製造廠，在以第一艘蘇維埃核潛艇「列寧共青團」命名的造船廠裡，或是在其他軍工廠裡賣命苦幹。當初因為戰略考量而建於蘇聯帝國偏僻難行的地帶，如今卻因為隔絕孤立而處於地理位置劣勢，在日本與韓國的投資人眼中，這個已老化的「青年城」簡直遙不可及。

夜行列車隆隆作響，越來越多沒睡飽的人站在走道上，從掛著乳白色鑲邊窗簾的窗戶望出去看著黑龍江。和我同車廂的年輕人也心不在焉地看著外面白茫茫的一片，似乎正在凝視河流的全景。他穿著一身黑色海軍制服，顯得有些迷惘，就像穿著人生第一套西裝領受堅信禮的少年。他的面容帶著稚氣，不過他的肩章卻表明他是一名中尉。他叫格里高利，也可以叫他格里沙。稍晚，當火車駛進六十萬居民城市的總站哈巴羅夫斯克一號站之後，格里沙要在火車站前廣場搭乘公車去軍用機場，從那裡前往他長途旅行的最後一站，千島群島上的軍營。

在戰時的一九一六年，總長超過兩公里半的多拱鐵路橋竣工，補上了完全位於俄羅斯領土上的西伯利亞鐵路的最後一段缺口。打從一九九〇年代末期，葉爾欽治下經濟極其困難的十年裡，原橋被一座雙層鋼架橋所取代。來自海蘭泡的夜行列車緩緩穿過發出呻吟的下層鐵軌，在我們上面是R297公路，在我們底下已經是黑龍江寬廣的入海口了。我們花了好幾分鐘時間才到達對岸，不久就進入了火車站裡宮殿般的大廳了，奇怪的是，這是蘇聯時期仿造沙皇時代建設案而蓋成的建築。

伯力的城市布局表明居民不怕大水。黑龍江和烏蘇里江是這城市的主要構成元素，所有主要的視覺軸線都通向江水。高高的城岸可以看到迷人的河流全景，在十九世紀中葉就被認為是適合作為「俄羅斯密西西比」的夢想投影。

在鐵路時代之前，外來者並不是以接近鳥瞰的視角從橋上接近這座城市，而是與水平行，從江面上靠近。來自西方的旅行者當時從輪船上沿著黑龍江往下游方向進入。那是真正的冒險，因為水位變動很大，而且大型汽船經常會擱淺。從高高的河岸望去，木屋間偶爾閃現城市住宅的紅磚外牆。在建城時期的明信片上，漁船在沙岸邊上排列成行，船員直接從船上出售當天的漁獲。尼古拉・加林（Nikolai Garin）在一八九八年八月從聖彼得堡來到此，當他靠近田園般的河岸時非常震驚：「到處是中國人：在碼頭上，在他們用雙排木板拼湊而成的售物攤位上，從陡峭斜坡上爬到城裡去。」這位環遊世界的俄羅斯作家在商店裡發現了整個大自然的花園：白菜、胡蘿蔔、西瓜和蜜瓜、水梨、蘋果、茄子和番茄。但他失望地抱怨說，黑龍江的中國人以高價出售品質不佳的商品：「水果和蔬菜說是從南方來的，但缺少南方的光澤，就好像人喪失了他的本質。更像是來自南方的次級品，這些難吃的水果蒼白、乾燥，甚至可憐。」

今天在高高河岸上沒有嘈雜的市場活動，也沒有五顏六色的各民族混合人潮。但是河岸還是很陡，幾乎像是懸崖。從上面看，結冰河面上的視野一覽無餘。背景是現代伯力的剪影：新住宅高樓、港口起重機、舊的燃煤發電廠。在前面，彷彿在指揮站的位置上，河岸公園上矗立著一座英雄紀念碑。我和當地的歷史學者瑪麗亞・費奧多羅芙娜（Maria Fjodorowna）約好在紀念碑下見面。她的臉上的褶皺和細紋讓她看起來很活潑，染紅的頭髮也是。在尼古拉・亞歷山德羅維奇大公揭幕的雕像高台上，穆拉維約夫自豪地擺出雙臂交叉的有力姿勢看向對岸的中國。這位被讚頌為英雄的總督在一八五八年與中國簽訂國境劃界條約（即璦琿條約），因而獲封為阿穆爾斯基伯爵（意為黑龍江伯爵），後因為被沙皇驅逐而逝世於流放地巴黎。這位伯爵完全與布爾什維克的反帝國歷史觀格格不入，他們搗毀了他的紀念館，並在高台放上一個只有真人大小的列寧混凝土塑像。

布爾什維克的政治偶像破壞主義無所不包。蘇聯文學的英雄填補了遠東紅色歷史的空白。在穆拉維約夫的位置上還出現過像葉戈爾·庫茲涅佐夫（Egor Kusnezow）這樣的人物。他出現在社會現實敘事詩《阿穆爾神父》一書中，尼古拉·薩多諾夫（Nikolai Sadornow）讓他的主角徒步向東，並講述第一批俄羅斯移民在大河岸邊的艱苦生活、荒野中的危險，以及與當地人和平共處的故事。這本書獲得了史達林獎。但是伯力的人們沒有忘記「他們的」伯爵，而列寧的雕像更不會消除昔日的記憶。「這個站在高底座的小雕像給人一種怪誕的印象。外國遊客過去總是一再沾沾自喜地問我們，這個列寧從什麼時候開始拿來裝飾在廣場上的。我們的城市導覽員當時只能尷尬地搖頭。但是我們不可能談論這種恥辱。」瑪麗亞回憶道。一九八三年列寧雕像被移除。此後不久，在改革期間就已經有公民倡議，要籌集資金重建穆拉維約夫的雕塑。之後便按照在聖彼得堡保存的模型重新塑造，偉大的民族英雄自一九九二年又煥發地回到了老地方。「就像是城市精神的回歸。穆拉維約夫為對我們國家做了很多貢獻。」瑪麗亞說。

伯爵回復了名譽。自二〇〇六年以來，他的雕像成為五千盧布紙幣的圖案。在愛國主義回歸的氣氛下，人們透過重建紀念碑、教堂，以及恢復街道舊名稱以喚起沙皇時代的記憶，這些被蘇維埃政權從民族記憶中抹去的時代見證。

我們進入為了紀念建城一百五十週年而精心整理的露天台階。曾幾何時，這裡是中國人出售劣質水果的地方，那個時候只有一條泥土路通往陡峭的河岸。用點想像力會覺得今天看到的全景景象讓人想到下諾夫哥羅德（Nizhny Novgorod）跨越窩瓦河的契卡洛夫階梯（Chkalov Stairs）。我們小心翼翼地，沿著階梯一步一步走下積雪被清掃乾淨的陡峭河岸步道。下面有一位老婦在一八五八年征服者紀念碑前面鞠躬，喃喃地感謝他保護這座城市。後面，沿著步道旁有體育館和一座建於五〇年代，有著希臘神廟外型的戶外游泳池。蒸氣漂浮在游泳池上方的冰冷空氣中。

結冰的江水靜靜躺在冬季藍灰色的天空下。寒冷馴服了江水，厚厚冰層上的積雪吞噬了城市的喧囂，白雪在我們的腳步下發出輕微嘎吱聲。望眼所及看不到任何船隻。在夏天，當游泳的人擠滿岸邊時，船隻仍然能吸引人的目光，瑪麗亞把手放在禦寒的皮手筒裡說：「沒有輪船或過去的帆船，也沒有懸掛中國國旗的駁船。」當然這裡會有遊輪，船頭被推到沙灘上，柴油引擎仍然轉動著，流行音樂震天價響。階梯放下來了，船快要開了，船長熱情地招攬著過路遊客參加遊覽航程。剩下的船隻停在後面的河港裡，瑪麗亞說，它們提供到新卡門卡（Nowokamenka）、波別達（Pobeda）或其他別墅郊區的定期航班服務。「所有河流交通都在幾十公里的半徑範圍內。」

現在，在初冬的下午，冰釣者分散在寬廣的冰凍江面上，在手掌般大小的冰面鑽洞前一動不動，釣竿上的細線垂入黑暗的水中，耐心地等待。就像一幅單調的冬季油畫，畫中人物彷彿凝固在景色中。在這個烏蘇里江與黑龍江口的三角洲，這裡開始有豐富的魚類，北方魚類如江鱈，哲羅鮭會這裡會遇見到草魚和其他南方魚類。我們很靠近地從一位睫毛和鬍鬚都結了冰的老人身旁走過。他的鬆獅犬守護著兩條手臂那麼長的鮭魚。「自從中國人污染了黑龍江之後，我就沒有再吃過這裡捕的魚了。」我們走到垂釣者聽不到的地方之後，瑪麗亞這樣說。十五年前，吉林市某化工廠發生爆炸時有苯和硝基苯流入松花江裡。我那個時候還在哈爾濱念大學，還記得那個時候大家都大量地囤積瓶裝水。飲用水供應出現短缺，因為市政府的公共服務機構擔心居民中毒，所以關閉了輸水管。幾個星期後，大量有毒的水流到了伯力。次年結冰解凍之後，魚翻肚浮在水面。這場環境災害加劇了俄羅斯邊境居民對鄰國人的可怕印象，他們從花園偷走了玫瑰，吃掉家中的狗，還毒害井裡的水。

有時候會有零星步行者滑過冰面，小小黑灰色輪廓消失在地平線某地。地平線背後是只有一半屬於俄羅斯的大烏蘇里島（中國稱黑瞎子島）。江水看起來幾乎不動，島另一邊的鄰國似乎已被遺忘。除了瑪麗亞對魚類菜餚有所保留之外，我感受不到這裡緊鄰著中國，不像在海蘭泡那樣。這裡沒有在路堤上擺攤子賣水果的中國商人，沒有像在黑河到處可見的摩天大樓。我時不時被冰面上的裂縫絆住，冰在裂縫中重新結成巨大冰塊突出在那裡。

我在冰面上重新意識到，為什麼黑龍江在我漫長的旅程中一直為我定向，我沿著它慢慢地，像江河那樣曲折蜿蜒，從西向東，有時候沿支流往上游走，艱難地前進。散布在廣大西伯利亞的大河，不論是葉尼塞河、勒拿河、科雷馬河，都已無法用作交通要道。黑龍江是俄羅斯在烏拉山脈另一邊唯一一條朝向肥沃的東方到太平洋擴張方向的河川，不像其他河流一樣往北方流入北冰洋。俄國人採用通古斯語的名字稱它阿穆爾河，是「大河」的意思。滿族人則稱它為薩哈連烏拉（Sahaliyan Ula），意為「黑色江水」，並看見它蛇的形狀、暗色的水、岸上的玄武岩，以及其不可控制、不可預測的特質。

從它最遙遠的源頭開始測量，其長度堪比湄公河。更令人印象深刻的是它所灌溉的盆地範圍比長江還大。但是黑龍江很少被人從源頭測量起，而且也很少想到它的整個流域。人們反而從它的中途開始測量，也就是石勒喀河和額爾古納河的交會處。兩條河本身就氣勢磅礴。就算是從這裡開始計算長度，黑龍江到太平洋入海口還是有兩千八百二十四公里。

這條河在兩岸有不同的名字，中國人和俄羅斯人也就它的源頭爭論不休。中國人認為，從長白山噴湧而出，流經哈爾濱雲鵬父母的家的松花江，由於是黑龍江最長的支流，所以是黑龍江唯一真正的起點。然而在俄羅斯，學者堅稱從貝加爾湖以東湧出的音果達河才是黑龍江真正的源頭。不過不知道在什麼時候，俄羅斯和中國的地理學家共同研究，得出一個意想不到的結論：黑龍江的發源地，也就是從源頭到入海口最遠的距離，既不在中國也不在俄羅斯，而是起源於蒙古北部的鄂嫩河，到入海口四千四百一十六公里。

我們回到散步道，我問瑪麗亞城市起源的問題。雖然我認為我已經知道了，但是我想聽聽她的說法。就和西伯利亞鐵路上那個小小的葉羅費伊巴甫洛維奇車站一樣，伯力要感謝俄羅斯第一位遠征黑龍江地區的探險家，哥薩克首領葉羅費・哈巴羅夫（Yerofey Khabarov），為了紀念他於是以他為城市命名。「在一八六五年，這座在建城時叫做哈巴羅夫卡的前哨站總共也只有一座教堂、兩百棟建築和十五家商店，」瑪麗亞繼續說，她在寒冷中聳起了肩膀，「剛好在烏蘇里江河口的位置非常理想，不像海參崴一樣容易受到海軍攻擊。這個地方受到中國敵意的影響也要比海蘭泡小得多。」在世紀之交，這座駐軍城市有一萬五千個居民在此守衛和管理俄羅斯遠東地區的新領土。有一個那個時代的笑話，我以前在某個地方和別人的談話中偶然聽到過，笑話裡把伯力描述成一個被上帝遺棄的地方，有三座山丘，兩個煙囪和一萬個投資組合，諷刺文武官僚以及俄羅斯人嚴重缺乏商業頭腦。

「寒氣從腳底蔓延上來，」瑪麗亞警告我，並示範性地跺著腳。當我們再度爬上結冰的露天階梯回到共青團廣場時，她挽著我的手臂。夏天時人們會想在這廣場上走一圈，但是今天它看起來空蕩蕩且毫無生氣。一九三〇年被拆毀的聖母安息主教座堂曾是這座城市的地標，而那座在後蘇聯時期建起的帳篷式藍色屋頂塔紀念小教堂難以填補空缺。

但至少可以協助行人辨識方向，它指引著到河岸公園的數公里道路。在這個筆直型城市裡，主要幹道以直角從河岸延伸到火車站。我們走了三條大道中間的那一條，這條大道自從一九九二年起重新命名為穆拉維約夫阿穆爾斯基，朝城市方向走可以到達列寧廣場。從列寧廣場開始，大道叫做卡爾馬克思。

從這條長且寬闊的林蔭大道延伸出去的街道，像雲霄飛車一樣上下起伏地越過山丘。中間的山谷中有一條寬闊的林帶，在每一個交叉路口上都可以看到新的建築瑰寶。過了市立圖書館不遠後面左手邊是「城市之家」，是這條街上最宏偉的建築物，或許說是全伯力之最也不為過。落成於一九〇九年，採用所謂的俄羅斯風格建造，是從前先驅者宮殿的再現（伊爾庫茨克也有同款建築），體現了建築專家對這種風格的所有聯想：陡峭屋頂的醒目輪廓、無數的小塔樓和城垛，兩道街邊外牆上的奢華裝飾都出現在這裡。

但是瑪麗亞加快了腳步，因為她不想介紹羅曼諾夫王朝最後十年的奢華，而是早期蘇聯的簡約形式語言。一九二〇年代中期，莫斯科的共產黨領導階層宣布伯力重新成為遠東地區的行政中心，我的城市嚮導向我解釋。有了這個政治上的重新定位，新的建築語言就進駐到這裡來了，直到今天仍彰顯了這座城市的政治分量，也與過去澈底決裂。「你看，林蔭大道上的大部分房屋展現出與過去一切的澈底決裂，沒有過分誇張的外牆，更代表著一種蘇聯傳統的優雅。」瑪麗亞帶我去看另外三座建築：兩座議會大廈和遠東銀行。三個例子，在她看來可以證明伯力儘管距離政治中心很遙遠，卻是蘇聯的現代實驗室：「他們在一年之內蓋好了銀行。這是貝加爾湖以東第一座結構主義的建築物。一九二九年，評審團授予它全聯盟建築獎。」其嚴謹的線條，方正的設計語言以及大面窗戶使得這座三層建築直到今天仍是引人注目的焦點。由鋼筋混凝土製成，依照最新的工法和在美國培訓的專業人員所建造，迅速成為僅在一年後完工落成的議會的榜樣，也影響了三〇年代初期所建造的市政廳和城市內外許多建築案。

這條街上的豪華、多樣性、勇氣，很快就會讓你忘掉阿穆爾地區沒有成為第二個加州。

「為什麼呢？」我問瑪麗亞。

「太複雜了，沒辦法在一個下午散步時說清楚。」她避開了話題。地理、人口、經濟，但決定性因素是政治。「順帶一提，在我們腳下的土地屬於俄國才一百五十多年，雖然我不應該大聲說出來。」

「加州成為美國領土的時間也沒有多很多。」我插嘴說。

「烏克蘭、波羅的海國家，甚至芬蘭，在根本上比我們活在沙皇權杖下的時間長很多。」瑪麗亞回答，並發現她的家鄉在某些方面可以和像澳洲這樣的殖民地相提並論。

對於莫斯科人和聖彼得堡人來說，遠東過去和現在都是非常遙遠。這有時也有好處：「我們一直是各種社會組織形式、治理、殖民化、城市規劃的新模式試驗場。對聖彼得堡的官員來說，這地區確實是一種俄羅斯式的美國，老俄羅斯的種種限制並不適用。在這裡沒有根深柢固、擁有大量土地的貴族，沒有世代居住的農業社區以及與地主的複雜關係。這裡是可以從零開始建設的社會。」

我們沒有機會談到一九一七年以後，甚至談到普丁的「遠東公頃」話題。瑪麗亞還得利用週末去購買生活用品。在回旅館的路上，我不斷在思考著以進步為名的壓迫，以安全為名的軍事化，以成長名義的生態掠奪，儘管這個公式可能還不夠深遠，而且也應能適用於俄羅斯其他地區，但都是可以深思的議題。然而我可以確信一件事：這裡是一個雙重邊緣地帶，同時被歐洲俄羅斯和其亞洲鄰國所隔絕。

第18章 不是俄羅斯的舊金山

海參崴

幾天前從伯力搭乘西伯利亞鐵路快車來到東南方陸岬的那一刻真是難忘。海參崴坐落在穆拉維約夫阿穆爾斯基半島的盡頭，倘佯在黑龍江與烏蘇里江的河灣之間。我一直看到冰塊漂浮在水面上。然後是一條長長的隧道，最後是長途火車的月台里程碑，上面寫著九二八八公里，表示從這裡到莫斯科的距離。一列古老的蒸汽火車，背後是新俄羅斯風格的宏偉車站大廳，看起來有點像莫斯科的雅羅斯拉夫爾火車站（Moscow Yaroslavsky railway station）[25]的

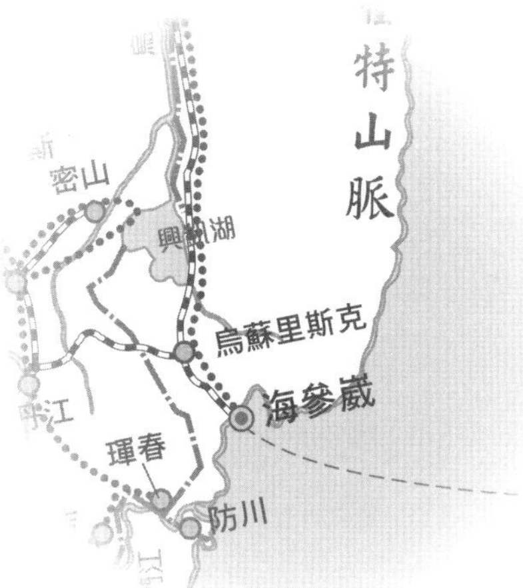

小兄弟。鹹味空氣和海鷗尖叫。我的長途旅程最後一段就在這塊終點石碑邊結束了嗎？歐洲是否就此結束？還是亞洲在很久以前就開始了？

伊凡到火車站來接我。不是來自海參崴的伊凡，在我們徒勞地尋找絲綢之路，與專家同列車時和我同住一個車廂的伊凡。是另一個伊凡，與我同年的歷史學者朋友，他研究俄羅斯在中國的形象。這個伊凡有深金色的頭髮，務實的俄羅斯男士髮型，他請我去吃一份道地的早餐，有燕麥粥、錫爾尼基烤薄餅（syrniki）和濃茶。還替我叫了一輛Maxim（遠東地區的優步小黃）帶我在海灣區的巷子裡繞了一圈，然後再到我的住處。接下來我在遠東國立歷史檔案館裡待了兩星期，它就在火車站及遠洋碼頭後面。每天去檔案館的路上一直會撞見旅行團，在列寧雕像前拍照，在中國海軍護衛艦前拍照，軍艦可能是因為友好訪問而停靠在碼頭堤岸邊，還有在舊蒸汽火車頭前拍照，在港口閒逛購物時拍照。往來於海參崴和日本境港、韓國東海港之間的「東方之夢」渡輪每星期只有一個班次。到了夏天，每個月會有兩三班遊輪停靠，那時就會注意到美國的退休人士帶著亮白的微笑，頭戴著休閒棒球帽湧入市中心。但是突堤碼頭在大多數時候空無一人。由於客運量容易掌握，所以客運碼頭的航站大樓就變成了中國遊客的購物中心。在這裡也有俄式燒酒瓶、普丁T恤、Alyonka巧克力、俄羅斯斯丹達伏特加（Russian Standard）和黑色的苦甜利口酒烏蘇里斯基香脂（Ussuriysky Balsam），這種酒我已經和另一個伊凡在西伯利亞鐵路火車上喝過。俄羅斯女售貨員用洋腔洋調的中文對遊客說：「快來！」時代真的變了！即使有些當地人把這視為西方國家的沒落，但這終究是一種正常化。

機場的空橋並不適合作為衡量標準，因為海參崴機場長期以來是俄羅斯內陸的樞紐機場，連接從西伯利亞和從歐洲部分到堪察加彼得羅巴甫洛夫斯克（Petropavlovsk-Kamchatsky）與馬加丹的交通。更重要的是國際目的地：長春、釜山、首爾、平壤、富國島、曼谷、香港、哈爾濱、齊齊哈爾、成都、北京、上海、南京、札幌、東京，我無法全部列出來。去年有三百萬乘客，但大多數遊客不是來自中國，而是南韓，最近也有來自日本的。在三年前我上次來的時候，街上很少能看見韓國人和日本人，但是今天幾乎被這兩個地方來的旅客淹沒，情況類似愛沙尼亞首都塔林（Tallin）在周末時被瑞安航空（Ryanair）帶來的遊客擠爆。聽說二〇一九年時有三十萬韓國人來海參崴旅遊。伊凡告訴我一個中國同事的故事，到俄羅斯東部來的許多亞洲鄰國遊客弄得他心神不寧。「昨天我們想搭車去烏蘇里斯克（雙城子）過夜，但是所有旅館都被韓國人預訂一空。今天我們想到海港碼頭去參觀雙桅桿的 Krasny Vympel 紀念船。你應該要來看一看在船前面排長龍的日本遊客。後來我們想去吃飯，但是到處都已經有韓國人在排隊了！」

電子簽證讓日本人來觀光更加便利，韓國人可以免簽證在俄羅斯境內觀光停留兩個月。俄羅斯的亞洲鄰國已經注意到了，錢包負擔得起的未知世界就在眼前，那裡距離東京和首爾

25 西伯利亞鐵路的西方終點站。

只有兩個小時。連日本的女性雜誌都宣傳到「離日本最近的歐洲城市」的旅遊樂趣，那裡有美食，但不是海鮮，還有後蘇聯時期的異國情調、戲劇表演、西伯利亞化妝品、海灘上的俄羅斯男人。

一百五十萬中國遊客還是遠遠超過韓國人和日本人，但這只占中國人出國旅遊人數的百分之一。潛力巨大無比。他們通常以團體形式觀光，並且把錢投入中國的經濟體系裡，就像我在貝加爾湖奧爾洪島見過的那樣。只剩下博物館入場券或進出妓院時才用盧布支付。伊凡為了補貼他的學術工作薪水而當起導遊，在我們吃早餐的時候告訴我這些地方。在法學院對面，隱藏在市中心裡有一家沒招牌的普丁酒吧，那裡的收銀機響聲不斷。他們做生意的原則和在滿洲里或哈爾濱相同：羅宋湯和《喀秋莎》，俄羅斯人不得進入。「餐廳牆壁上掛著一張大海報，上面是我們的總統穿著著名電腦遊戲星海爭霸二（StarCraft 2）的主角吉姆・雷諾的太空衣。中國人就是喜歡這種低俗趣味。」警察也一起賺錢。未成年的女孩，深深的眼圈，面無表情，噴著紫羅蘭香水，在和中國人談好價錢之後就跟他們一起消失在酒店裡。「如果我不做，也有其他人會做。」伊凡為自己的副業辯解。

現在，過了兩個星期後，藍色纜車裡只有我們兩個人，這有點像階梯式公車，從對面駛來的紅色纜車是空的。伊凡說，這是俄羅斯境內唯一的地面纜車，建於一九六二年。隨著車廂緩緩越過光禿禿的樹冠往上推進，他伸長脖子指著窗外。「不只一個鄰居，三個鄰居：橋那邊是日本，更遠處在燈塔後面是朝鮮，中國在黑龍江河灣另一邊。地理位置好到不能再好，開車差不多三百公里就到朝鮮邊境。前往中國琿春和綏芬河基本上近得多。搭乘渡輪在一天之內就能到日本和韓國。」隆隆作響的纜車爬得越高，金角灣的景色就越壯觀。

我們的腳步在融化中的雪地裡發出黏膩的聲響。一隻海鷗掠過山坡，最後滑落在我們腳下那堆積了幾個月的灰色泥濘中。我好奇地盯著泥濘中像地質構造堆積的狗糞便。這上面的城市景色一覽無遺。我用一隻手遮擋住眼前單調明亮的天空。金角灣兩側拱形近乎圓胖的景觀，這彼得大帝灣的分支，提供了良好的避風港條件。放眼望去，越過雪白色斜張橋的景色心曠神怡，屋海、海港、如畫般級級上升的房屋平台，還有地平線上的小島。在東南方很遠處，我隱約看到一條暗藍色條紋。一定是太平洋，而我現在第一次看到。混凝土塊隨意地散落在城市山丘上，這和嚴謹對稱的伯力差別很大。我們身後一片金屬車庫，部分的屋頂被覆蓋住。挪威科學家兼外交官弗里喬夫·南森（Fridtjof Nansen）在看到這個景象時想起了拿坡里，當然在這裡並沒有維蘇威火山。

「中國人在哪裡釣海參呢？」我問伊凡，並且看著他濕透的皮鞋和方形鞋尖上的積雪。

「他們把這座城市命名為海參崴，海參之灣。」

「我不知道他們有沒有在這裡抓過海參，但是他們直到今天還是這樣稱呼我們美麗的符拉迪市。」伊凡回答，顯然對自己的家鄉非常自豪。「無論如何，海參醜陋的表親海星和海膽到今天還是出現在他們的餐桌上。他們喜歡我們的野生海參，在他們家鄉只有養殖在海水魚塭裡的。一公斤俄羅斯海參據說在北京要價一千元。這是魚子醬的價格。」中國人喜歡棘皮動物，因為牠們的營養價值與質地而不是味道，伊凡補充說。「還期望可以治療關節炎和陽痿。他們也吃熊掌、青蛙和梅花鹿的鹿角，他們什麼都吃，只要他們覺得有幫助就好！」

然後伊凡變回了歷史學家，但是當我們談到十二世紀由一個滿族部落建立的金朝時，他的臉上露出了苦笑。伊凡把「金」說得像「秦」，我不得不想到杜松子酒。是的，中國人認為俄羅斯遠東地區實際上屬於中國，這時總是會提到金朝。總而言之，早期的中國皇室已經間接影響了這個地區。但是伊凡拒絕這種說法，因為都只是朝貢關係。當然在中國有些人的看法不同，伊凡也知道這一點。他沿著泥坑邊踮著腳尖平衡身體，並且講述不久前俄羅斯駐北京大使館引發的輿論風暴，起因在於一篇發表在中國社交媒體上的海參崴建城紀念文章。中國的民族主義者分享這篇帖文上百萬次，並且痛罵俄羅斯外交官為帝國主義的歷史騙子。

我們回程時沒有搭火車，而是拖著濕透的鞋子，搖搖擺擺地沿著寸步難行的街道下山。

「即使中國有一些極端民族主義巨魔有不同的看法，但是在十九世紀之前，這裡並沒有發生太多事情。」伊凡再一次保證，同時眼睛一直看著老房子屋頂排水槽上像手臂一樣長的冰柱。

「在克里米亞戰爭期間，為了要尋找一個俄羅斯聯隊，一艘英國溫徹斯特號護衛艦下錨停在海灣。水手給這個港口命名為五月港，」我們經過了福音派路德教會的聖保羅教堂，北德磚造哥德式建築的典型例子。「滿洲號船長阿列克謝・謝夫納（Alexey Shefner）是一名新教徒，我們可以說，這艘船的船員把俄羅斯國旗插在這裡的土地上。」

「是什麼樣的船？」我問。

「一艘三桅帆船。一八六〇年，水手們受沙皇亞歷山大二世的委託建立了這座城市，並且計畫性地取名為符拉迪沃斯托克（Vladi vostok），統治東方！」據說在一八六五年就有一個新教社區了。這座港口教堂是城市現存最古老的宗教建築，一九〇七年建立，當時城市裡已經有三千多名新教徒。「不僅是船長，很多有地位名氣的人都是新教徒：其中有總督和俄羅斯捕鯨船隊的中尉，我指的是安特伯格（Paul Simon Unterberger）和蓋沙林（H. H. Keyserling），我相信你知道他們，還有其他人等等。許多人，實際上絕大多數人是波羅的海德意志人。」一九三五年，史達林的幫凶把牧師送去勞改營，從此他就再也沒出現過了。教堂先成為水手的會所，幾年後人們在祭壇前放映電影，到最後被大砲包圍，中殿擺設了陳列櫃和太平洋艦隊博物館的戰艦模型。一九九七年九月，在德國大使見證下，它又成為了一座教堂。「儘管漢堡來的牧師盡心任事，但是這個約有兩百個成員的教會仍然活在自己的陰影下。」當我們走過很高的橋梁底下，早已看不見教堂的時候，伊凡這樣說。

我們一直沿著斯維特蘭大街（Svetlanskaya ulitsa）走回市中心。跟著水手而來的是商人，在金角灣上只有幾間木屋的軍港在一八六二年時就已經獲得了自由港的地位。宏偉的酒店、銀行和其他直到今天仍然屹立在城市軸心的建城時代建築，見證了世紀之交的經濟快速成長。這條大道沿著港灣延伸到鐵軌邊，儘管有無軌電車和不斷湧入的日本二手車，儘管在灰褐色雪泥中顯得千篇一律，但仍然有歐洲林蔭大道的風貌。伊凡告訴我，日本和韓國的電影製片有時候會拍攝這條大街當作電影的背景。

「街角大樓是古斯塔夫・昆斯特（Gustav Kunst）和古斯塔夫・阿爾伯斯（Gustav Albers）共同創立的海參崴第一家百貨公司，兩個漢堡人是在上海結識的。又多了兩個新教徒。」當我們停在裝飾華麗的新藝術風格宮殿前面時，伊凡解釋道，商店櫥窗裡的紅色大字寫著全球知名的西班牙服裝連鎖店的名字。「一九〇七年由萊比錫的建築師格奧爾格・楊韓德爾（Georg Junghändel）所設計，此外，他還設計了城裡的聖保羅教堂。」我有點懷疑伊凡是在討好我，所以特別帶我去看德國人和波羅的海德意志人的海參崴，不過我開始意識到這些德國人的影響力多麼重要。當德國商人古斯塔夫・阿爾伯斯在一八六四年來到此地，他與另一個古斯塔夫共同創辦了第一家綜合百貨商店，這是他們在俄羅斯遠東及其他地區的貿易帝國的搖籃，從華沙到神戶，他們擁有超過三十家的分店與辦公室。在海蘭泡的地誌博物館，就是我在展覽大廳裡徒勞尋找一九〇〇年大屠殺歷史的地方，本來是他們貿易公司的一個分公司。在哈爾濱也曾和昆斯特和阿爾伯斯（Kunst & Albers）打過照面。過去的東北亞是多麼地自我融合，並且與世界連結在一起啊！一九〇三年連接上西伯利亞鐵路後，海參崴的經濟更加繁榮，人口也大為成長。德國百貨公司也同樣蓬勃發展，但是從第一次世界大戰開始走下坡，一九三〇年，斯維特蘭大街的分店被充公，此後被改名為 GUM 百貨公司繼續營運。

這座太平洋城市早在第一列從歐洲來的火車到達之前就已經國際化，除了俄羅斯人和德國人，還有英國人、日本人、美國人和挪威人住在這裡，甚至還有韓國人和中國人。在一八九七年做的第一次人口大普查中，這座「歐洲堡壘」幾乎有一半居民是外國人。黑海的港口城市敖德薩被稱為俄羅斯帝國的文化和民族大熔爐，在當時的外國人占比是三分之一強。

斯維特蘭大街以北兩個街區，在福金上將街（曾被稱為北京街）後面的街道被夾在鐵軌和迪納摩足球場中間，那裡是後院組成的迷宮遺跡。離此擲石之遙的地方是傳奇搖滾樂團Mumiy Troll的夜店，海參崴最知名的音樂團體，那裡藏著一座有綠藤小徑的狹窄庭院，是「百萬街」的最後見證。早期海參崴居民懼怕此地的數百萬中國人，因此這麼稱呼他們的聚居地。許多狹小的單房公寓窗戶後面曾經隱藏著鴉片館，有一兩個妓女的招待所，一個夜間避難所。由於與其他市民隔離，狹窄的聚居空間以及困頓的生活條件，於是中國人的居住地被認為是瘟疫和霍亂的溫床。俄羅斯外交官弗拉基米爾．格雷夫（Vladimir Grawe）痛斥了那裡的生活條件，在第一次世界大戰的前夕，他難過地哀嘆，「中國人既不覺得有必要去遵守基本衛生規範，也沒有產生厭惡感，也不害怕引起疾病。」

今天的後院很髒亂，公寓空無一人。積極的居民早已把這個曾在陰暗世界裡的庭院從沉睡中喚醒，現在留著時髦鬍鬚的男孩在那裡啜飲濃縮咖啡，在壁畫前拍照，在畫廊裡暢談最新的展覽，或是陪著女友逛精品店。海參崴有些地方充滿活力。太平洋子午線國際電影節早已為人所知。馬林斯基劇院濱海分院（Primorsky Stage of Mariinsky Theatre）主要吸引了來自東亞的遊客，其高科技舞台讓一切看起來更大、聲音更響、色彩更豐富，而且門票更便宜。伊凡和我偶然發現了一家時髦的後院咖啡館。我悄悄把鞋子放在咕嚕作響的暖氣上，希望襪子很快會乾，而且沒有人看見。

在內戰期間，從小酒館和周圍街道上的咖啡館裡傳出了美國人、法國人、義大利人、希臘人和加拿大人的進行曲，他們是為了拯救白軍而在這裡登陸。還有華爾滋的音樂，多瑙君主國的戰俘在等待歸返歐洲。古老且市民階級的俄羅斯在這裡的時間要比其他地方來得更長久。當布爾什維克一九二二年進駐海參崴時，這裡出現了大量的移民。對許多人來說，海參崴是俄羅斯土地上的最後一站。史達林主義的恐怖分子在三〇年代中期抹去了中國、韓國和日本僑民最後的痕跡。海參崴現在是古拉格囚犯的中繼站，國家的罪人在這裡乘船前往科雷馬，之後就是絕對的隔離。海參崴是蘇聯太平洋艦隊的母港，三個世代以來一直是安全管制嚴密的軍事區，對外國人和大多數蘇聯公民更是絕對的禁忌。火車會停在烏戈利納亞站（Ugolnaya），如果想更進一步進城就需要持有特別許可證。

蘇聯解體之後，這個海軍基地突然又對所有人開放。海參崴受到大規模失業衝擊，熱能供應短缺與工資拖欠，城市無法可管變得完全墮落，很快被視為俄羅斯太平洋邊緣地區的犯罪首都。一九九〇年代中期，敵對幫派互鬥搶地盤。被稱為遠東「教父」的謝爾蓋・保羅（Sergei Baulo）幾乎在每一個利潤豐厚的生意環節都插有一手，從博彩業到漁業再到石油工業，但最重要的是二手車買賣。他在一九九五年的葬禮（據說是死於潛水事故）堪比國葬。

沒有人能比瓦西里・阿夫琴科（Vasily Avchenko）更能描繪海參崴的新生。他在紀實小說《右置方向盤》裡詼諧地描述了二手車行業的興衰，而這個行業在蘇聯解體之後拯救了被中央政府遺忘的濱海邊疆區。官員、藥劑師、大學教師，任何一個對經濟有一點敏銳度和有一定關係的人都轉行到汽車業來，而海參崴海港讓事情變成了可能。剛開始的時候，日本進口貨物還是由木材運輸船或漁船裝載，水手是第一批日本車的所有人。後來，專門裝載汽車的渡輪來到日本，開始給日產、本田和豐田開闢一條勝利之路。船上到處是汽車，甚至游泳池和日光浴甲板上都是。據說在該州南部有時有將近十萬人在從事二手車生意，一個由經銷商、組裝商和改車專家組成的團隊。一度封閉的城市不再靠著海軍和魚，而是靠汽車營生，但有趣的是，沒有一輛車是自己製造的。有句話說「買車要去符拉迪」，很快就成為膾炙人口的名言，在太平洋城市街道上的人均汽車數量很快就超過了首都莫斯科。

對於居住在遠東的人們而言，日本車是擺脫政治中心獨立的象徵，也代表著另闢蹊徑與自我意識。就連民兵巡邏隊（今天又回頭改稱為「警察」）也開著方向盤在另一邊的車子。在左側尖端的定位桿和額外的外側後視鏡讓俄羅斯人在右側行駛時更容易操縱右駕車輛。阿夫琴科的文學處女作是對海參崴的愛的宣言，與地區性的汽車文化沒有那麼大的關係。右置方向盤是一種文化現象，一種完整的生活方式，幾乎是一種意識形態。錯誤位置的方向盤象徵著思想的自由，是一種信念，在官方規定之外的另一種思維方式。

當普丁在二〇〇八年十一月宣布要大幅增加二手車的進口關稅，以促銷被冷落的國產汽車品牌拉達（Lada）與伏爾加（Volga），在海參崴就有數百甚至數千人抗議。但抗議的人並不是政治積極分子、民權人士或理想主義者，而是機械師、退休人士和女教師。有些人憤怒地把方向盤高舉在空中，汽車車隊按著喇叭駛過市中心，抗議表達他們心中不滿歐洲俄羅斯對遠東的疏離。

當地的安全部隊通常是二手日本車的車主，他們拒絕驅散抗議者。二〇〇八年十二月中旬，為了要動用武力驅散大規模示威，政府從莫斯科派出戴頭盔的特種部隊，並用警棍把示威者撂倒在地上。

從二〇〇九年開始，日本進口的汽車數量急遽下滑，經濟和金融危機更加劇了經銷商和買家的困境。一望無際的鈑金在鹹濕的太平洋氣候下逐漸生鏽，整個產業鏈都遭殃，從日本賣家到海參崴的中間商，一直到旅館業者和保險經紀人，當然還有經由顛簸小路把車帶去內陸的專業車手。

在蘇聯解體三十年後，如果想要看看曾是後蘇聯經濟核心地帶的海參崴所留下來的殘跡，必須穿過唯一的電車路線前往城市最東邊。在列寧區最後幾棟公寓和第一片光禿禿的山丘之間，冰冷的風在那裡呼嘯，至今仍有日本二手車一部緊挨著一部排列在那裡，就像是現代的馬市。這個市場名為「綠色角落」，是烏拉山東部最大的二手車市場，長期以來一直有各式時髦車種，包括所有顏色、所有可以想像得到的設備，這裡的交易熱絡，有時會發生打架爭吵事件。然而，在寒冷的陽光下，油漆和鉻金屬不再閃耀。「綠色角落」即將被新住宅區取代的傳言已經流傳了一段時間。

我應該再叫一輛Maxim計程車才對。現在坐的地方沒有深色玻璃窗、嘈雜音樂和芳香劑，而是坐在路線公車不舒服的後座上，要好久好久才能到俄羅斯島（Russky island）。幸好我有同伴。雷昂尼德剪得一頭明亮短髮，凹陷的臉頰露出笑紋，正坐在我旁邊。

他姊姊住在德國卡塞爾（Kassel），他能說一口流利的德語而且打橄欖球。我對他的了解就這些了。緩緩前進的車龍隊伍伴隨著喇叭聲艱難地穿過五一區（Pervomayskiy Rayon）。我們在去俄羅斯島的路上，去雷昂尼德工作的大學，路途很長。經過了造船廠和海軍基地，經過被包在塑膠布裡過冬的遊艇，經過海上公墓，那裡俗氣的墓碑以獨特的崇拜方式紀念犯罪組織的首領。

日產、豐田和三菱的車流到現在才逐漸減少。老舊的巴士在大坡道上掙扎地爬上通往俄羅斯島的橋梁。在通往大橋的迴旋坡道混凝土牆上，克里米亞半島的輪廓在俄羅斯的白紅藍色彩中閃耀。寫著「克里米亞是我們的」的標語已經褪色了，有人在旁邊加上一句：「我們不會遺棄你。」但我專注地看著出現在面前的俄羅斯島。島上至少有近一百平方公里面積，比海參崴市區大三倍。橋上的白紅藍三色纜繩直入雲霄，而俄羅斯島看起來像是長滿灰褐色

橫跨金角灣的斜張橋金角灣大橋，是海參崴兩座新建大橋的其中一座。

橡樹與山毛櫸的連綿丘陵。連接兩個城區的金角灣大橋上，熙攘的車輛一部接著一部行駛，前往海島的路程讓我想起能源危機時週日無車的景況。在橋另一邊，高速公路沿路上什麼都沒有，也完全沒有開發的跡象。

二〇一二年落成了兩座斜張橋，兩公里長的金角灣大橋和超過三公里的俄羅斯大橋是大家崇拜的對象，雷昂尼德解釋說，兩座橋成為了城市新地標。「我們正在經過全世界最長的斜張橋，而且很高，橋與海平面之間正好七十公尺。」聽起來有點自豪，但也有鄙視自大狂的意味。其實有另一個跨海可能性，從西邊的埃格席德區（Egershield）基本上路程會更短，造價也會更便宜。「我們繳的稅被深深埋在這個世紀建築工地底下。」雷昂尼德在巴士上罵道，儘管車子現在正快速前進。保護海參崴免受濃霧侵襲的森林，其中很大部分已被砍伐殆盡。大學應該建在阿穆爾灣，海參崴和阿爾喬姆（Artyom）之間的綠色草地上，那裡氣候溫和，而且道路建設比較容易。「為什麼一定要給學生在寒風凜冽的島嶼灣上建造一座橋和一個貧民區呢？」

直到幾年前，俄羅斯島還是軍事禁區。二〇〇八年我第一次搭船過來，那時還沒有橋，只有一艘小渡輪每天來往三趟，聯繫島上村莊居民與城市之間的交通，居民主要是前軍事基地的服務人員。當地人會站在船舷的欄杆旁享用啤酒，以打發漫長的航程。

今天，轉了幾個彎之後出現完全不同的景色：在左手邊太平洋與日本海的方向突然出現一個由混凝土與玻璃複合建築組成的均勻半圓形，這半圓不可能是自然生成，而是由一塊一塊的建築在荒野上拼裝起來的。這應該就是遠東聯邦大學的校園了。

普丁宣布海參崴將主辦亞太經濟合作會議（APEC），這一消息為島上荒野的政治門面大工程拉開序幕，也啟動了整個遠東的重大發展計畫。二〇一二年的領袖高峰會議變成象徵性的演示，針對外國、針對俄羅斯，最重要的還是針對遠東居民：俄羅斯的政治菁英擁有開發這地區的意願和資源。我想起普丁的呼籲，他在二〇〇〇年夏天，剛上任後不久就試圖喚醒這個國家：「如果我們不儘速對遠東進行實質的發展，那麼幾十年後，住在那裡的俄羅斯人就必須講日語、漢語和韓語了。」我又想起在碼頭航站大廳裡喊著「快來、快來」的俄羅斯女售貨員。是不是為時已晚了？克里姆林宮在高峰會前就已經在這燈塔政策與城市基礎建設上投入超過兩百億美元的資金：會議中心、橋梁、豪華飯店、一百五十公里的新道路和擴建機場的第二條跑道與鐵路連接。在高峰會的最後一天，會議中心盡完它應盡的職責。普丁把最高等校園的象徵性鑰匙交給了大學的學生。

現代化的教學大樓外牆遮掩了這所大學的悠久傳統，其核心是成立於一八九九年，由波茲德涅耶夫（Pozdneyev）兄弟所領導的東方學院。學院在短時間內就聲名遠播，成為軍事人員、公務員和商界人士的幹部培訓基地，因為它教授迫切需要的東亞語言與國情知識。東方學院在內戰期間發展成大學，並於一九三〇年關閉。史達林的追隨者逮捕了許多教授，由於他們有外部關係，在當時的環境下特別容易被指控為間諜。「專業知識隨之流失，至今天仍未恢復到當時的水準。」雷昂尼德嘆了口氣道，公車後頭的街道空空蕩蕩，我們沒有等綠燈就穿越了馬路。一九五六年命名為遠東國立大學重新招生，並開始重建喪失的權威，尤其在敵情監視方面。現在的名稱叫遠東聯邦大學，是由四個學院合併而成的。內部人士評論說，這樣的合併卻對歷史悠久的研究所造成損害。「那曾經是一個重要的學術中心，可以和莫斯科與列寧格勒媲美。」畢竟，約三萬名大學生在這裡註冊，包括兩千名中國人，數百名韓國人和日本人。「夏天的時候，這裡幾乎就像聖地牙哥一樣，」雷昂尼德說，「即使在九月下旬還是可以去游泳。」我笑了。不，我沒有這麼豐富的想像力，沒辦法想像現在穿著厚重衣服的雷昂尼德可以穿著人字拖在海濱步道散步。

從主樓門廳望出去，視線越過十幾層樓高的玻璃帷幕牆可以看到藍灰色的海灣。不過入口的安檢把我拉回了現實的俄羅斯，三個一臉兇惡的警衛檢查我的護照，從第一頁看到最後一頁。即使過了類似機場的安檢站，後面仍有一位身穿淡藍色閃亮西裝，身上散發出濃烈麝香味的男子，一直嚴厲地盯著我們。「幾星期前我帶著一群朝鮮共青團成員來校園，根本就沒人理睬我們。」雷昂尼德生著氣不斷地搖頭，「為什麼要因為一個德國人而把事情搞得如此複雜。」那名穿著閃亮西裝的男人毫不掩飾，一身帶有動物甜味的香水味道比他先一步飄過來。「在我們的研究所裡，他們至少做得比較低調，」雷昂尼德低聲說，「我必須向上級報告你是誰，你想來做什麼。」

教學大樓排列在主建築的兩側，學生宿舍和賓客招待所位在濱海區沿岸。儘管整個校園看起來很壯觀，灰色建築仍然讓人覺得沒有生氣。大樓正面讓人聯想到德國的卡爾施泰特百貨（Karstadt）和海灘飯店。和中國不一樣，俄羅斯政府很少把錢花在大膽的設計案上。儘管如此，樓梯間、衛生設施、大講堂，狀況全都無可挑剔，一點都不像舊蘇聯大學那些破舊甚至有惡臭的教室與空間。不過所有警衛和安檢人員身上都散發出濃郁的麝香，他們是舊時代裡供人差遣的人，現在除了簽發通行證、記帳之外，就是整天發呆。

雷昂尼德帶著我在龐大建築群迷宮中繞圈子時承認，當初的興奮心情已經消失了。薪水很糟糕，大量的官僚主義，頻繁更換校長，其中一個甚至遭到軟禁。對大學來說，校園實在太大了，但是他們必須要想出一些辦法來填滿空建築。這地區的學校沒辦法造就那麼多的高中畢業生，畢業生人數遠遠少於大學招生人數。華麗的校園，充滿未來感的機場航廈，新的下水道，位於市中心能欣賞到阿穆爾灣景色但還沒有完工的凱悅大飯店——這座城市並沒有辦法消化這一切。

我們散步走過幾乎無人的緩坡下到海灣。這裡有一整排你想得到的各種球類運動球場，從足球到沙灘排球，再到雷昂尼德的橄欖球場。剷雪機發出七十分貝的聲音，還有幾名工人手持掃帚，仔細清理廣場和跑道上的雪。

二〇一二年決定在海參崴舉辦亞太經濟合作會議，是更廣泛的「轉向亞洲」計畫中的一部分，雷昂尼德說，他瞇著眼睛看太陽，太陽正在努力爬出雲堆。這再度反映了內政和地緣政治利益的糾葛。目的在為這地區爭取投資，攔阻衰退，並吸引西部地區的人到遠東來。

在亞太經濟合作會議前夕，應該會有一個專門成立的部會來改善基礎設施和投資環境。二〇一五年，聯邦政府批准了所謂的「優先發展地區」實施辦法，俄語縮寫為TOR。辦法裡規定了租稅優惠、國家補助以及特殊關稅，簡化授權程序和減少官僚主義。放鬆管制是為了吸引私人投資，有時候俄羅斯官員甚至談到「中國路線」。現在據說已經成立了十幾個這樣的區域了。

海參崴也屬於這樣的區域。「整體濱海邊疆區南部、與中國及朝鮮接壤的地區、南海岸包括所有港口，都包括在內，全部面積達三萬平方公里，」雷昂尼德向我解釋，並好像在踢冰球一樣讓冰塊滑過光滑的步道。海參崴除了是太平洋上的海上門戶，更是一個自由港。「在某種程度上是回歸到十九世紀後期的自由港制度，那個時代是因為國家太弱，所以沒辦法在遠東邊緣地區維護關稅權利。」

「然後呢？到底是怎麼樣運作？」我繼續把那塊冰塊往前踢。

「哦，我們總是在報紙上讀到投資者的抱怨：表格很複雜，分類標準不明確等等。一位韓國人點出了問題所在，『官僚主義對俄羅斯的傷害要比任何制裁都大，扼殺了每個仍處於萌芽時期的倡議。』」但這裡只有六百萬居民，市場太小而且有限，儘管有壯觀的橋梁，但交通基礎建設很差也是很大的缺點，雷昂尼德坦率地說。

「我不知道海參崴以後要怎樣存活下去。這城市可以是通往東方的門戶，直到今天卻仍然不是。」總而言之，這裡的情況自然比海蘭泡和伯力好得多。我們這裡對中國的依賴程度要比其他邊境地區來得低，這是雷昂尼德所確信的。「我們與中華人民共和國的對外貿易比只有百分之五十。」

「只有？」我回答。

我們今天還沒有辦法找到海參崴在價值創造鏈上的真正定位。它已經失去了海軍基地的功能，但也沒有真正發展成貿易港口，到今天仍然缺乏特殊性。後蘇聯時代二手車貿易沒落了，但是由國家補貼的新車生產至今仍然停滯不前。豐田在海參崴附近的一家裝配廠組裝Land Cruiser 長達兩年，但是後來日本人放棄了。現在馬自達正在那裡嘗試自己的運氣。海參崴雖然現在是遠東聯邦管區的行政中心，但是不適合作為行政中心，雷昂尼德做了這樣的評論。「都是官僚遊戲。遙遠的莫斯科在政治上懲罰了伯力，才提升了海參崴的地位。也許是克里姆林宮覺得伯力太不聽話了，我不知道。」雷昂尼德這樣假設，並向一位正氣喘吁吁從我們身邊慢跑經過的同事打招呼。「莫斯科現在又在把眼光放在亞洲了。難道普丁還有什麼選擇嗎？除了往東發展，我們把所有橋梁都拆光了。但是亞洲對我們敞開大門了嗎？都是幻覺。自從克里米亞戰爭之後，俄羅斯首次陷入無盟友的境地。我們活在完全孤立之中。」

高峰會的國際影響力所剩無幾。每年九月初，「東方經濟論壇」會在校園裡舉行，因此這裡的學年總是晚兩週開始。亞洲鄰國的國家元首會前來與會，也會有部長、企業代表、大使、科學家和記者前來。每一次都是在討論外國在俄羅斯遠東地區的投資。官方都認為成果豐碩，真實情況則是頗為有限。

天色慢慢暗下來。雷昂尼德的同事，也是個失業的政治學系講師，讓我們共乘他的日產汽車。以車的大小而論，讓人想起梅塞施密特的迷你車。他執意想要帶我這個外國訪客去看一些特別的東西。在無車的四線道柏油路上行駛了一公里後，我們向右轉入一條碎石路。森林中突然出現了許多灰色的爛尾房，看起來就像殭屍的複製軍隊。這個「海島」住宅區自二〇一二年起就荒廢在這裡，原本是要給教授和研究學者居住的。我估計沿途大約有一百間別墅，幾十棟公寓。「森林的空氣，海灣的景觀。我妻子和我曾經夢想可以住到這裡，大概是因太棒了，令人難以置信。」憤怒的司機感嘆道，車子引擎的傳動帶同時發出了歇斯底里的尖叫，「先是禁止砍伐樹木，然後軍方提出了顧慮，最後在施工時出了紕漏。我們提出陳情書，示威遊行，向普丁陳情。但是八年過去了，仍然沒有一棟可以讓人搬進去住。」

回到荒僻的快速道路，我們繼續孤獨地穿過光禿禿的森林往南，直到在左手邊看見新水族館告示牌，然後轉彎。「還有一個建築醜聞，」雷昂尼德從副駕駛座位上低聲說，並指向岸邊一棟有未來感的波浪形屋頂建築。「海象、海獺、海豚、貝加爾海豹和貝魯卡白鯨都有了，只是沒有遊客。因為沒有維護衛生環境，已經有幾隻海洋哺乳動物死亡。」經過岸邊光禿禿的樹林後，曾是世界上最大砲兵連和地下碉堡之一的老舊遺址不斷閃現，雖然防禦工事未曾完工，但仍彰顯了這座城市的軍事重要性。四線道路突然到了盡頭。「像《德蘇烏扎拉》（Dersu Uzala）[26]的荒野，」雷昂尼德聳了聳肩，「自大狂一直存在。但無論如何，大學還是比城堡好。」閃亮的LED弧形路燈亮起。我們調頭，疾馳回到在夜色中發光的城市。

傳說中的德蘇烏扎拉，他是誰，怎麼過活？隔天我想在阿爾謝尼耶夫紀念館（V. K. Arsenyev's Memorial House Museum）弄清楚。找了好一陣子才在離火車站不遠的一條小街上看見那棟毫不起眼的磚造建築。弗拉基米爾・阿爾謝尼耶夫（Vladimir K. Arsenyev）是位作

26 日俄合作拍攝的電影，導演為黑澤明。德蘇烏扎拉是真實人物，一位謀生能力優越的獵人，在俄國探險家於一九〇二至一九〇七年間探勘遠東地區時擔任嚮導。

家、地理學家和沙皇座下軍官，沒有人像他一樣，對烏蘇里江與太平洋之間那個注定在二十世紀初沒落的世界做了那麼多探索和研究。他在探險期間與不同的當地嚮導合作，其中最忠實的夥伴是年長的「針葉林獵人」德蘇．烏扎拉，他為這位夥伴立下文學紀念碑，這個故事也被多次改編為電影。這位黃金民族的獵人精通老虎和森林的語言，阿爾謝尼耶夫以驚人的觀察力把這個語言翻譯給世界觀眾。這位政治上不受歡迎的作家於一九三〇年最後一次針葉林旅途中死於肺炎，當時其實已經對他發出了逮捕令，直到戰後才被正式平反，濱海邊疆區甚至有個小鎮以他命名。阿爾謝尼耶夫生命中最後兩年就是住在海參崴市中心這座兩層磚砌建築裡。讓我留下深刻印象的不是牆上掛著巨大虎皮的辦公室，也不是擺放著俄式茶炊、針勾桌巾和留聲機的客廳，也不是親自陪我走過三個展覽廳的館長，更不是那位一直用懷疑眼光盯著我，也許是擔心我逗留太久會妨礙到她的午休時間的女門房。真正讓我印象深刻的是阿爾謝尼耶夫小屋子旁的摩天大樓，一百五十公尺高，沒有窗戶，名為「海藍寶石」的住宅大樓直入雲霄。夏天時應該就可以入住。四十四層的豪華公寓，裡面有超市、藥房、健身中心、美容沙龍，一切設備都是中國式的。

我的歷史學家同事伊凡正在紀念館前等我。他前一段日子買了新公寓，一定要我去看一看。我們搭乘一輛老舊的韓國製城市巴士，搖搖晃晃地從阿爾謝尼耶夫的小屋子穿過埃格席德區。公車每停靠一站，車門就像電影的慢鏡頭一樣緩慢地打開又關上，車內溫度每次都感覺掉下十度，即使車上旅客緊緊地擠在一起。埃格席德區分布在什科特島（Shkot Island）

托卡內夫燈塔（1876）位於穆拉維約夫阿穆爾斯基半島最尖端，海參崴所在地區。

上，位在古老市中心的西南邊。海港邊這個地方以前曾是貨運列車的終點站，因為對日戰爭失敗，俄羅斯失去了通往大連和旅順口南段的滿洲鐵路。今天碼頭上堆滿了貨櫃。道路迴轉處夾在一家新超市、貨運集散場和廢金屬倉庫之間，那裡便是現在的終點站。

我們步行滑下彎曲狹窄的街道，經過塑膠和金屬牆面的別墅，外觀很奇怪，應該沒有建築師會設計出這樣的房子。一頭狐狸從我們眼前穿過。到了底下，我們快步走過被稱為「托卡內夫貓」的平坦長路岬，沿著填起來的水壩經過一個巨大的高壓電塔，最後抵達那座紅色屋頂的矮小白色燈塔，標記著海灣的入口。我們右邊有一艘破冰船穿過仍結凍的阿穆爾灣。這裡從十二月初到三月底完全冰封，結冰的厚度讓帆船和小型貨輪無法通行。左邊是「東博斯普魯斯海峽」，海參崴的海上入口，現在已經沒有結冰了。幾隻海鷗在最後幾塊浮冰上翩翩起舞，另一塊浮冰上停著一輛車。難以相信海參崴與克里米亞位在同一緯度，和科雷馬在同一經度。幾頭海豹在燈塔前做日光浴。夏天時這裡會擠滿了車，像美國一樣直接停在沙灘上。快艇、槳手、泳客、響亮的音樂。冬天只有海豹和海鷗，連美食餐廳「螃蟹屋」都歇業。開闊的視野可以清楚看見俄羅斯島大橋和金角灣大橋。在午後陽光照耀下，確實能讓人聯想到金門大橋。

海參崴是俄羅斯的舊金山嗎？一如赫魯雪夫曾經的夢想？

我記得二十世紀初期的未來景象明信片，上面有對未來的大膽想像：海灣上宏偉的懸索吊橋，懸空鐵路和齊柏林飛船。在二〇年代已經有位瑞典外交官呂特格・埃森（Rütger Essén）把金角灣的城市與金門海峽的城市相對照了，只是舊金山的冬季沒有那麼寒冷多風，而且「不是俄羅斯人的城市」。一九五九年十月，蘇聯政府首腦前來。赫魯雪夫從美國西海岸回國途中在海參崴短暫停留，在這裡看到成為蘇聯舊金山的潛力。這座城市風景如畫的海灣和陡峭的山丘讓人想起加州，無軌電車在山丘上蜿蜒行駛，然後消失在茫茫的霧中。兩座城市的歷史也都剛剛超過一百五十年。但是舊金山在一九〇六年大地震之後以矩形街區重建，使得城市看起來很有條理，海參崴卻完全沒有經過任何規劃。儘管有赫魯雪夫的夢想，人們還是在雙纜車旁邊建造出一個真實存在的社會主義輪廓，其板式組合建築有別於市中心的新哥德式聖保羅教堂和新俄羅斯式火車站，到今天仍然是城市的主要景觀。

「啊，和舊金山相比，很多人都做過，」伊凡儘量讓自己的情緒平靜下來，「不管在哪裡，主導城市景觀的都是豐田 Prius，但是我們這裡只有二手車。這就是我們的共同點。他們那裡有 Airbnb、蘋果、特斯拉、推特、柏克萊、史丹福。財富、多元文化、開放、創新。我們這裡呢？」

我們沿著棕色斑駁的半島背脊往上返回。

伊凡和妻子以及接近成年的兒子已經在埃格席德區三座新摩天大樓其中一座裡住了兩年了。我在心裡自問，這個家庭怎麼有辦法用學術人士和銀行職員的薪水買下價值五百萬盧布，相當於六萬歐元的兩房公寓？價錢還不包括室內裝潢和家具。我們默默地在狹窄的電梯裡快速上升，電梯一側不斷摩擦著電梯井道，直達第二十二層樓。有位女性和我們一起搭乘，她要到更高的樓層去，因為身體距離近而感到不安，一直緊盯著樓層指示燈。

落地窗，可以看見燈塔的視野。伊凡的妻子譚雅的身材蒼白，近乎透明。食物已經上桌了，譚雅又回在她的電腦前。螢幕上是排滿數字列的表格。她經常在週末和國定假日工作，伊凡邊說邊抬起雙腳。她用電話通知哪些自動提款機需要補充現金。大家在假期間都會多花一點錢。

我們啜飲著上好伏特加，並非一飲而盡。另外還有豐富的下酒菜，各式各樣一應俱全，有黃瓜、義大利臘腸、烏哈魚湯和酸奶燉牛肉，餐巾紙放在腿上。喝完咖啡後，我們溜到了樓梯間的陽台上。

「莫斯科的政客喜歡喋喋不休地說，俄羅斯的遠東是通往亞洲和太平洋的橋梁，」伊凡說著，同時眺望著海灣，「但是誰能只靠一座橋過日子呢？人們往往住在橋底下。」他再次露出微微苦澀的笑。一月時，濱海邊疆區政府才將區域係數降低了〇．一，成為了一．二。換句話說就是減薪。區域係數是史達林為了吸引更多人遷居到氣候惡劣地區而引進的工資獎金神奇公式。

反正傲慢的首都政客完全不知道這裡的人是什麼樣子，他們又是如何在這裡過生活。「他們在晚上打電話給你，卻覺得很奇怪，你們居然在這個時候已經睡了。他們相信你可以從海參崴搭無軌電車到伯力去，差不多三個車站的距離。我們遠東人自成一族。只因為我們比莫斯科人的俄語說得更純正，但這並不意味著我們和國內其他人一樣都是同一個調調。」我想到《右置方向盤》。我們默默地看著在地平線上穿過俄羅斯島大橋的三桅帆船。在這短短的一刻裡我在想著，滿洲號的水手現在收起了俄羅斯的三色國旗，張滿了帆，快速離開了俄國的港口，一去永遠不回頭。「俄羅斯人的面子比其他地方更薄，」伊凡打斷了我荒謬的思緒，「沿著海岸和鐵路線的鄉村城鎮都是斯拉夫的名字，一旦進入人煙稀少的錫霍特山脈，地方的名字聽起來就很外國了。自從史達林驅逐了所有亞洲人之後，我們就只剩下自己人了。我們和祖先之間唯一相同之處就只剩下烏克蘭的姓氏了。儘管如此我們都是愛國者，作為最後的前哨站，在東方對抗中國人、日本人、美國人。」

伊凡說，光靠面子工程是不夠的，整個地區必須一起受益。但是中央政府還是沒有概念，不知道要如何真正開發地區。也許對莫斯科人而言，這件事情根本無關緊要。我不得不想到一公頃的沼澤贈地，也想到有些政客已經在幻想著在遠東現在已經有三千萬居民，現在人口的五倍。「普丁應該把錢投入到生活在這個地區的人身上，而不是投資給那些不知道哪輩子才會搬到這裡來的人。海參崴的人口數在上次亞太經濟合作會議時穩定下來，現在再度往下跌了。」伊凡說得很激動。

「其實年輕一代確實有聰明的人，他們展現出這裡有創業的精神和生產力！例如老維克托·拉甫連季耶維奇（Viktor Lavrentyevich）的孩子們，你也認識他不是嗎？」

「是的，我想明天去看他，一定要去的義務性拜訪。」我咧著嘴笑著回答。

當我們又在等候會擦磨牆壁的電梯時，伊凡提到她的長女埃琳娜，她先是在海關工作，還有他兒子葉夫根尼在海參崴攻讀漢學。他們和大學同學在二〇一二年共同創立了一家公司Fancy Armor，製造設計時髦的硬殼行李箱。原物料來自中國，在莫斯科附近生產。埃琳娜早就離開了海關，現在在管理物流事務。想要在市場上站穩腳跟很難，透過自己的網路公司銷售業績進展緩慢。不過幸運的是，現在可以在俄羅斯大型連鎖店裡找到他們的行李箱，終於不再受季節性需求波動的影響了。這是真真實實的俄羅斯人在遠東成功的故事。

在我飛回華盛頓前的最後一天，我去拜訪了維克托．拉甫連季耶維奇。一個機構，一個所有東方問題的一人智庫。我漫步走過曾經是東方學院的老大樓。今天只有在入口處守護的威武石獅子可以讓我想到波茲德涅耶夫仍在時的黃金年代。繼續來到普希金街上，走過金角灣大橋的高大立柱底下，再經過醜陋粗糙磚房建築的美國領事館後，就抵達了一直被安置在一座更醜陋粗糙磚頭建築裡的歷史、考古和民族學研究所。它是俄羅斯科學院的一個外部分支，成立於一九七〇年代初期，當蘇聯和中國互有交集的時候。他們的任務是研究俄羅斯遠東和韓國、日本和中國的關係。每次我到城裡來時，都會來這裡喝杯咖啡，吃些甜點。直到幾年前，研究所裡有一類藏書庫裡面堆滿了箱子，箱子裡裝的都是研究所的出版物。在我翻開第一本的時候，所長維克托親自為我打開了門，並且說：「你能夠用得上的都帶走吧。」我感覺就像一個小孩來到一家玩具店，最後我拖著大約二十幾公斤的書到郵局。三個月後，柏林的櫃檯職員抱怨著把來自東方的包裹推出櫃台交給我。

我大步走到三樓。樓梯間轉彎處有位穿圍裙的女人在給內窗和外窗之間花盆裡新栽的花澆水，這些植物在過熱的環境中長得很茂盛。維克托早已退休，但仍然待在研究所裡。在我看到他之前，就已經聽到他洪亮的笑聲了。維克托是個不會放手的人，在某天人們會把他從這裡抬出去。

「很高興見到你！你來我們這裡又要找什麼東西呢？」前所長一邊問我，一邊撫弄著鬍子。「你早就拿到你要的中國人檔案了。」

「不是不是，我又去了一趟檔案館。關於中國人的學術書我還要再等等。我正在嘗試不同的文體。自由地寫作，不設限。一本關於東北亞和俄羅斯遠東的書。」

維克托好奇地揚起他濃密的眉毛，同時把擺放甜食的盤子推到我面前。「寫一本沒有註腳的書，你還太年輕了。」他低吼著回答我，然後開始講一段很有啟發性的題外話：「你必須刪除『俄羅斯遠東』的概念！這類似我們這個地區所有其他名稱，都是誤導。」他一面說，一面含著一顆夾心巧克力說：「像是 Dalnjaja Rossija 或者 Zakitayshchina」。後者是「在中國後面」的意思，聽起來像是在印度後面。「為什麼不直接說太平洋俄羅斯，這就準確多了！」

這裡的大多數人都強烈地認為自己比莫斯科人更像歐洲人，維克托說。在亞洲的歐洲人。就這方面而言，「遠東」的說法是某種形式的東方化，一種被住在濱海邊疆區，甚至黑龍江上的居民都拒絕的講法。他把玩著糖果的包裝紙。到今天，俄羅斯雙頭鷹仍然只望向西方，所以他挺身出來宣稱「太平洋俄羅斯」的講法正是從心理學的角度來看，具有根本的意義，維克托強調地指出。他想要提升政治和經濟領域菁英的意識，甚至是全民的意識，讓大家明白故鄉是俄羅斯的一部分，不是被上帝和沙皇遺忘的化外之域。「你知道有多少人住在海參崴方圓一千公里範圍內嗎？」維克托問我，小心翼翼地折疊著劈啪作響的糖果紙。他迫不及待地在我回答之前就說：「三億，是莫斯科地區的五倍。」

但是維克托還是想知道沒有註腳的書是怎麼回事。我告訴他我的計畫，我的旅程的各個階段：從伊爾庫茨克經過蒙古，沿著額爾古納河而下，搭乘西伯利亞鐵路的火車回到赤塔，並且在滿洲東西南北到處走走的行程，還順便對韓國匆匆一瞥，最後是從黑龍江上往下滑，噗，滑到了海參崴。我怎麼能夠在寫一本東北亞和遠東的書的時候，喔，對不起，是太平洋俄羅斯的書，怎麼可以人在海參崴卻不來拜訪他呢？

背包已經收拾好了，給家人的紀念品也妥當備齊。搭乘機場快速列車前往美輪美奐的機場。當左手邊的阿穆爾灣慢慢從視野中消失的時候，與維克托的談話再度潛入我的腦海。術語來，術語去，不論怎麼說，邊境地區的俄羅斯人還是會一直被中國人、日本人和韓國人認為是外來客，而不是在這裡生活了幾世紀、長期住在這裡的鄰居。主要問題並不是住在這裡的人，而是外交政策結構上的問題，以及莫斯科的固執己見。一聽到「鄰居」的動靜，克里姆林宮的警鐘就會迅速響起。到處瀰漫著恐懼，認為中國可能會占領貝加爾湖，像美國人把俄羅斯的阿拉斯加買下來一樣，而且據說歐洲人也會在烏克蘭做同樣的嘗試。其他主要城市裡也充滿著類似的幻想恐懼。

因具有互相衝突的野心，東北亞地區的整合仍然遙遙無期。俄羅斯和日本之間仍然沒有和平條約，千島群島南部仍然存在著領土爭端。今天對四座島嶼的爭議是因為對二戰戰後締結的條約有不同的解釋，而這段時間以來，俄羅斯的妥協意願也在大幅削減。和中國雖然建立了利益共同體，雖然有地緣戰略上的夥伴關係和經濟依賴，但是卻缺乏相互信任。還有其他衝突也在影響這個地區：中國和日本的競爭日益加劇。蒙古仍然在詛咒他們的三明治處境。還有最不受歡迎的鄰居朝鮮，未來仍然會製造意外風波。如果這個地區真的能相互整合，那麼也只能是全球化的結果，或是像尤里．伊萬諾維奇（張永金）這樣的個人命運，在黑河和海蘭泡之間過著雙重生活，都不會是出於真實的共同利益。在黑龍江兩岸以及在此以外地區的人，他們並沒有選擇自己的鄰居。

感言

我要感謝我的父母 Sonja 和 Wolfgang 對我的支持，感謝他們讓我進入這個和其他未知世界——我把這本書獻給他們。感謝所有我在這趟旅途中遇到過的人，無論是提供住宿還是讓我搭便車，或是進一步與我分享他們的生活。特別感謝我的編輯 Ulrich Nolte 和他的同事 Gisela Muhn-Sorge 的精心照顧，以及 Petra Rehder 對草稿極度仔細的編輯和製作索引。Peter Palm 完成了追溯到我旅途上最後一個彎路的精美地圖。如果沒有經紀人 Hanna Leitgeb 把我的想法引介給貝克出版社（C.H.Beck Verlag），那麼本書很可能直到今天仍然只是存在我腦海中的一個想法而已。Simone Lässig 給了我自由，讓我在寫學術的「第二本書」時嘗試不同的文本類型。Felix Ackermann、Kevin Thurley 和 Joseph Wälzholz 都以自己的方式讓這個計畫得以實現。當然 Henrik 和 Kendra 也付出了很大的貢獻。謝謝！羅伯特・博世基金會（Robert Bosch Stiftung）的邊境通勤計畫和柏林文學座談會資助了這個漫長旅途中重要階段的調查和研究。第一部分的文章刊載在《新蘇黎世報》上。新冠肺炎大流行讓出版延遲，但沒有阻止這本書的出版。感謝我的妻子靜茹（Jingru）陪我在卡洛拉馬（Kalorama）漫遊。衷心感謝 Alma 和 Golo，就算是烏雲遮天的日子，讓我們能從「我們」在敦巴頓橡樹公園的玉蘭樹仰望美國首都上方蔚藍色的天空。

吳若痕寫於華盛頓特區二〇二〇年十一月

年表

一五八二	在哥薩克首領葉爾馬克率領下，俄國開始征服北亞的大部分地區。
一六一三	米哈伊爾・羅曼諾夫（Mikhail Romanov）被縉紳會議任命為俄羅斯沙皇；開啟了羅曼諾夫王朝。
一六一八	伊萬・佩特林（Ivan Petlin）是第一位正式出使中國的俄羅斯人。
一六四三	瓦西里・波亞爾科夫（Vassili Poyarkov）到黑龍江探險。
一六四四	滿族統治者攻占北京；清朝開始統治中國。
一六五一	伊爾庫茨克建城。
一六五六	費奧多爾・巴伊科夫，中文名裴可甫，在北京傳教。
一六七四	齊齊哈爾成為駐軍城鎮。
一六八九	尼布楚條約確定俄羅斯從黑龍江撤退，並劃定俄中邊界。兩國之間開始商隊貿易。
一七二七	恰克圖條約規範俄羅斯和中國之間的邊境貿易。
一七四〇	禁止漢人移民滿洲。
一八一二	拿破崙進軍俄羅斯。

一八二五	十二月黨人起義，許多貴族被放逐到西伯利亞。
一八三九至一八四二	第一次鴉片戰爭，簽訂南京條約後戰爭結束，中國的第一個「不平等條約」。
一八五三至一八五六	克里米亞戰爭以俄國戰敗告終，重新展開東向政策。
一八五〇至一八六四	太平天國起義。
一八五四至一八六〇	俄國征服黑龍江以北、烏蘇里江以東地區，簽訂璦琿條約（一八五八）和北京條約（一八六〇）。
一八五六至一八六〇	第二次鴉片戰爭。
一八六〇	海參崴（符拉迪沃斯托克）建城。
一八六一	俄國農奴制度改革。
一八九一	開始建設西伯利亞鐵路。
一八九四至一八九五	中日甲午戰爭（第一次中日戰爭），中國戰敗，朝鮮半島正式脫離藩屬國地位。
一八九八至一九〇三	俄羅斯修建橫越滿洲的中國東部鐵路（東清鐵路）。

一八九八	俄羅斯從中國租用旅順軍港並稱之為亞瑟港（今天的旅順口）；哈爾濱建城。
一九〇〇	義和團起義；俄羅斯占領滿洲以保護其鐵路特許權；在海蘭泡對中國人大屠殺。
一九〇二至一九一一	清末新政。
一九〇四至一九〇五	日俄戰爭在中國東北爆發，以俄羅斯戰敗告終。
一九〇五	第一次俄國革命。
一九〇五	韓國成為日本的保護國，一九一〇年起成為日本殖民地。
一九〇六	日本接手俄國租界遼東半島及半島上的亞瑟港（旅順）和大連，並成立南滿洲鐵道株式會社（長春至亞瑟港路段）。
一九〇六	俄羅斯的斯托雷平土地改革（Stolypin reform）。
一九一一	辛亥革命，清朝滅亡；蒙古脫離中國統治。
一九一二	中華民國臨時政府成立。
一九一四至一九一八	第一次世界大戰。
一九一六	中國分裂為眾多軍閥割據的區域性領土。

一九一六	阿穆爾鐵路竣工。
一九一七	俄國革命，羅曼諾夫王朝退位。
一九一八至一九二〇	俄羅斯內戰；「白軍」接手統治俄羅斯遠東地區；日本、美國及同盟國干預西伯利亞；成千上萬俄羅斯人出走到中國；哈爾濱成為俄羅斯移民的中心。
一九二〇至一九二三	布爾什維克成立遠東共和國。
一九二一	中國共產黨成立。
一九二二	蘇聯成立。
一九二四	中蘇協定訂立共同管理中東鐵路（即東清鐵路）。
一九二四	在蘇聯的強力影響下，蒙古人民共和國成立。
一九二六至一九二八	國民政府北伐，結束軍閥割據局面。
一九二九	中東路事件（中國東方鐵路衝突／一九二九中蘇衝突）。
一九二九	蘇聯農業集體化。
一九三一	奉天（瀋陽）發生「滿洲事變」（九一八事變）之後，日本占據整個中國東北。
一九三二	偽滿洲國成立；中國東北實際上正式成為日本殖民地，並開始了工業化的榮景。

一九三五	蘇聯出售中國東方鐵路給日本。
一九三六	哈爾濱附近的平房成立研究機構和生化武器工廠。
一九三七	抗日戰爭（第二次中日戰爭）爆發。
一九三七	居住在蘇聯遠東的朝鮮人被驅逐到中亞，遣返留居的中國人。
一九三九	發生於哈拉哈河的日蘇邊境戰爭，史稱諾門罕戰役或哈拉哈河戰役。
一九三九至一九四五	第二次世界大戰。
一九四一	日蘇簽署中立條約。
一九四五	紅軍「解放」滿洲、千島群島和南庫頁島；日本投降；朝鮮半島分裂；蘇聯重新展開在中國東北地區的影響力。
一九四六至一九四九	中國國民黨和中國共產黨的國共內戰。
一九四九	中華人民共和國成立；國民黨逃到台灣。
一九五〇	中蘇友好同盟互助條約，標誌兩國聯盟的開始。
一九五〇至一九五三	中國參與韓戰。
一九五三	史達林逝世。

一九五五	蘇聯結束對亞瑟港（旅順口）的管理。
一九五五	蒙古縱貫鐵路啟用。
一九五六	赫魯雪夫祕密報告；中蘇關係開始緊繃。
一九五八至一九六一	中國「大躍進」；在史上已知最大飢荒的情況下結束。
一九六〇	蘇聯從中國撤出顧問與專家。
一九六〇	大慶石油會戰。
一九六六	「無產階級文化大革命」開始。
一九六九	中蘇邊界重大衝突（珍寶島事件）。
一九七四至一九八九	建設貝阿鐵路。
一九七六	毛澤東逝世。
一九八九	血腥鎮壓北京天安門廣場抗議活動（六四）；戈巴契夫訪華會晤鄧小平，中蘇關係正常化。
一九九一	蘇聯解體。
一九九二	蒙古國憲法生效，並實施自由選舉。

一九九二	中國與俄羅斯開始「民間貿易」。
二〇〇一	中俄睦鄰友好合作條約。
二〇〇六至二〇一一	「東部西伯利亞—太平洋」石油管道建設。
二〇〇八	完成中俄邊界劃定。
二〇一〇	赤塔和伯力之間 R297 公路竣工。
二〇一二	亞太經濟合作會議（APEC）在海參崴舉行。
二〇一三	中國提出「一帶一路」（又稱新絲綢之路）倡議。
二〇一四	烏克蘭危機；開工建設「西伯利亞力量」天然氣管道。
二〇二〇	黑河和海蘭泡附近的黑龍江第一座邊境大橋落成。

參考書目

以下是近二十年來最重要德文和英文文獻的簡要選集。更詳細的書目可見我下方列出的學術專著。未列入有關俄羅斯、中國等國歷史的一般性導論書籍。

Afinogenov, Gregory: *Spies and Scholars. Chinese Secrets and Imperial Russia's Quest for World Power*, Cambridge, MA 2020.

Arsenjew, Wladimir: *Der Taigajäger. Dersu Usala*, Zürich 2003 [1923].

Bassin, Mark: *Imperial Visions. Nationalist Imagination and Geographical Expansion in the Russian Far East, 1840-1865*. Cambridge 1999.

Billé, Franck, Grégory Delaplace und Caroline Humphrey (Hg.): *Frontier Encounters. Knowledge and Practice at the Russian, Chinese and Mongolian Border*, Cambridge 2012.

Carter, James Hugh: *Creating a Chinese Harbin. Nationalism in an International City, 1916-1932*, Ithaca, NY 2002.

Chuang, Hsin-Mei und Matthias Messmer: *China an seinen Grenzen. Erkundungen am Rand eines Weltreichs*, Stuttgart 2019.

Dahlmann, Dittmar: *Sibirien. Vom 16. Jahrhundert bis zur Gegenwart*, Paderborn 2009.

Deeg, Lothar: *Kunst & Albers Wladiwostok. Die Geschichte eines deutschen Handelshauses im russischen Fernen Osten (1864-1924)*, Essen 1996.

Duara, Prasenjit: *Sovereignty and Authenticity. Manchukuo and the East Asian Modern*, Lanham, MD 2003.

Fatland, Erika: *Die Grenze. Eine Reise rund um Russland, durch Nordkorea, China, die Mongolei, Kasachstan, Aserbaidschan, Georgien, die Ukraine, Weißrussland, Litauen, Polen, Lettland, Estland, Finnland,*

Norwegen sowie die Nordostpassage, Berlin 2019.

Foust, Cliff ord M.: *Muscovite and Mandarin. Russia's Trade with China and its Setting, 1727-1805*, Chapel Hill 1969.

Fraser, John Foster: *The Real Siberia. Together with an Account of a Dash through Manchuria*, New York 1902.

Gottschang, Thomas R. und Diana Lary: *Swallows and Settlers. The Great Migration from North China to Manchuria*, Ann Arbor 2000.

Hoetzsch, Otto: *Russland in Asien. Geschichte einer Expansion*, Stuttgart 1966.

Hosie, Alexander: *Manchuria. Its People, Resources and Recent History*, London 1901.

Iwashita, Akihiro: *A 4,000 Kilometer Journey along the Sino-Russian Border*, Sapporo 2004.

Kisch, Egon Erwin: *Zaren, Popen, Bolschewiken. Asien gründlich verändert. China geheim*, 1977 [1927].

Kotkin, Stephen und Bruce A. Elleman (Hg.): *Mongolia in the Twentieth Century. Landlocked Cosmopolitan*, Armonk, NY 1999.

Krahmer, Gustav: *Sibirien und die Grosse Sibirische Eisenbahn*, Leipzig 1900.

Lattimore, Owen: *Manchuria. Cradle of Conflict*, New York 1932.

Lukin, Alexander: *The Bear Watches the Dragon. Russia's Perceptions of China and the Evolution of Russian-Chinese Relations since the Eighteenth Century*, Armonk, NY 2003.

Lüthi, Lorenz M.: *The Sino-Soviet Split. Cold War in the Communist World*, Princeton 2008.

Mancall, Mark: *Russia and China. Their Diplomatic Relations to 1728*, Cambridge, MA 1971.

Marks, Steven G.: *Road to Power. The Trans-Siberian Railroad and the Colonization of Asian Russia, 1850-1917*, New York 1991.

Matsusaka, Yoshihisa Tak: *The Making of Japanese Manchuria, 1904-1932*, Cambridge, MA 2001.

Nansen, Fridtjof: *Through Siberia. The Land of the Future*, New York 1914.

Narangoa, Li und Robert Cribb: *Historical Atlas of Northeast Asia,1590-2010. Korea, Manchuria, Mongolia, Eastern Siberia*, New York 2014.

Paine, Sarah C. M.: *Imperial Rivals. China, Russia, and Their Disputed Frontier*, Armonk, NY 1996.

Park, Alyssa: *Sovereignty Experiments. Korean Migrants and the Building of Borders in Northeast Asia, 1860-1945*, Ithaca, NY 2019.

Pasternak, Burton und Janet W. Salaff : *Cowboys and Cultivators. The Chinese of Inner Mongolia*, Boulder, CO 1993.

Patrikeeff , Felix: *Russian Politics in Exile. The Northeast Asian Balance of Power, 1924-1931*, Basingstoke 2002.

Pu Yi: *Ich war Kaiser von China. Vom Himmelssohn zum Neuen Menschen*, München 2004.

Pulford, Ed.: *Mirrorlands. Russia, China, and Journeys in Between*, London 2019.

Quested, R. K. I.: *«Matey?» Imperialists? The Tsarist Russians in Manchuria,1895-1917*, Hongkong 1982.

Quested, R. K. I.: *Sino-Russian Relations. A Short History*, Sydney 1984.

Reardon-Anderson, James: *Reluctant Pioneers. China's Expansion Northward, 1644-1937*, Stanford 2005.

Rozman, Gilbert: *Northeast Asia's Stunted Regionalism. Bilateral Distrust in the Shadow of Globalization*, Cambridge 2004.

Schnee, Heinrich: *Völker und Mächte im Fernen Osten. Eindrücke von der Reise mit der Mandschurei-Kommission*, Berlin 1933.

Shan, Patrick Fuliang: *Taming China's Wilderness. Immigration, Settlement and the Shaping of the Heilongjiang Frontier, 1900-1931*, London 2014.

Shao, Dan: *Remote Homeland, Recovered Borderland. Manchus, Manchoukuo, and Manchuria, 1907-1985*, Honolulu 2011.

Sneath, David: *Changing Inner Mongolia. Pastoral Mongolian Society and the Chinese State*, Oxford 2000.

Song, Nianshen: *Making Borders in Modern East Asia. The Tumen River Demarcation, 1881-1919*, Cambridge 2018.

Stephan, John J.: *The Russian Far East. A History*, Stanford 1994.

Summers, William C.: *The Great Manchurian Plague of 1910-1911. The Geopolitics of an Epidemic Disease*, New Haven, CT 2012.

Sunderland, Willard: *The Baron's Cloak. A History of the Russian Empire in War and Revolution*, Ithaca, NY 2014.

Taft, Marcus Lorenzo: *Strange Siberia. Along the Trans-Siberian Railway. A Journey from the Great Wall of China to the Skyscrapers of Manhattan*, New York 1911.

Tschechow (Čechov), Anton, *Die Insel Sachalin*, Zürich 1987 [1895].

Urbansky, Sören: *Beyond the Steppe Frontier. A History of the Sino-Russian Border*, Princeton 2020.

Urbansky, Sören: *Kolonialer Wettstreit. Russland, China, Japan und die Ostchinesische Eisenbahn*, Frankfurt a. M. 2008.

Westad, Odd Arne (Hg.): *In Brothers in Arms. The Rise and Fall of the Sino-Soviet Alliance, 1945-1963*, Washington, D. C. 1998.

Wishnick, Elizabeth: *Mending Fences. The Evolution of Moscow's China Policy from Brezhnev to Yeltsin*, Seattle 2001.

Wolff , David: *To the Harbin Station. The Liberal Alternative in Russian Manchuria, 1898-1914*, Stanford 1999.

Zabel, Eugen: *Auf der sibirischen Bahn nach China*, Berlin 1904.

Zatsepine, Victor: *Beyond the Amur. Frontier Encounters between China and Russia, 1850-1930*, Vancouver 2017.

Ziegler, Dominic: *Black Dragon River. A Journey down the Amur River at the Borderlands of Empires*, New York 2015.

國家圖書館出版品預行編目資料

中俄邊境大河黑龍江：被世界忽略的地緣政治與文化糾葛 / 吳若痕 (Sören Urbansky) 著 ; 黃鎮斌譯 . -- 初版 . -- 臺北市 : 商周出版 : 英屬蓋曼群島商家庭傳媒股份有限公司城邦分公司發行 , 2024.11
面 ;　公分 . --(生活視野 ; 46)
譯自 : An den Ufern des Amur : die vergessene Welt zwischen China und Russland.

ISBN 978-626-390-217-6 (平裝)

1.CST: 人文地理 2.CST: 歷史 3.CST: 黑龍江省

674.34　　113009954

線上版讀者回函卡

中俄邊境大河黑龍江：被世界忽略的地緣政治與文化糾葛

An den Ufern des Amur: Die vergessene Welt zwischen China und Russland

作　　者／吳若痕Sören Urbansky
譯　　者／黃鎮斌
企畫選書／程鳳儀
責任編輯／余筱嵐

版　　權／游晨瑋、吳亭儀
行銷業務／林秀津、周佑潔、吳淑華
總 編 輯／程鳳儀
總 經 理／彭之琬
發 行 人／何飛鵬
法律顧問／元禾法律事務所　王子文律師
出　　版／商周出版
115台北市南港區昆陽街16號4樓
電話：(02) 25007008　傳真：(02)25007759
E-mail：bwp.service@cite.com.tw
Blog：http://bwp25007008.pixnet.net/blog
發　　行／英屬蓋曼群島商家庭傳媒股份有限公司 城邦分公司
115台北市南港區昆陽街16號8樓
書虫客服服務專線：02-25007718；25007719
服務時間：週一至週五上午 09:30-12:00；下午 13:30-17:00
24 小時傳真專線：02-25001990；25001991
劃撥帳號：19863813；戶名：書虫股份有限公司
讀者服務信箱：service@readingclub.com.tw
城邦讀書花園：www.cite.com.tw
香港發行所／城邦（香港）出版集團有限公司
香港九龍九龍城土瓜灣道86號順聯工業大廈6樓A室 ；E-mail：hkcite@biznetvigator.com
電話：(852) 25086231　傳真：(852) 25789337
馬新發行所／城邦（馬新）出版集團 Cite (M) Sdn. Bhd.
41, Jalan Radin Anum, Bandar Baru Sri Petaling, 57000 Kuala Lumpur, Malaysia.
Tel:(603) 90563833 Fax: (603) 90576622 Email: service@cite.my

封面設計／陳文德
地圖繪製／張澄渝
排　　版／芯澤有限公司
印　　刷／韋懋印刷事業有限公司
總 經 銷／聯合發行股份有限公司
電話：(02)2917-8022　傳真：(02)2911-0053
地址：新北市231新店區寶橋路235巷6弄6號2樓

■2022年11月19日初版　　Printed in Taiwan
定價580元
 ISBN 978-626-390-217-6　電子書ISBN 9786263902121（EPUB）